创业项目实训
门店模块管理

实体经营

陈 宏　编 著

· 教学资源下载
· 拓展学习
· 加入交流圈

微信扫一扫

南京大学出版社

图书在版编目（CIP）数据

实体经营 / 陈宏编著.—南京：南京大学出版社，
2017.8
ISBN 978-7-305-18885-5

Ⅰ.①实…　Ⅱ.①陈…　Ⅲ.①商店—商业经营　Ⅳ.
①F717

中国版本图书馆CIP数据核字（2017）第158457号

普通高等院校"十三五"规划教材

创业项目实训　门店模块管理

实体经营

陈 宏 编著

出 版 者　南京大学出版社
社　　址　南京市汉口路22号　　　　　　邮　编　210093
出 版 人　金鑫荣

书　　名　实体经营
编　　著　陈 宏
责任编辑　李 博
责任校对　刘士勇　　　　编辑热线　025-83592123

照　　排　南京新华丰制版有限公司
印　　刷　南京凯德印刷有限公司
开　　本　889×1194　1/16　印张　9.25　字数　208千
版　　次　2017年8月第1版　2017年8月第1次印刷
ISBN　978-7-305-18885-5
定　　价　57.00元

网　　址　http://www.njupco.com
发行热线　025-83594756　83686452
电子邮箱　Press@NjupCo.com
　　　　　Sales@NjupCo.com（市场部）

目 录
CONTENTS

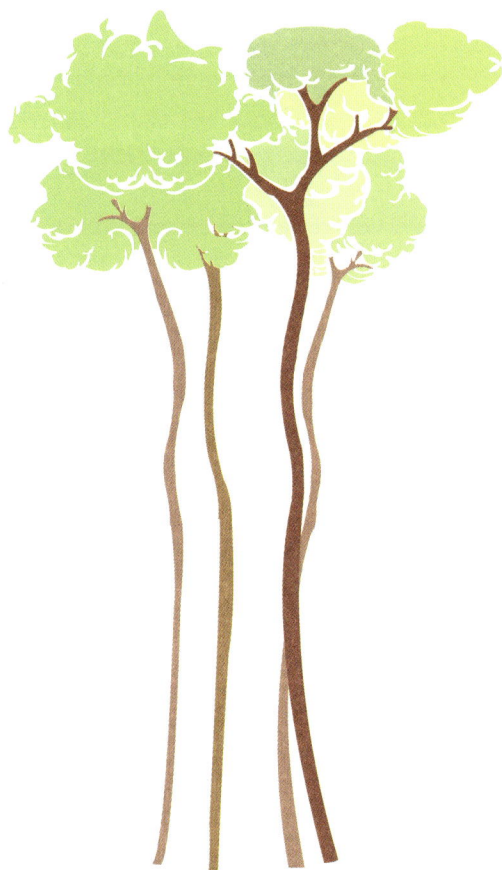

我们见证，你和企业的成长……

情景式、游戏式
学习时代已经到来

绪言

自第一批90后学生迈入大学之门开始，传统的灌输式学习方式就注定要被这个时代所逐步摒弃和淘汰。

在互联网诞生之前的相当长的时间里，由于知识集中在学校，获取知识的途径过于单一，客观造成了知识的相对缺乏和学生"我要学"的心理，即对知识获取的渴望，这些因素使得课堂的灌输式学习方式成为主导。

90后是伴随着互联网成长起来的一代，互联网如今已与我们的生活息息相关，互联网也给学习方式带来了巨大的改变：海量知识在互联网上无限激增，知识在互联网上的获取触手可及。在互联网的大环境下，知识不再需要存储而只需要检索和判断就可以了，学校知识集中的优势不再明显，学生"我要学"的内在驱动力明显减弱。过去的灌输式学习方式缺少了"我要学"的内在驱动，灌输式传授的强迫性压力陡然增大。在中学时代因为有升学压力，学生对灌输式教学只能被动接受，但到了大学时代，灌输式教学容易造成学生逆反心理的增多，在这种逆反心理的引导下，很难达成学生的学习和实践效果。

中国大学课堂教学改革的关键在于：老师要将主要知识点转变成动作，因为只有将知识点分解为动作，才能进行课堂训练和演练，而只有在训练和演练中，学生才能不断使用知识点，将知识融汇贯通。这点对文科类大学生，特别是对工商管理类大学生尤其重要，我相信，未来大学时代的魅力就在这里！但目前比较让人惆怅的一个现实是：很多文科类大学生在大学读了几年书，到了社会上参加工作时才发现基本无所适从，最根本的原因在于：因为没有经常用或者根本就没有用过，所以到用时还是不知道如何用。

将知识点、理念转换为动作，其实就是培训和教育的精髓："培"和"教"是让人知道，"训"和"育"是让人做到。知道是做到的前提，做到是知道的结果，一个人最有价值的地方在于既知道又能做到。要做到"培"和"训"、"教"和"育"匹配，必须要所学者在认同的前提下积极参与，而要所学者积极参与必须有两个前提条件：一是要能真正解决问题，二是情景式、有趣味的（游戏式学习是激发兴趣的一个很重要的方式）。对于已有一定工作经验的学习者而言，能解决问题和启发思维就会产生"我要学"的驱动力，对于还没有工作经验的大学生而言，情景式和趣味式的教学比较容易让他们进入角色状态，设身处地地快乐学习和应用。学生能够在课堂上快乐地学习和应用所学知识点，对老师而言也是一件相当开心和欣慰的事！而这些正是编撰这本《实体经营》的出发点。

翻转课堂是学习者将所学知识点转成应用动作的一个关键环节，而翻转课堂的促成来自递进式、游戏式情景图和配套任务的设计：以问题为导向，在情景图和任务中预设线索，锻炼学习者的质疑能力和解决问题的能力。预设线索所起的任用是思路和参考，本书在设计时没有设定标准答案，因为每样东西都有四个面：你的一面、我的一面、他的一面、事实真相的一面，多角度看问题才能全面把握。老师和学生可以根据情景和线索相互探讨、相互促进，真正做到教学相长。

大学老师和企业培训师应该是情景式教案的设计者、生动化课堂的参与者、学生收获的促成者，而不是标准答案的制订者、理论知识的灌输者和结果对错的裁判者。本书综合有创业、销售、市场营销、经营管理、人力资源、商业模式等多门学科知识和训练方法，既可供大学开设相关课程作为教材或辅助训练工具使用，也可用于企业的相关内训；既可供团队训练使用，也可供个人学习和解决问题提供思路参考。

本书的三个模块内容是呈递进式的，在目录设计上有个特点：全书总目录上只看到实体经营三个模块的切入页码，每个模块切入页码可见子目录和该模块各训练章节的指示页码。每个模块子目录之后就能见到每个模块知识点的思维导图树，便于在对每个模块整体把握的基础上有的放矢地运用和演练。

感谢所有看到和使用这本书的人！

实体经营（一）

实体企业建店基础

新店筹划篇 之 市场区域与"拿店"技巧

新店筹划篇 之 如何进行门店店面装修？

新店筹划篇 之 如何进行门店产品采购？

新店筹划篇 之 如何进行门店产品陈列？

新店筹划篇 之 如何进行门店开业？

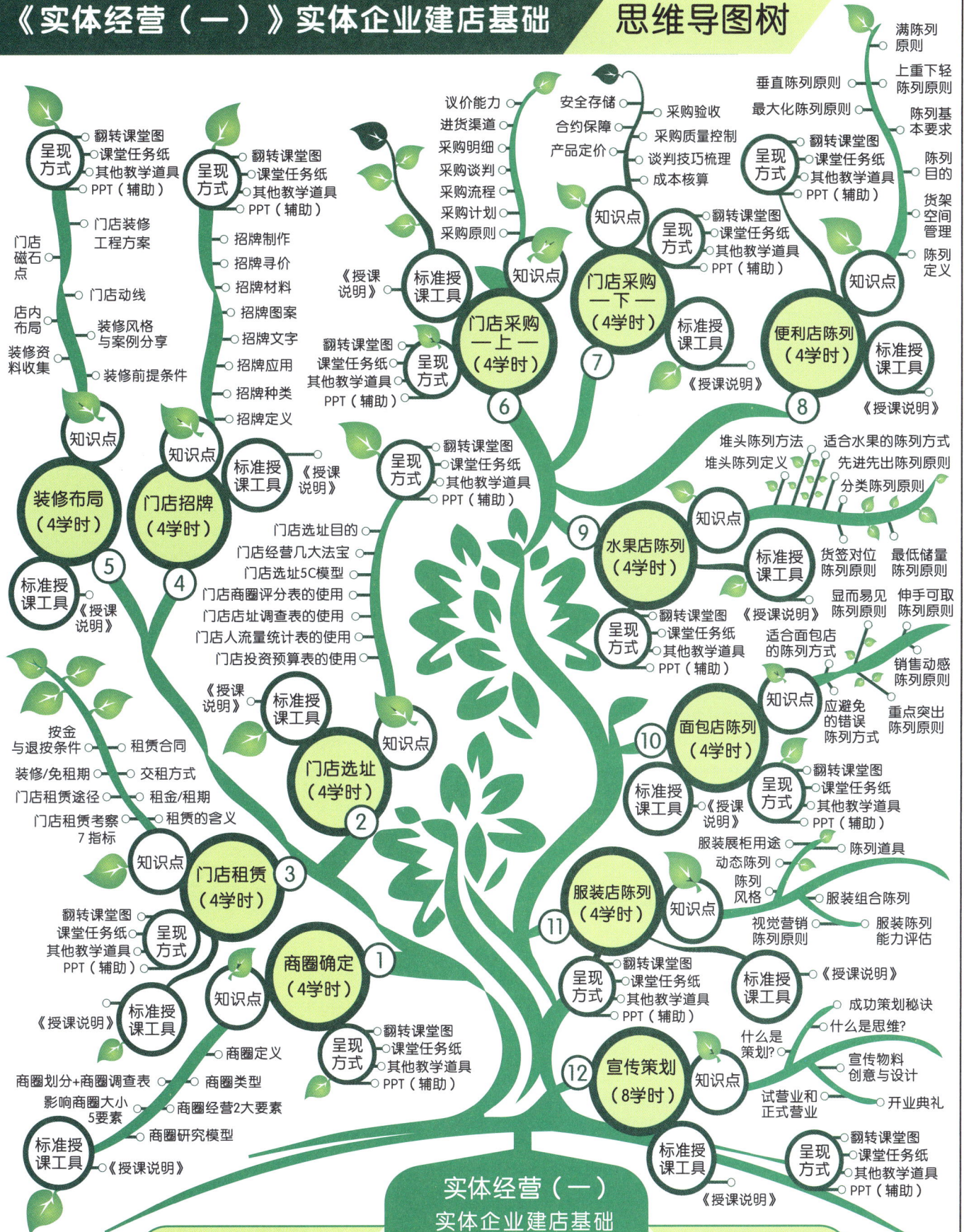

《实体经营（一）》实体企业建店基础　思维导图树

满陈列原则
上重下轻陈列原则
最大化陈列原则

陈列基本要求
陈列目的
货架空间管理
陈列定义

便利店陈列（4学时）⑧
- 呈现方式：翻转课堂图／课堂任务纸／其他教学道具／PPT（辅助）
- 知识点
- 标准授课工具
- 《授课说明》

门店采购——下——（4学时）⑦
- 采购验收
- 采购质量控制
- 谈判技巧梳理
- 成本核算
- 产品定价
- 合约保障
- 安全存储
- 知识点
- 呈现方式：翻转课堂图／课堂任务纸／其他教学道具／PPT（辅助）
- 标准授课工具
- 《授课说明》

门店采购——上——（4学时）⑥
- 议价能力
- 进货渠道
- 采购明细
- 采购谈判
- 采购流程
- 采购计划
- 采购原则
- 知识点
- 标准授课工具
- 呈现方式：翻转课堂图／课堂任务纸／其他教学道具／PPT（辅助）
- 《授课说明》

呈现方式：翻转课堂图／课堂任务纸／其他教学道具／PPT（辅助）

呈现方式：翻转课堂图／课堂任务纸／其他教学道具／PPT（辅助）

呈现方式（门店招牌）：翻转课堂图／课堂任务纸／其他教学道具／PPT（辅助）
- 招牌制作
- 招牌寻价
- 招牌材料
- 招牌图案
- 招牌文字
- 招牌应用
- 招牌种类
- 招牌定义

呈现方式（装修布局）：翻转课堂图／课堂任务纸／其他教学道具／PPT（辅助）
- 门店装修工程方案
- 门店动线
- 装修风格与案例分享
- 装修前提条件

门店磁石点
店内布局
装修资料收集

知识点

装修布局（4学时）⑤
- 标准授课工具
- 《授课说明》

门店招牌（4学时）④
- 知识点
- 标准授课工具
- 《授课说明》

门店选址（4学时）②
- 门店选址目的
- 门店经营几大法宝
- 门店选址5C模型
- 门店商圈评分表的使用
- 门店店址调查表的使用
- 门店人流量统计表的使用
- 门店投资预算表的使用
- 知识点
- 标准授课工具
- 《授课说明》

门店租赁（4学时）③
- 按金与退按条件
- 装修/免租期
- 门店租赁途径
- 门店租赁考察7指标
- 租赁合同
- 交租方式
- 租金/租期
- 租赁的含义
- 知识点
- 呈现方式：翻转课堂图／课堂任务纸／其他教学道具／PPT（辅助）
- 标准授课工具
- 《授课说明》

商圈确定（4学时）①
- 商圈定义
- 商圈类型
- 商圈经营2大要素
- 商圈研究模型
- 商圈划分+商圈调查表
- 影响商圈大小5要素
- 知识点
- 呈现方式：翻转课堂图／课堂任务纸／其他教学道具／PPT（辅助）
- 标准授课工具
- 《授课说明》

水果店陈列（4学时）⑨
- 堆头陈列方法
- 堆头陈列定义
- 适合水果的陈列方式
- 先进先出陈列原则
- 分类陈列原则
- 货签对位陈列原则
- 最低储量陈列原则
- 知识点
- 标准授课工具
- 呈现方式：翻转课堂图／课堂任务纸／其他教学道具／PPT（辅助）
- 《授课说明》

面包店陈列（4学时）⑩
- 显而易见陈列原则
- 伸手可取陈列原则
- 适合面包店的陈列方式
- 销售动感陈列原则
- 应避免的错误陈列方式
- 重点突出陈列原则
- 知识点
- 标准授课工具
- 呈现方式：翻转课堂图／课堂任务纸／其他教学道具／PPT（辅助）
- 《授课说明》

服装店陈列（4学时）⑪
- 服装展柜用途
- 动态陈列
- 陈列风格
- 陈列道具
- 服装组合陈列
- 视觉营销陈列原则
- 服装陈列能力评估
- 知识点
- 呈现方式：翻转课堂图／课堂任务纸／其他教学道具／PPT（辅助）
- 标准授课工具
- 《授课说明》

宣传策划（8学时）⑫
- 什么是策划？
- 成功策划秘诀
- 什么是思维？
- 宣传物料创意与设计
- 试营业和正式营业
- 开业典礼
- 知识点
- 标准授课工具
- 呈现方式：翻转课堂图／课堂任务纸／其他教学道具／PPT（辅助）
- 《授课说明》

实体经营（一）
实体企业建店基础

52学时　如何从无到有开出一家实体店？　**45分钟/学时**

本思维导图供老师授课前备课参考和学生进行实体企业建店学习前预习使用。4个学时的课程可一次4节课连上，也可分为2次课上（每次2节课）。本思维导图也可用于《实体经营》辅助教学或自学者梳理学习思维使用。

乐创镇商圈情景地图

乐创镇东西长约4公里，南北长约6公里，占地约3万5千余亩，常住人口4万人，流动人口2.5万左右，建筑面积约1200万平方米。乐创镇居民热爱创业，用他们的勤劳和商业智慧，创造出一个既适合居住和生活，又蕴涵商业发展前景的新型城镇。

通往省会城市
距环镇西北路口约35公里

通往乐创大学，距环镇东北路口约1.5公里

通往金狮山
距环镇西路口约2公里

通往产业园距环镇西路口约1公里

通往游乐场和公园
距环镇西南路口约1公里

通往镇政府
距环镇东南路口约0.5公里

通往运动城
距环镇东南路口约1公里

乐创镇商圈地图标注说明

A 活动广场（节假日设置临时流动帐篷商铺，400元起/平方米/天，第一手）
B 步行商业区（美食一条街，320元起/平方米/月，第一手）
B1 商业大楼（超市、门店、银行，一楼门面280元起/平方米/月，第一手）
B1 商业大楼（除一楼门店以外的店铺230元起/平方米/月，第一手）
C 步行商业区（休闲购物一条街，260元起/平方米/月，第一手）
C1-C6 SYB创意园区写字楼（120元起/平方米/月，第一手），园区一楼有N家银行
D 步行商业区（休闲购物一条街，180元起/平方米/月，第一手）
D1-D2-D3 写字楼（80元起/平方米/月，第一手）
D4 电影院 D5 酒店 D6 多功能会议中心
E 活动广场（节假日设置临时流动帐篷商铺，300元起/平方米/天，第一手）
F 临时商业活动街（节假日设置临时流动帐篷商铺，280元起/平方米/天，第一手）
G 临时商业活动街（节假日设置临时流动帐篷商铺，320元起/平方米/天，第一手）

在翻转课堂前，请先了解和熟悉《乐创镇商圈情景地图》背景、商业布局分布和《乐创镇商圈地图标注说明》。

H 人工湖泊	H1-H2 桥	I 主干道
J 街道/道路	K 中学	L 小学
M 幼儿园	N 医院	O 邮局
P 物业管理中心	Q 派出所	R 会所、养生馆
S 码头	T1-T51 16层小高层商业住宅	
U1-U9 28层高层商业住宅	V1-V10 独立别墅群	
V11-V34 连体别墅群	W1-W2-W3 临街商铺群	
X 乐创镇雕塑群	Y 汽车美容	Z 加油站

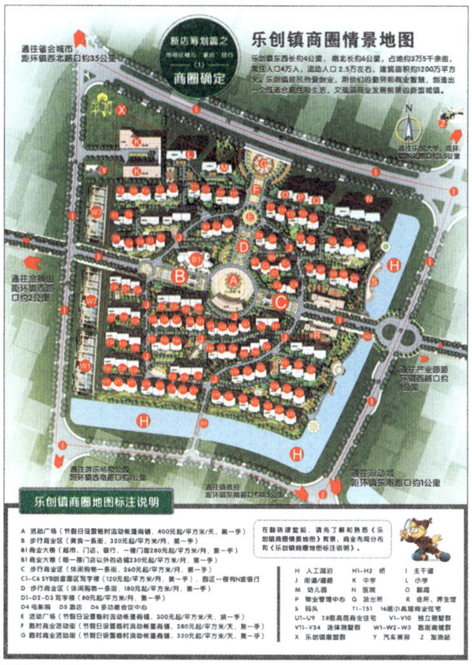

乐创镇商圈情景地图

新店筹划篇之
商圈确定（1）

通往省会城市
距环镇西北路口约35公里

通往西部城市
距环镇西南路口约公里

乐创镇商圈地图标注说明

A 活动广场（节假日设置临时流动收费摊位，400元起/平方米/天，第一季）
B 步行街会议（黄金一条街，320元起/平方米/天，第一季）
B1 商业大楼（超市、门店、银行，一楼门面280元起/平方米/月，第一季）
B2 商业大楼（银一楼门（设山开店或280起起/平方米/月，第一季）
C 步行商业区（银一楼门市设山开店或300元起/平方米/月，第一季）
C1-C6 SY98社会圈区写字楼（120元起/平方米/月，第一季）四五一楼和P建银行
D 步行商业区区（休闲服务一条街，180元起/平方米/天，第一季）
D1-D2-D3 写字楼（80元起/平方米/月，第一季）
D4 电影院 D5 医院 D6 多功能活动中心
E 团幼广场（节假日设置临时流动体育摊位，300元起/平方米/天，第一季）
F 西打商业活动馆（节假日设置临时流动体育摊位，280元起/平方米/天，第一季）
G 西打商业活动馆（节假日设置临时流动体育摊位，320元起/平方米/天，第一季）

H 人工湖泊 H1-H2 桥 I 主干道
J 图书馆博物馆 K 中学 L 小学
M 幼儿园 N 医院 O 公园、停车场
P 物业管理中心 Q 网点 R 便所、养生堂
S 花园 T1-T31 14层小高层商业住宅
U1-U9 28栋高层商业住宅 V1-V10 独立别墅群
V11-V34 连体别墅群 W1-W2-W3 高层酒店群
X 乐创镇商圈购物 Z 汽车美容 Z 加油加气

新店筹划篇之 〔翻转课堂〕
市场区域与"拿店"技巧（1）
商圈确定

1、为保证"实体企业建店"学习和训练的连贯性，请尽量选择右边的六类门店。

2、"实体企业建店"是一个团队相互协作、相互配合的过程，请尽量采用团队的方式进行训练，每个团队建议5~7人。用于个人学习和训练时，请预先植入这样的观念：一个人可能会走得更快，但一群人（团队）可能会走得更远。

3、翻转课堂时使用的必备工具为：翻转课堂情景图和与之配套的任务纸。完成任务从情景图中找线索，翻转课堂换位思考，提升发现问题和解决问题的能力。老师根据线索和翻转课堂情况探讨式推进，教学相长。

4、"商圈确定"设计为4个学时（每个学时45分钟），2个学时为一个单位。可4个学时一次性连贯学习，也可分为2次来进行。

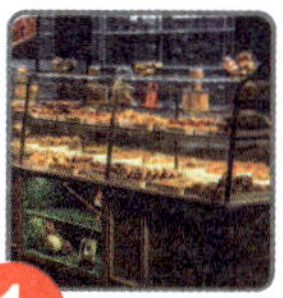

① 面包店 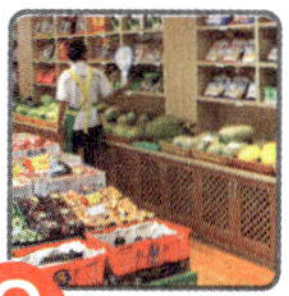 ② 水果店
③ 快餐店 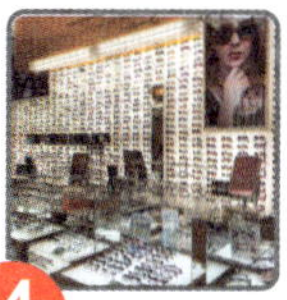 ④ 眼镜店 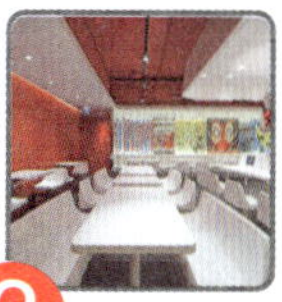
⑤ 便利店 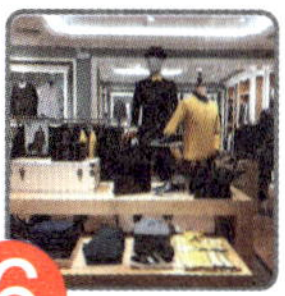 ⑥ 服装店 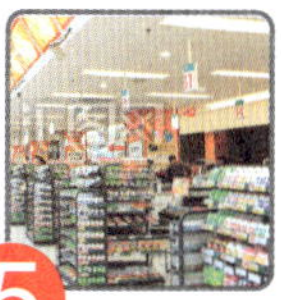

团队训练时如何选择门店？

方式一：使用大色子或小色子（自行手工制作或购买）

1、分好团队后，每个团队派出一名代表，掷色子决定拟开的门店。1是面包店，2是水果店，3是快餐店，4是眼镜店，5是便利店，6是服装店。不同团队所选项目可以是同一类门店。

2、同一类门店之间有竞争。在同一个商圈内，同一类门店的数量越多，竞争将会越激烈。

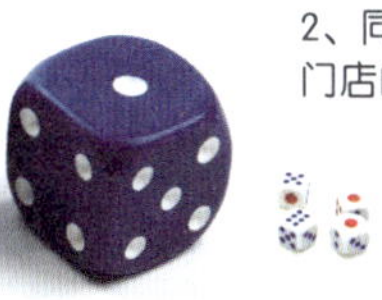

温馨提示：团队训练时，使用大色子来选门店，视觉效果和现场效果更好。

方式二：纸条抓阄

1、裁好6张纸条，每张纸条内对应有数字1-6，折叠好纸条。

2、团队代表上台抽选数字决定门店类型。

3、超过6个团队，打开的纸条可再次折叠，重复使用。

个人学习时如何选择门店？

1、个人学习时，可参考团队训练时抽选门店的方法。使用大色子、小色子或是写好纸条自己抓阄均可。

2、掷到或抓到1是面包店，掷到或抓到2是水果店，掷到或抓到3是快餐店，掷到或抓到4是眼镜店，掷到或抓到5是便利店，掷到或抓到6是服装店。

3、也可以根据个人自身的实际情况，自定目标门店进行情景式模拟训练和学习。

团队训练时的激励工具：卓启币（卓心启业）

编号	姓 名	课名：		课名：		课名：		课名：		课名：		小 计	
		奖卓启币	扣卓启币	奖卓启币	扣卓启币	奖卓启币	扣卓启币	奖卓启币	扣卓启币	奖卓启币	扣卓启币	奖卓启币	扣卓启币

卓启币（虚拟教学币）使用说明：

1、当次课，成员全部按时到齐的团队获得卓启币奖励资格：团队派代表上台进行翻转课堂分享，翻转课堂表现优秀的上台团队代表获20个卓启币，该团队成员获10个卓启币，登记在此表格上，或另行制作EXCEL表格予以登记。每个团队在2个学时内只拥有一次上台资格。每10个卓启币可获取1分的加分，全部课程结束后进行卓启币累计和加分换算。

2、有成员迟到、早退、旷课的团队取消当次课上台分享资格，以2个学时为一次课计，当次课，该团队迟到成员扣10个卓启币；早退成员扣10个卓启币；旷课成员扣30个卓启币。每-10个卓启币减1分，全部课程结束后进行卓启币累计和扣分换算。

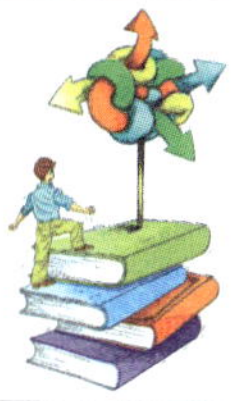

关于课堂任务完成情况的判断标准

1、一张翻转课堂情景图配4个学时的对应课堂任务（分为2次，每次2个学时），课堂任务不设标准答案，全部任务由学生根据预设的任务线索在翻转课堂过程和老师互动中完成，既可由团队分工合作书面完成，也可由个人书面完成。课堂任务见对应的任务纸。

2、根据任务的难度和完成的质量、数量、创新性、相关性、匹配程度等，给予具体评分：90~99、80~89、70~79、60~69、50~59、40~49、30~39、0~29。未做任务者计0分。

参考答案

情景图任务的参考答案线索和思路都隐含在情景图和任务纸中，请灵活掌握。线索和思路不是标准答案，仅起到参考和抛砖引玉的作用。

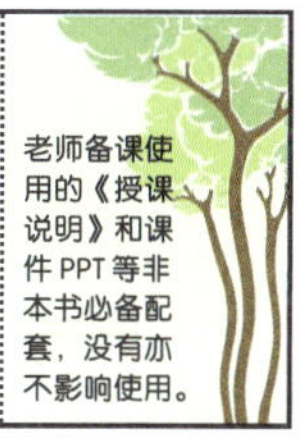

老师备课使用的《授课说明》和课件PPT等非本书必备配套，没有亦不影响使用。

【 5 】

乐创镇商圈情景地图

新店筹划篇之市场区域与"拿店"技巧（1）

"商圈确定"情景地图任务 A

2学时

个人姓名：　　　　　　　团队名称：　　　　　　　任务名称：

实到团队成员：

迟到团队成员：

旷课团队成员：　　　　　　　　　　　请假团队成员：

我们在《乐创镇商圈地图》上选择的开店区域是：

我们选择在此区域开店的理由如下（自由描述，翻转课堂）：

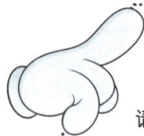

什么是商圈？

请用数字描述一下什么是核心商圈？什么是次级商圈？什么是边缘商圈？

请以你们团队项目门店为中心，在《乐创镇商圈地图》上分别画出该店的核心商圈、次级商圈和边缘商圈。

请判断一下你在《乐创镇商圈地图》上的门店商圈属于什么类型的商圈范围：☐ 集中型商圈　☐ 分散型商圈　　（请打"勾"）

集中型商圈： 主要商圈半径在2000米以内，次要商圈半径在2000—5000米之间，边缘商圈在5000米以外。

分散型商圈： 主要商圈半径在500米以内，次要商圈半径在500—1000米之间，边缘商圈在1000米以外。

商圈范围划分的其他依据：（1）马路之分界：凡超过40米宽道路四线道以上或中间有栏杆、安全岛阻隔、主要干道。（2）铁路、平交道之阻隔：因铁路、平交道之阻隔，使人们交通受阻而划分成两个不同商圈。（3）高架桥、地下道阻隔：因高架桥、地下道阻隔，使人潮流动不易而划分成不同商圈。（4）安全岛阻隔：因安全岛阻隔，使人潮流动不易而划分成不同商圈。（5）大水沟：因大水沟阻隔，使人潮流动不易而划分成不同商圈。（6）单行道：因单行道阻隔，使人潮流动不易而划分成不同商圈。（7）人潮走向：由于人潮走向之购物习惯与人潮流动之方向，使该区形成一独立商圈。

请根据上段关于商圈的相关描述，结合项目所选门店，讨论确定如何做商圈调查。（自由描述，翻转课堂）

要素 1：顾客/消费者

（1）顾客和消费者有区别吗？你买了一瓶食用油，你是顾客还是消费者？别人送了你一瓶食用油，你是顾客还是消费者？（翻转课堂）

（2）请用简单图解的方式画出顾客、消费者、非顾客、忠诚客户、员工这几者之间的关系。

商 圈
成功经营
2大要素

要素 2：外在环境分析

（1）竞争对手

（2）区域特色

学习心得

任务可团队分工完成，也可个人独立完成；可直接写在任务纸上，也可在自行准备的练习本上完成（注明任务名称）。

乐创镇商圈情景地图

"商圈确定"情景地图任务 B

时间TIME:
年 月 日

2学时

个人姓名：　　　　　团队名称：　　　　　任务名称：

实到团队成员：

迟到团队成员：

旷课团队成员：　　　　　请假团队成员：

请根据自己团队所选的门店项目和在《乐创镇商圈地图》上所选区域，分别对以下影响商圈大小的5大要素进行描述（翻转课堂）：

商业形态　　如百货、家居广场/超市、便利店…

交通状况　　公共运输的便利性（公车、地铁…）；门店周围的主要动线是否顺畅？开车？自行车？走路？

经营面积　　主要从门店建筑面积和实用面积2个角度去考虑：房租按建筑面积，经营按使用面积。

竞争压力　　商圈内主要竞争对手是谁？同主要竞争对手相比，自己的经营优势和劣势是什么？

消费习性　　家用车的普及率多高？多久购物一次？认为就近方便就好的人群有多少？喜欢一站式购物（购物中心、休闲购物）的人群比率多大？

商圈调查表

以下所填数值在课堂上为模拟，根据商圈情景图所给的环境描述进行填写，数值是否合理是判断的一个基本标准。实际开店之前，要到初选的商圈去做调查，根据调查情况填写。

商圈名称：		商圈结构：	□ "井"字形结构	□ 三角形结构	□ 十字形结构	□ 平行线结构	□ 直线结构
商圈性质	城市中商圈地位	□ 一级商圈		□ 二级商圈	□ 三级商圈	□ 四级商圈	
	商圈级别	□ 核心商圈		□ 次级商圈	□ 边缘商圈		
	商圈属性	□ 商业区	□ 娱乐区	□ 金融区	□ 综合区	□ 住宅区	
	商圈生命周期	□ 形成期	□ 成长期	□ 成熟期	□ 衰退期		
商圈基础设施建设	绿化环境	□ 好	□ 一般	□ 差	物业环境	□ 好 □ 一般 □ 差	
	道路基础建设	□ 好	□ 一般	□ 差	休息区建设	□ 好 □ 一般 □ 差	
商圈购买力评估	商圈消费客单价	□ 800元以上	□ 500元-800元	□ 300元-500元	□ 100元-300元	□ 100元以下	
	商圈目标客流量	___ 人/天（日常）	___ 人/天（周末）	常住住户消费能力	□ 高 □ 中 □ 差		
商圈易达性	公交车站：____ 个	公交线路：____ 条	停车场：____ 个				
	所在主干道路：____ 米左右	主干道是否通畅	□ 好 □ 一般 □ 差				
	店前人行道宽：____ 米左右	人行道是否通畅	□ 好 □ 一般 □ 差				
	商圈内主力店：____ 家，分别是：						
	商圈内品牌店：____ 家，分别是：						
	商圈内竞争店：____ 家，分别是：						

你对商圈调查表的相关栏目有哪些需要补充或优化的建议？你感觉商圈调查最大的难点是什么？（翻转课堂）

"商圈确定"情景地图任务 **B**（续前）

请在商圈调查和针对性地分析影响商圈大小5大要素基础上，结合团队门店情况，构建和完成商圈研究模型。

商圈确定

（1）商圈地理位置确定

（2）商圈半径确定

（3）商圈描述与划分

人流量监测

定期定点监测，包括流量、性别、年龄、职业等。

商圈评估

（1）商圈经济评价

（2）居民经济状况分析

商圈研究模型

竞争者研究

（1）竞争类型及状况分析

（2）SWOT分析

内部 外部	S 优势	W 劣势
O 机会	SO	WO
T 威胁	SW	WT

消费者研究

（1）购买力

（2）消费行为

（3）消费者满意度

综合研究

（1）商圈机会分析

（2）项目规划及战略研究方向

（3）项目财务分析

你认为商圈研究模型最需要着重研究的是哪个要素？（翻转课堂）

学习心得

任务可团队分工完成，也可个人独立完成；可直接写在任务纸上，也可在自行准备的练习本上完成（注明任务名称）。

新店筹划篇之
市场区域与"拿店"技巧
（2）
门店选址

实体门店选址情景地图

N W E S

火车站

《实体门店选址情景地图》图标说明

A 综合商业大楼（独立店铺+商场+店中店+写字楼）
A1-A2-A3-A4-A5-A6-A7-A8-A9-A10-A11-A12-A13-A14-A15 临街店铺

B 综合商业大楼（独立店铺+商场+店中店+写字楼） B1-B2-B3-B4 临街店铺

C 综合商业大楼 C1-C2-C3-C4-C5-C6-C7-C8 临街店铺

D 综合商业大楼 D1-D2-D3-D4-D5-D6 临街店铺

E 综合商业大楼（独立店铺+商场+店中店+写字楼）
E1-E2-E3-E4-E5-E6-E7-E8-E9-E10-E11-E12-E13 临街店铺

F 综合商业广场 F1-F2-F3-F4-F5-F6 临街店铺　　　G 综合商业广场 G1-G13 临街店铺

H 综合商业大楼（独立店铺+商场+写字楼）H1-H2-H3-H4-H5 临街店铺

I 综合商业大楼（独立店铺+商场+写字楼） I1-I2-I3-I4-I5-I6-I7-I8 临街店铺

J 火车站售票大厅配套商铺群 J1-J2-J3-J4-J5-J6-J7-J8　　临街店铺

K 综合商业大楼（独立店铺+写字楼）K1-K2-K3-K4-K5-k6 临街店铺

L 商业大楼 L1-L2-L3 临街店铺　　　　　M 商业大楼 M1-M2-M3-M4 临街店铺

N 商业大楼 N1-N2-N3 临街店铺　　　　　O 商业大楼 O1-O2　临街店铺

P 商业大楼 P1-P2-P3-P4-P5-P6 店铺　　　Q 购物广场 Q1-Q2-Q3-Q4-Q5-Q6 店铺

R 商业写字楼 R1-R2-R3 店铺　　　S 住宅区 S1-S2-S3-S4-S5-S6-S7-S8-S9-S10 店铺

实体门店建店 **4** 大法宝

① 门店选址

② 门店选人（选店长）

③ 门店选产品

④ 门店培训

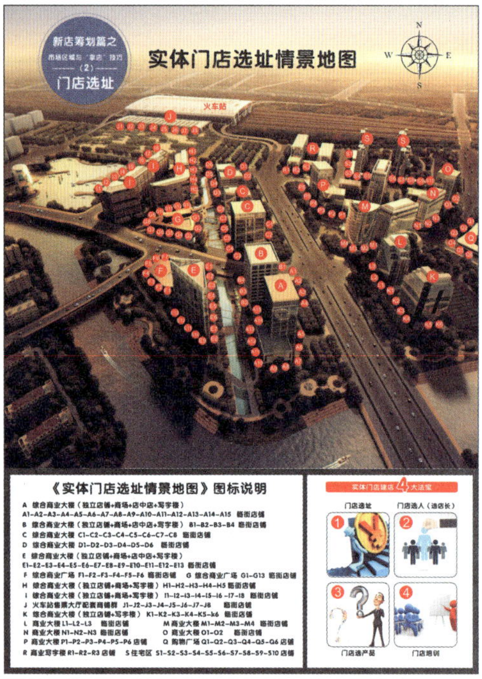

实体门店选址情景地图

新店筹划篇之
市场区域与"拿店"技巧
—— （2） ——
门店选址

翻转课堂

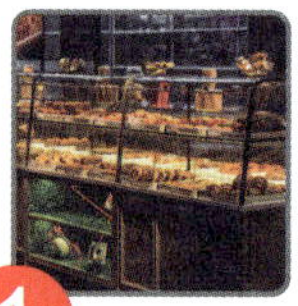

1 面包店 2 水果店
3 快餐店 4 眼镜店
5 便利店 6 服装店

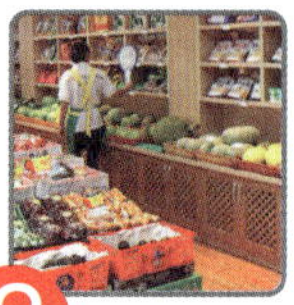

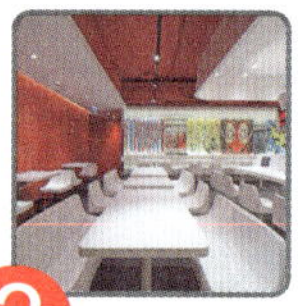

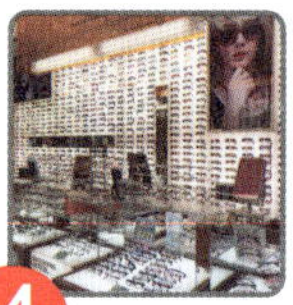

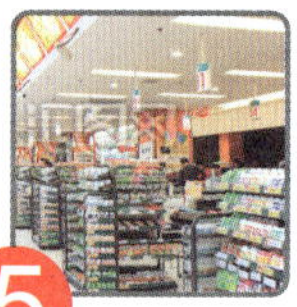

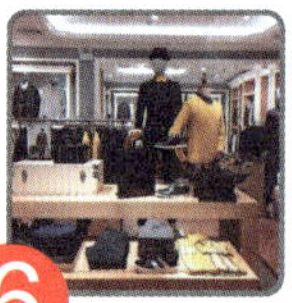

1、为保证"实体企业建店"学习和训练的连贯性，请尽量选择右边的六类门店。

2、"实体企业建店"是一个团队相互协作、相互配合的过程，请尽量采用团队的方式进行训练，每个团队建议5-7人。用于个人学习和训练时，请预先植入这样的观念：一个人可能会走得更快，但一群人（团队）可能会走得更远。

3、翻转课堂时使用的必备工具为：翻转课堂情景图和与之配套的任务纸。完成任务从情景图中找线索，翻转课堂换位思考，提升发现问题和解决问题的能力。老师根据线索和翻转课堂情况探讨式推进，教学相长。

4、"门店选址"设为4个学时（每个学时45分钟），2个学时为一个单位。可4个学时一次过连贯学习，也可分为2次来进行。

《实体门店选址情景地图》图标说明
A 综合商业广场（独立店铺+商场+店中店+写字楼）
A1-A2-A3-A4-A5-A6-A7-A8-A9-A10-A11-A12-A13-A14-A15 临街店铺
B 综合商业大厦（独立店铺+商场+店中店+写字楼）B1-B2-B3-B4-B5 临街店铺
C 综合商业大厦（独立店铺）C1-C2-C3-C4-C5-C6-C7-C8 临街店铺
D 综合商业大厦 D1-D2-D3-D4-D5-D6 临街店铺
E 综合商业大厦（独立店铺+商场+店中店+写字楼）
E1-E2-E3-E4-E5-E6-E7-E8-E9-E10-E11-E12-E13 临街店铺
H 综合商业广场 F1-F2-F3-F4-F5-F6 临街店铺
G 综合商业大厦（独立店铺+商场+店中店+写字楼）G1-G13 临街店铺
H 综合商业大厦（独立店铺+商场+写字楼）H1-H2-H3-H4-H5 临街店铺
J 火车站旁大厦 J1-J2-J3-J4-J5-J6-J7-J8 临街店铺
K 综合商业大厦（商场+写字楼）K1-K2-K3-K4-K5-K6 临街店铺
L 临街大厦 L1-L2-L3 店铺   M 商业大厦 M1-M2-M3-M4 临街店铺
N 临街大厦 N1-N2-N3 临街店铺
P 商业大厦 P1-P2-P3-P4-P5-P6 店铺   Q 购物广场 Q1-Q2-Q3-Q4-Q5-Q6 店铺
R 商业写字楼 R1-R2-R3 店铺   S 住宅区 S1-S2-S3-S4-S5-S6-S7-S8-S9-S10 店铺

实体门店建店4大流程
① 门店选址 ② 选选人（店长）
③ ？ ④ 门店培训

团队训练时如何选择门店？

方式一：使用大色子或小色子（自行手工制作或购买）

1、分好团队后，每个团队派出一名代表，掷色子决定拟开的门店。1是面包店，2是水果店，3是快餐店，4是眼镜店，5是便利店，6是服装店。不同团队所选项目可以是同一类门店。

2、同一类门店之间有竞争。在同一个商圈内，同一类门店的数量越多，竞争将会越激烈。

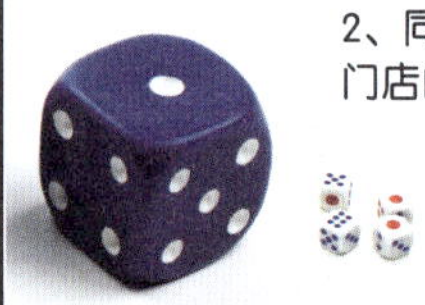

温馨提示：团队训练时，使用大色子来选门店，视觉效果和现场效果更好。

方式二：纸条抓阄

1、裁好6张纸条，每张纸条内对应有1-6个数字，折叠好纸条。

2、团队代表上台抽选数字决定门店类型。

3、超过6个团队，打开的纸条可再次折叠，重复使用。

个人学习时如何选择门店？

1、个人学习时，可参考团队训练时抽选门店的方法。使用大色子、小色子或是写好纸条自己抓阄均可。

2、掷到或抓到1是面包店，掷到或抓到2是水果店，掷到或抓到3是快餐店，掷到或抓到4是眼镜店，掷到或抓到5是便利店，掷到或抓到6是服装店。

3、也可以根据个人自身的实际情况，自定目标门店进行情景式模拟训练和学习。

团队训练时的激励工具：卓启币（卓心启业）

编号	姓 名	课名：		课名：		课名：		课名：		课名：		小 计	
		奖卓启币	扣卓启币	奖卓启币	扣卓启币	奖卓启币	扣卓启币	奖卓启币	扣卓启币	奖卓启币	扣卓启币	奖卓启币	扣卓启币

卓启币（虚拟教学币）使用说明：

1、当次课，成员全部按时到齐的团队获得卓启币奖励资格：团队派代表上台进行翻转课堂分享，翻转课堂表现优秀的上台团队代表获20个卓启币，该团队成员各获10个卓启币，登记在此表格上，或另行制作EXCEL表格予以登记。每个团队在2个学时内只拥有一次上台资格。每10个卓启币可获取1分的加分，全部课程结束后进行卓启币累计和加分换算。

2、有成员迟到、早退、旷课的团队取消当次课上台分享资格，以2个学时为一次课计，当次课，该团队迟到成员扣10个卓启币；早退成员扣10个卓启币；旷课成员扣30个卓启币。每-10个卓启币减1分，全部课程结束后进行卓启币累计和扣分换算。

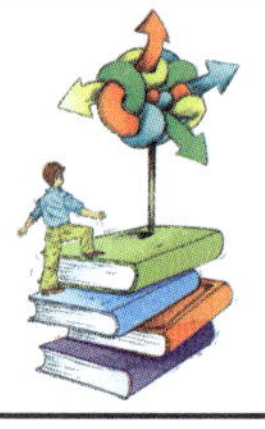

关于课堂任务完成情况的判断标准

1、一张翻转课堂情景图配4个学时的对应课堂任务（分为2次，每次2个学时），课堂任务不设标准答案，全部任务由学生根据预设的任务线索在翻转课堂过程和老师互动中完成，即可由团队分工合作书面完成，也可由个人书面完成。课堂任务见对应的任务纸。

2、根据任务的难度和完成的质量、数量、创新性、相关性、匹配程度等，给予具体评分：90-99、80-89、70-79、60-69、50-59、40-49、30-39、0-29。未做任务者计0分。

参考答案

情景图任务的参考答案线索和思路都隐含在情景图和任务纸中，请灵活掌握。线索和思路不是标准答案，仅起到参考和抛砖引玉的作用。

老师备课使用的《授课说明》和课件PPT等非本书必备配套，没有亦不影响使用。

"门店选址"情景地图任务A

2学时

实体门店选址情景地图

《实体门店选址情景地图》图标说明

《实体门店建店4大法宝》

门店选址　门店选人（德诚夺天）

门店选产品　门店选铺

个人姓名：		团队名称：		任务名称：

实到团队成员：

迟到团队成员：

旷课团队成员：　　　　　　　　请假团队成员：

我们在《实体门店选址情景地图》上选择的开店位置是：

我们选择在此位置开店的理由如下（自由描述，翻转课堂）：

门店选址的目的是什么？

实体门店建店**4**大法宝是什么？请阐述你的想法和理由。（翻转课堂）

门店选址5C模型

构建店铺选址5C模型，每个C都应达到对应的基本数据要求。

合理填写相关表格，实际建店时要到现场取得第一手真实数据。

第五步 填写《门店投资费用预算表》(见后)

通过填写《门店投资费用预算表》对门店的经营平衡点进行计算和日销收入，用公式进行预测和评估。

$$盈亏平衡点 = \frac{固定成本}{单位产品销售收入 - 单位产品变动成本}$$

日销售收入 = 目标客流量 × 进店率 × 成交率 × 客单价

城市市场评估 city

核心区位分析 care district

成本收入分析 cost/revenue

店铺便利性分析 convenience

竞争分析 competition

实际操作步骤

第一步 填写《门店商圈调查表》(已填)

第二步 填写《门店商圈评分表》(见后)

填写《门店商圈评分表》，对团队在《门店选址情景地图》上初选的目标门店所处商圈进行评分，并对商圈业态、商圈购买力、商圈易达性、商业氛围，这几个方面做出评估。

第三步 填写《门店便利性分析表》(见后)

根据团队在《门店选址情景地图》上初选的目标门店的商圈调查和商圈评分基础上，填写《门店便利性分析表》

第四步 填写《店址调查表》(见后)

填写《店址调查表》，并对店面可视性、店面可接近性、店面立地效果这几个方面做出评估。

城市市场评估 city

如果要求你在现今所在的城市开店，请对该城市的市场容量进行基础评估（翻转课堂，要有数据支撑）。

核心区位分析 care district

如果要求你在现今所在的城市开店，请对该城市核心商圈及大致开店位置做基本描述（翻转课堂）。

学习心得

任务可团队分工完成，也可个人独立完成；可直接写在任务纸上，也可在自行准备的练习本上完成（注明任务名称）。

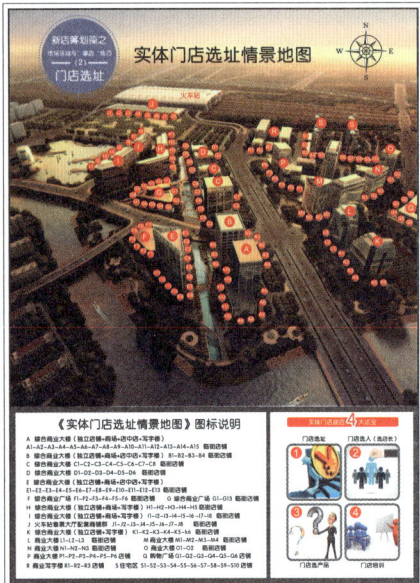

《门店选址》情景地图任务B

时间TIME：
年 月 日

2学时

个人姓名：　　　团队名称：　　　任务名称：

实到团队成员：

迟到团队成员：

旷课团队成员：　　　请假团队成员：

请对《门店选址5C模型》的"店铺便利性"要求和"竞争分析"做基本描述（翻转课堂）：

店铺便利性　　　竞争分析

商圈评分表

以下所填数值在课堂上为模拟，参考得分标准计算出来。数值是否合理是判断的一个基本标准。实际开店之前，要到门店所处的商圈去做调查，根据调查情况进行评分。商圈评分计算公式见下图。

考核中项		考核小项维度	得分标准			最后得分	
考核中项	中项权重	小项	3分	2分	1分	得分	综合得分
商圈业态	13%	商圈级别	核心商圈	次级商圈	边缘商圈		
		商圈属性	商业区	娱乐区、综合区	住宅区		
		商圈生命周期	成长期和成熟期	形成期	衰退期		
		商圈基础设施建设	好	一般	差		
商圈购买力评估	60%	商圈潜在客群消费能力	高	中	低		
		目标客流量 天/（非周末）	大于5000人	1500~5000人	小于1500人		
		评估消费客单价	800 元以上	300~800元	300元以下		
商圈易达性	7%	公交线路或停车站	多于4个	3个	2个		
		主干道是否通畅	良好	一般	较差		
		商圈人行道是否通畅	通畅	一般	较差		
		商圈主干道长	400~800 米	接近400米或超过800米	超过150米		
		商圈主干道宽	15~18 米	15米左右	10米以内		
商业氛围	20%	商圈主力店	2家以上	1家	无		
		商圈品牌店	2家以上	1家	无		
		商圈内同行业竞争状况	3-5个	2或6-8个	<2家或>8家		
				商圈得分（综合得分合计）➡			

商圈评分计算公式　商圈得分 = ∑综合得分 （综合得分=100×权重×小项实际得分之和 / 小项满分之和）

思考并阐述：商圈评分为什么出现在《门店选址》的内容里，而不是在《商圈确定》里完成?（翻转课堂）

店址调查表

以下所填数值在课堂上为模拟，根据门店选址情景图相关线索进行填写，数值是否合理是判断的一个基本标准。实际开店之前，要到预期门店去做调查，根据调查情况填写。

预期店名称：	预期店位置：	性质：□直营 □加盟 □其他

店租：_____ 元 转让费：_____ 元 其他：_____元	店使用情况：□空屋 □使用 可迁入时间：_____ 年 _____ 月 _____ 日

营业时间：_____ 时_____分 — _____ 时 _____ 分	周围店铺租金情况：1. _____ 元/平米/月　　2. _____ 元/平米/月

店面物业条件	店面面积：_____ 平米	店面尺寸：店宽 _____ 米　纵深 _____ 米　店高 _____ 米
	店招尺寸：宽 _____ 米，高 _____ 米	店面形状：□窄形 □宽形 □方形 □圆弧形 □其他形状
	橱窗：□有____个 尺寸：宽___米 高___米	店面朝向：坐 _____ 向_____　　　店门：□外开 □内开
	店面功能性： □好 □一般 □差	店面实用率：_____ %　有无死角：□有____个 □无
	防火措施： □好 □一般 □差	店面柱墙：□有 _____个 □无

店面周围物业条件	店招可视距离：_____ 米	店前分布：□护栏 □斑马线 □公交站 _____ 条线路车 □地铁
	店前台阶：□有___阶 □无	店前障碍物：□无 □有 主要是 _____
	门口休闲凳：□无 □有 距店___米	门口路灯：□无 □有 距店_____米
	广告灯箱位：□有____个 □无	门口公交站：□无 □有 距店_____米
	临聚人气的大店：□有____个 □无	店面所处位置：□进口 □中心 □交叉口 □拐角
	门店所处：□阳街 □阴街 店前人行道宽___米	店前目标人流量：____人/天　人流量高峰时段：____时___分到____时___分
	临近同类店经营定价：　　□同价位　　　□高价位　　　□低价位	

店址评分表

以下所填数值在课堂上为模拟，参考得分标准计算出来。数值是否合理是判断的一个基本标准。实际开店之前，要到门店所处的具体地址去做调查，根据调查情况进行评分。店址评分计算公式见下图。

考评项目	中项权重	项目	3分	2分	1分	等级得分	综合得分
店面可视性	24%	店招可视距离	25米以外可见	15~25米可见	15米内可见		
		店内面积	500平米以上	200~500平米	200平米以下		
		店面开间宽度	50米以上	20~50米	20米以下		
		店面空间高度	2.8~3.5米	2.5~2.8米 或 3.5~3.8米	<2.5米 或 >3.8米		
		应光性	整体自然光照充足	小部分自然光照不足	大部分自然光照不足		
		店面进深度	5-6米	3-5米或6-8米	其他范围		
		橱窗	2个以上	1~2个	无		
空间效果	7%	房屋结构	框架结构，梁柱好处理	框架结构，梁柱不好处理	非框架结构，梁柱多		
		功能性	便于展示零售功能	少部分不适合展示	不适合展示		
		形状利用效果	无死角	1个死角	多个死角		
店面可接近性	15%	交通易达性	无护栏 近公交站和斑马线	无护栏 远公交站和斑马线	街道末端，远公交站和斑马线		
		道路结构	宽8~10米	宽6~8米或10~12米	其他范围		
		障碍物	店前无障碍物、无台阶	店前无障碍物、有台阶	店前有障碍物、有台阶		
店铺立地效果	54%	店铺位于街道位置	1/3~2/3 处	接近1/3 或 接近2/3处	其他位置		
		街道有无聚客点	多个聚客点	1个聚客点	无聚客点		
		街道客流主体靠近店面一侧	是，且客流量较大	是，客流量一般	不是		
		店面分流状况	没有分流	分流很少	分流很多		

店址得分 = ∑综合得分（综合得分=100×权重×小项实际得分之和 / 小项满分之和）　　　店址得分（综合得分合计）➡

意向转让门店人流量/进店率/成交率调查表

以下所填数值在课堂上为模拟，根据合理性进行填写。实际开店之前，要到意向转让的门店去做调查，根据调查情况填写。

意向转让门店的进店人流量 / 进店率 / 成交率统计一览表

门店名称			店面积			所在商圈	

时间段	店前过往人数	进店人数	成交人数	成交率	顾客总数		会员数量	备注
					新顾客	老顾客		
10:00-12:00								
12:00-14:00								
14:00-16:00								
16:00-18:00								
18:00-20:00								
20:00-22:00								
合计								

进店率＝进店合计人数 / 门店过往总人数：

成交率＝成交人数 / 进店合计人数：

日期		星期		天气		统计人	

备注：

1. 此表格到现场统计时以记"正"字的方式统计人流量，从周一到周日记录意向转让门店每天不同时间段的人流。

2. 所有统计数据不要填写单位，没有数据的请填写为0，不要使用其他任何符号。

3. 未开店的时间段，只记录店前经过人流，在备注中记录没有开店时段。

4. 进店目标消费群年龄段目测，统计的数据是进店人数，不要与门前过往总人数混淆。

投资费用预算表

没有实际项目的团队，根据所选训练的门店进行投资模拟（数字要合理）。
已有明确意向开店的团队或个人，根据实际情况认真计算和填写以下表格，用于投资参考。

序号	1		2			3				
项目	租赁费		员工薪酬			月度营运开销				
会计分录	租赁费+转让费	住宿租金	人员工资	生活福利费	奖金	办公费	通讯费	低值易耗品	业务应酬费	差旅费

序号	4		5			6	7	8	9	10
项目	促销广告费		物业水电费			运杂费	税费	装修摊销	设备折旧	其他费用
会计分录	促销费	广告费	物业费	水电费	取暖费	运杂费	税费	装修摊销	设备折旧	其他费用

备注：产品跌价准备按月销售收入的5%准备，促销费和广告费都按照月销售收入的 3% 核准，按照变动成本予以核算。其他成本为固定成本，装修费按2年摊销，设备按 5 年折旧，店面的机会成本不予考虑。

学习心得

任务可团队分工完成，也可个人独立完成；可直接写在任务纸上，也可在自行准备的练习本上完成（注明任务名称）。

实体门店租赁情景图
门店租赁前的评估和判断指标

评估指标一
顾客流量

评估指标二
商圈内顾客评估

评估指标三
交通和停车状况

评估指标四
该地段零售业的平衡性

评估指标五
与周边门店的互补和互换

评估指标六
门店环境分析

评估指标七
门店实态指数

租赁双方
洽谈条件
达成共识

合同固化
双方签约
共同执行

1. 门店实态指数A：可见度
2. 门店实态指数B：位置的布局
3. 门店实态指数C：屋型、结构、面积大小等…
4. 门店实态指数D：产权、年限…

合作

购买

拿店的几种方式

租

赁

租赁是一笔交易的两种不同的说法，其实都是指一个经济行为。

从出租人的角度出发，出租物件叫租。

从承租人的角度看租入物件叫赁。

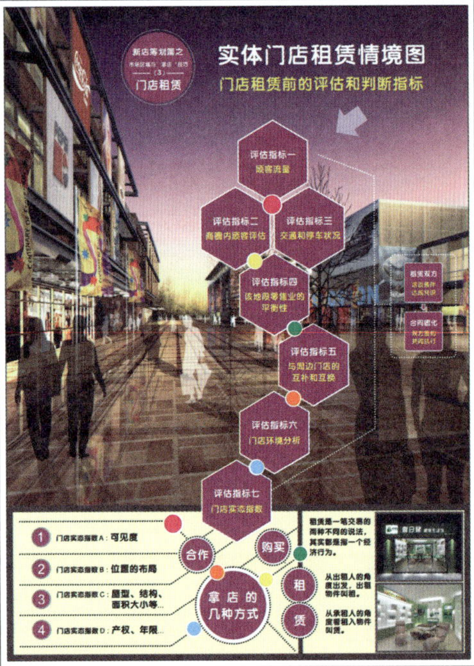

实体门店租赁情境图
门店租赁前的评估和判断指标

新店筹划篇之
市场区域与"拿店"技巧
（3）
门店租赁

1 面包店

2 水果店

3 快餐店

4 眼镜店

5 便利店

6 服装店

1、为保证"实体企业建店"学习和训练的连贯性，请尽量选择右边的六类门店。

2、"实体企业建店"是一个团队相互协作、相互配合的过程，请尽量采用团队的方式进行训练，每个团队建议5~7人。用于个人学习和训练时，请预先植入这样的观念：一个人可能会走得更快，但一群人（团队）可能会走得更远。

3、翻转课堂时使用的必备工具为：翻转课堂情景图和与之配套的任务纸。完成任务从情景图中找线索，翻转课堂换位思考，提升发现问题和解决问题的能力。老师根据线索和翻转课堂情况探讨式推进，教学相长。

4、"门店租赁"设计为4个学时（每个学时45分钟），2个学时为一个单位。可4个学时一次过连贯学习，也可分为2次来进行。

团队训练时如何选择门店？

方式一：使用大色子或小色子（自行手工制作或购买）

1、分好团队后，每个团队派出一名代表，掷色子决定开的门店。1是面包店，2是水果店，3是快餐店，4是眼镜店，5是便利店，6是服装店。不同团队所选项目可以是同一类门店。

2、同一类门店之间有竞争。在同一个商圈内，同一类门店的数量越多，竞争将会越激烈。

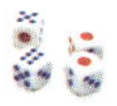

温馨提示：团队训练时，使用大色子来选门店，视觉效果和现场效果更好。

方式二：纸条抓阄

1、裁好6张纸条，每张纸条内对应有1~6个数字，折叠好纸条。

2、团队代表上台抽选数字决定门店类型。

3、超过6个团队，打开的纸条可再次折叠，重复使用。

个人学习时如何选择门店？

1、个人学习时，可参考团队训练时抽选门店的方法。使用大色子、小色子或是写好纸条自己抓阄均可。

2、掷到或抓到1是面包店，掷到或抓到2是水果店，掷到或抓到3是快餐店，掷到或抓到4是眼镜店，掷到或抓到5是便利店，掷到或抓到6是服装店。

3、也可以根据个人自身的实际情况，自定目标门店进行情景式模拟训练和学习。

团队训练时的激励工具：卓启币（卓心启业）

编号	姓 名	课名：		课名：		课名：		课名：		课名：		小 计	
		奖卓启币	扣卓启币	奖卓启币	扣卓启币	奖卓启币	扣卓启币	奖卓启币	扣卓启币	奖卓启币	扣卓启币	奖卓启币	扣卓启币

卓启币（虚拟教学币）使用说明：

1、当次课，成员全部按时到齐的团队获得卓启币奖励资格：团队派代表上台进行翻转课堂分享，翻转课堂表现优秀的上台团队代表获20个卓启币，该团队成员获10个卓启币，登记在此表格上，或另行制作EXCEL表格予以登记。每个团队在2个学时内只拥有一次上台资格。每10个卓启币可获取1分的加分，全部课程结束后进行卓启币累计和加分换算。

2、有成员迟到、早退、旷课的团队取消当次课上台分享资格，以2个学时为一次课计，当次课，该团队迟到成员扣10个卓启币；早退成员扣10个卓启币；旷课成员扣30个卓启币。每-10个卓启币减1分，全部课程结束后进行卓启币累计和扣分换算。

关于课堂任务完成情况的判断标准

1、一张翻转课堂情景图配4个学时的对应课堂任务（分为2次，每次2个学时），课堂任务不设标准答案，全部任务由学生根据预设的任务线索在翻转课堂过程和老师互动中完成，即可由团队分工合作书面完成，也可由个人书面完成。课堂任务见对应的任务纸。

2、根据任务的难度和完成的质量、数量、创新性、相关性、匹配程度等，给予具体评分：90-99、80-89、70-79、60-69、50-59、40-49、30-39、0-29。未做任务者计0分。

参考答案

情景图任务的参考答案线索和思路都隐含在情景图和任务纸中，请灵活掌握。线索和思路不是标准答案，仅起到参考和抛砖引玉的作用。

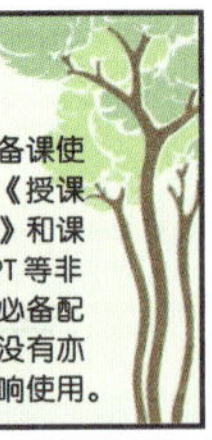

老师备课使用的《授课说明》和课件PPT等非本书必备配套，没有亦不影响使用。

《门店租赁》情景图任务 A

实体门店租赁情境图
门店租赁前的评估和判断指标

时间TIME：
年 月 日

2学时

个人姓名：　　　　　团队名称：　　　　　任务名称：

实到团队成员：

迟到团队成员：

旷课团队成员：　　　　　请假团队成员：

根据抽选的项目，在选址确定后，你们要按什么标准去租用门店？（自由描述，翻转课堂）

将房屋使用权出让给承租方，以获取租金为条件。◄ **出租方** 租 赁 **承租方** ► 支付租金，通过占有、使用房屋，以期获得收益。

以什么为联结纽带？ ➡ ⬤ ⬤ ◄ 以什么为联结纽带？

把你认为的内容填写在圆圈内　　　　　把你认为的内容填写在圆圈内

租赁是单方的还是多方的？请先做判断再阐明理由（翻转课堂）

拿店的几种方式（至少写三种）并进行详细描述

① ② ③ ④

在以上几种拿店的方式中，用的最多的是哪一种？为什么？

你们会通过什么途径去租用门店？请描述不少于5种途径，以及这些途径的优点和缺点（翻转课堂）。

**租店
途径**

**学习
心得**

任务可团队分工完成，也可个人独立完成；可直接写在任务纸上，也可在自行准备的练习本上完成（注明任务名称）。

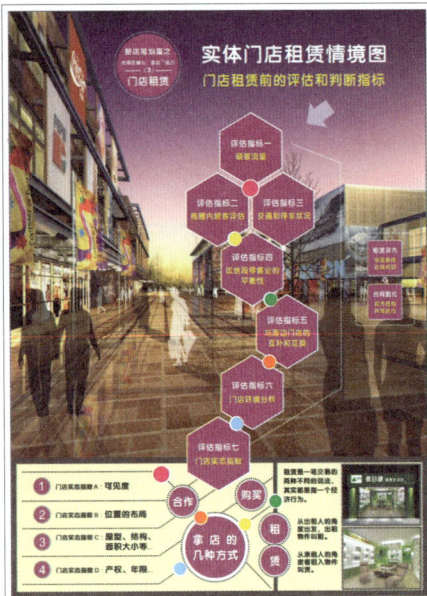

"门店租赁"情景图任务 B

个人姓名：　　　　　团队名称：　　　　　任务名称：

实到团队成员：

迟到团队成员：

旷课团队成员：　　　　　请假团队成员：

大知名度品牌、小知名品牌、无知名度的新品牌去租用门店有什么区别？（自由描述，翻转课堂）

租房有哪些谈判技巧?

每个团队成员经充分讨论后，将有针对性的讨论出的谈判技巧写下来。

租　金 租　期	装　修 免租期
按　金 退按条件	交租方式 免责条件

其他要补充的谈判技巧：

拟好谈判技巧后，每个团队分成"出租方"和"承租方"，出租方与承租方进行谈判演练。

谈判步骤描述

签订门店租赁合同主要注意事项

根据自己团队抽选的项目，填写以下相关内容：

1、当事人姓名、名称住所和资格：

2、房屋交付时的基本状况：

3、租赁用途：

4、租赁期限：

5、租金：

6、修缮责任：

7、变更与解除合同的条件：

8、关于签订转租和违约责任的规定：

有曾签过或接触过《门店租赁合同》的团队，请分享具体案例（翻转课堂）

学习心得

任务可团队分工完成，也可个人独立完成；可直接写在任务纸上，也可在自行准备的练习本上完成（注明任务名称）。

游戏

门店的**脸**去哪了？

1 我的脸面谁做主？

2 我的脸面谁做主？

3 我的脸面谁做主？

4 我的脸面谁做主？

5 我的脸面谁做主？

6 我的脸面谁做主？

"门店的脸去哪了"招牌材料

板材类
01、PC板；02、PVC板；03、KT板；04、热板；05、亚克力板；
06、冷板；07、PS板；08、压克力板；09、双色板；10、芙蓉板；11、铁板；
12、铝板；13、不锈钢板；14、钛金板；15、镜面……

喷画类
16、户外广告布喷画；17、背胶喷画（普通/写真）；
18、室内灯箱片喷画；19、室外灯箱片喷画……

LED发光类
20、不锈钢LED发光字；　21、树脂LED发光字；　22、亚克力LED发光字；
23、吸塑LED发光字；　24、灯箱LED发光字；　25、点阵发光字；
26、超高亮LED灯箱字；27、超高亮LED发光字；28、穿孔字（外露发光字）；
29、LED七彩发光字；　　30、LED通体发光字；　31、立体三维发光字……

广告字类
32、不锈钢字；　33、铜字；　34、水晶字；35、钛金字；　36、烤漆字；
37、PVC字；　38、镜面字；39、贴金字；40、双扣边字；41、泡沫字……

综合类
42、吸塑；　43、霓虹灯管；44、金属板冲孔；45、LED炫彩屏……

"门店的脸去哪了"游戏规则

1、分好团队后，按团队数量拆折纸条，除了2-3个纸条内写"招牌制作方"外，其他纸条内都写"招牌设计方"。每个团队派出一名代表进行抓阄。

2、"招牌设计方"的团队确定后，"招牌设计方"的团队派出代表掷色子决定拟做招牌的门店类型，项目可以同类。

3、每个"招牌设计方"的团队进行内部分工，分出招牌设计、招牌预算、采购谈判等岗位，按设计的图案、大小和效果要求决定所用材质，先了解相关材质价格后，派出代表和"招牌制作方"进行寻价和谈判，确定制作价格。

4、选有"招牌制作方"的团队进行内部分工，按左边给出的一些招牌制作材料，在了解进货价格的基础上加上一定的利润，制订制作价格（含材料价格和人工价格），并和"招牌设计方"派出的人员进行谈判，"招牌制作方"之间允许有价格和服务等方面的竞争。

5、第一轮的游戏完成后，有时间的话，可角色互换（招牌设计方和招牌制作方角色互换）再进行第二轮游戏。

新店筹划篇之
如何进行门店店面装修？
（1）
门店招牌

翻转课堂

1、面包店　　2、水果店
3、快餐店　　4、眼镜店
5、便利店　　6、服装店

1、为保证"实体企业建店"学习和训练的连贯性，请尽量选择右边的六类门店。

2、"实体企业建店"是一个团队相互协作、相互配合的过程，请尽量采用团队的方式进行训练，每个团队建议5-7人。用于个人学习和训练时，请预先植入这样的观念：一个人可能会走得更快，但一群人（团队）可能会走得更远。

3、翻转课堂时使用的必备工具为：翻转课堂情景图和与之配套的任务纸。完成任务从情景图中找线索，翻转课堂换位思考，提升发现问题和解决问题的能力。老师根据线索和翻转课堂情况探讨式推进，教学相长。

4、《门店招牌》设计为4个学时（每个学时45分钟），2个学时为一个单位。可4个学时一次过连贯学习，也可分为2次来进行。

团队训练时如何选择门店？

方式一：使用大色子或小色子（自行手工制作或购买）

1、分好团队后，每个团队派出一名代表，掷色子决定拟开的门店。1是面包店，2是水果店，3是快餐店，4是眼镜店，5是便利店，6是服装店。不同团队所选项目可以是同一类门店。

2、同一类门店之间有竞争。在同一个商圈内，同一类门店的数量越多，竞争将会越激烈。

温馨提示：团队训练时，使用大色子来选门店，视觉效果和现场效果更好。

方式二：纸条抓阄

1、裁好6张纸条，每张纸条内对应有1-6个数字，折叠好纸条。

2、团队代表上台抽选数字决定门店类型。

3、超过6个团队，打开的纸条可再次折叠，重复使用。

个人学习时如何选择门店？

1、个人学习时，可参考团队训练时抽选门店的方法。使用大色子、小色子或是写好纸条自己抓阄均可。

2、掷到或抓到1是面包店，掷到或抓到2是水果店，掷到或抓到3是快餐店，掷到或抓到4是眼镜店，掷到或抓到5是便利店，掷到或抓到6是服装店。

3、也可以根据个人自身的实际情况，自定目标门店进行情景式模拟训练和学习。

团队训练时的激励工具：卓启币（卓心启业）

编号	姓 名	课名：		课名：		课名：		课名：		课名：		小 计	
		奖卓启币	扣卓启币	奖卓启币	扣卓启币	奖卓启币	扣卓启币	奖卓启币	扣卓启币	奖卓启币	扣卓启币	奖卓启币	扣卓启币

卓启币（虚拟教学币）使用说明：

1、当次课，成员全部按时到齐的团队获得卓启币奖励资格：团队派代表上台进行翻转课堂分享，翻转课堂表现优秀的上台团队代表获20个卓启币，该团队成员获10个卓启币，登记在此表格上，或另行制作EXCEL表格予以登记。每个团队在2个学时内只拥有一次上台资格。每10个卓启币可获取1分的加分，全部课程结束后进行卓启币累计和加分换算。

2、有成员迟到、早退、旷课的团队取消当次课上台分享资格，以2个学时为一次课计，当次课，该团队迟到成员扣10个卓启币；早退成员扣10个卓启币；旷课成员扣30个卓启币。每–10个卓启币减1分，全部课程结束后进行卓启币累计和扣分换算。

关于课堂任务完成情况的判断标准

1、一张翻转课堂情景图配4个学时的对应课堂任务（分为2次，每次2个学时），课堂任务不设标准答案，全部任务由学生根据预设的任务线索在翻转课堂过程和老师互动中完成，既可由团队分工合作书面完成，也可由个人书面完成。课堂任务见对应的任务纸。

2、根据任务的难度和完成的质量、数量、创新性、相关性、匹配程度等，给予具体评分：90-99、80-89、70-79、60-69、50-59、40-49、30-39、0-29。未做任务者计0分。

参考答案

情景图任务的线索和思路都隐含在情景图和任务纸中，请灵活掌握。线索和思路不是标准答案，仅起到参考和抛砖引玉的作用。

老师备课使用的《授课说明》和课件PPT等非本书必备配套，没有亦不影响使用。

《门店招牌》情景图任务 A

时间TIME：
年 月 日

2学时

个人姓名：　　　　　　　团队名称：　　　　　　　　任务名称：

实到团队成员：

迟到团队成员：

旷课团队成员：　　　　　　　　　　请假团队成员：

各团队对照《门店的脸去哪了？》，结合团队抽选的项目，完成以下任务（翻转课堂）：

1、看看你们选到的脸谱是什么？联想到了什么？

2、如果这些脸谱是门店的招牌，你能通过这些脸谱知道对应的门店是卖什么的吗？为什么？

什么是招牌？

请描述一下你见过的最吸引你的门店招牌是什么？在哪里见的？把最吸引你的地方描述出来。（翻转课堂）

你们见过或知道哪些种类的招牌？请列举不少于10个

你们认为好的招牌要具备哪几个基本条件？

招牌应用

以下是实体门店招牌8个方面的应用，请按你们认为的重要程度，将字母编号分别写在1、2、3、4、5、6、7、8的括号内。

1、（　　）；2、（　　）；3、（　　）；4、（　　）；5、（　　）；6、（　　）；7、（　　）；8、（　　）

A 招牌的光照　　　　B 招牌摆放的位置　　　　C 招牌的设计创意　　　　D 招牌的性价比（效果与投入产出比）

E 招牌的内容　　　　F 招牌的材料和表现形式　　G 招牌的使用时间　　　　H 招牌的颜色

在实体门店招牌 **8** 个应用中，你们认为最难的地方是什么？并结合实际案例进行阐述？（翻转课堂）

学习心得

任务可团队分工完成，也可个人独立完成；可直接写在任务纸上，也可在自行准备的练习本上完成（注明任务名称）。

"门店招牌"情景图任务 B

个人姓名:	团队名称:	任务名称:

实到团队成员:

迟到团队成员:

旷课团队成员:　　　　　　　　　请假团队成员:

招牌的文字设计应注意什么?

根据抽选的项目，经讨论后，写下招牌文字设计的相关注意要点（翻转课堂）。

（1）根据抽选的门店类别画出门店招牌草图。

招牌设计与招牌作用

（2）经讨论后，写下招牌有哪些作用?不少于5条。

"门店的脸去哪了"游戏（一）

分好团队后，按团队数量拆折纸条，除了2-3个纸条内写"招牌承接制作方"外，其他纸条内都写"招牌要求制作方"。每个团队派出一名代表进行抓阄。

1、"招牌要求制作方"
团队内部分出招牌设计、招牌预算、工程制作谈判等岗位，按招牌设计图案、大小和效果要求决定所用材质，并列表，根据列表向"招牌承接制作方"进行询价。

2、"招牌承接制作方"面对"招牌要求制作方"的询价如何报价? 并写下相关报价。

"门店的脸去哪了"游戏（二）

选有"招牌承接制作方"的团队进行内部分工，按"门店的脸去哪了?"给出的一些招牌制作材料，在了解进货价格的基础上加上一定的利润，制订制作价格（含材料价格和人工价格），并和"招牌要求制作方"派出的人员进行谈判，"招牌承接制作方"之间允许有价格和服务等方面的竞争。

1、"招牌要求制作方"有哪些需要主要解决的问题?

2、"招牌承接制作方"应具备哪些资质和条件?

3、"招牌要求制作方"和"招牌承接制作方"如何达成一致?

学习心得

任务可团队分工完成，也可个人独立完成；可直接写在任务纸上，也可在自行准备的练习本上完成（注明任务名称）。

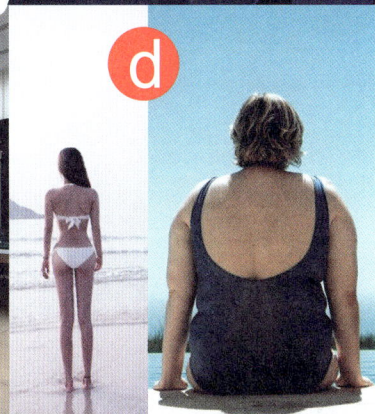

装修与布局

新店筹划篇之
如何进行门店店面装修?
——（2）——
店内布局

案例

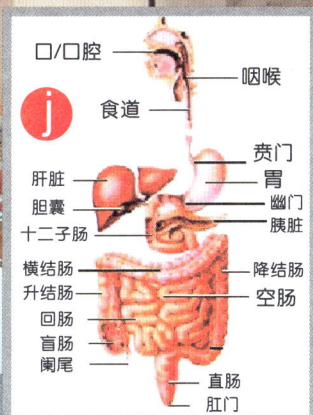

口/口腔 ——— 咽喉
食道
肝脏 ——— 贲门
胆囊 ——— 胃
十二子肠 ——— 幽门
横结肠 ——— 胰脏
升结肠 ——— 降结肠
回肠 ——— 空肠
盲肠
阑尾 ——— 直肠
—— 肛门

门店装修工程项目种类选择

A. 木作工程：A1 木天花板、A2 木隔断、A3 木造型饰体、A4 木货架、A5 木壁柜、A6 木收银台、A7 木接待台、A8 木办公家具等。

B. 油漆、壁纸工程：B1 木作油漆、B2 办公家具油漆、B3 地板油漆、B4 金属构件油漆、B5 顶油漆、B6 墙面贴壁纸、B7 办公家具贴薄木单板、B8 饰面贴薄木单板等。

C. 泥水、石材工程：C1 抹砂浆、C2 铺贴瓷砖瓷片、C3 石材板铺设、C4 石组景观、C5 石雕刻等。

D. 粉刷喷涂工程：D1 内墙面涂乳胶漆、D2 喷塑、D3 刮花（刮蜡、刮美卡）、D4 刮腻子、D5 普通粉刷等。

E. 金属工程：E1 轻钢龙骨、E2 铝合金龙骨吊顶、E3 楼梯扶手、E4 拦档、E5 构架、E6 门窗等。

F. 门窗工程：F1 铁质门窗、F2 木质门窗、F3 塑料门窗、F4 铝合金门窗、F5 塑钢门窗、F6 不锈钢门窗等。

G. 地面工程：G1 地面铺设、G2 地毯铺设、G3 墙面粘贴、G4 楼梯台阶（包设计）等。

H. 水电工程：H1 配管线、H2 安装灯具、H3 安插座、H4 安洁具、H5 敷设供排水管等。

I. 空调工程：I1 窗式空调安装、I2 柜式空调安装、I3 分体式空调安装、I4 中央空调安装、I5 风管安装、I6 冷却水管安装、I7 水塔安装等。

J. 玻璃镜面工程：J1 门窗玻璃、J2 隔断玻璃、J3 装饰镜面、J4 雕蚀玻璃等。

K. 石膏板、埃特尼板类工程：K1 吊顶、K2 隔断墙等。

L. 招牌广告工程：L1 门面招牌、L2 广告灯箱、L3 壁画广告、L4 饰字画案等。

M. 饰面工程：M1 贴防火板、M2 宝丽板、M3 三合板、M4 包人造革皮、M5 包不锈钢等各类饰面处理。

N. 设备安装工程：N1 各种设备用具、N2 五金件安装等。

O. 窗帘工程：O1 帘导轨、O2 百叶帘、O3 垂直帘、O4 布幔等。

P. 绿化工程：P1 室内盆栽、P2 花架植栽、P3 地面花园、P4 屋顶花园等。

Q. 拆除、清洁工程：Q1 打墙、Q2 拆旧设施、Q3 改位、Q4 清运清洁等工程。

新店筹划之
如何进行门店店内装修?
（2）
店内布局

翻转课堂

① 面包店

② 水果店

③ 快餐店

④ 眼镜店

⑤ 便利店

⑥ 服装店

1、为保证"实体企业建店"学习和训练的连贯性，请尽量选择右边的六类门店。

2、"实体企业建店"是一个团队相互协作、相互配合的过程，请尽量采用团队的方式进行训练，每个团队建议5~7人。用于个人学习和训练时，请预先植入这样的观念：一个人可能会走得更快，但一群人（团队）可能会走得更远。

3、翻转课堂时使用的必备工具为：翻转课堂情景图和与之配套的任务纸。完成任务从情景图中找线索，翻转课堂换位思考，提升发现问题和解决问题的能力。老师根据线索和翻转课堂情况探讨式推进，教学相长。

4、《店内布局》设计为4个学时（每个学时45分钟），2个学时为一个单位。可4个学时一次过连贯学习，也可分为2次来进行。

门店装修工程项目种类选择

团队训练时如何选择门店？

方式一：使用大色子或小色子（自行手工制作或购买）

1、分好团队后，每个团队派出一名代表，掷色子决定拟开的门店。1是面包店，2是水果店，3是快餐店，4是眼镜店，5是便利店，6是服装店。不同团队所选项目可以是同一类门店。

2、同一类门店之间有竞争。在同一个商圈内，同一类门店的数量越多，竞争将会越激烈。

温馨提示：团队训练时，使用大色子来选门店，视觉效果和现场效果更好。

方式二：纸条抓阄

1、裁好6张纸条，每张纸条内对应有1-6个数字，折叠好纸条。

2、团队代表上台抽选数字决定门店类型。

3、超过6个团队，打开的纸条可再次折叠，重复使用。

个人学习时如何选择门店？

1、个人学习时，可参考团队训练时抽选门店的方法。使用大色子、小色子或是写好纸条自己抓阄均可。

2、掷到或抓到1是面包店，掷到或抓到2是水果店，掷到或抓到3是快餐店，掷到或抓到4是眼镜店，掷到或抓到5是便利店，掷到或抓到6是服装店。

3、也可以根据个人自身的实际情况，自定目标门店进行情景式模拟训练和学习。

团队训练时的激励工具：卓启币（卓心启业）

编号	姓名	课名：		课名：		课名：		课名：		课名：		小计	
		奖卓启币	扣卓启币	奖卓启币	扣卓启币	奖卓启币	扣卓启币	奖卓启币	扣卓启币	奖卓启币	扣卓启币	奖卓启币	扣卓启币

卓启币（虚拟教学币）使用说明：

1、当次课，成员全部按时到齐的团队获得卓启币奖励资格：团队派代表上台进行翻转课堂分享，翻转课堂表现优秀的上台团队代表获20个卓启币，该团队成员获10个卓启币，登记在此表格上，或另行制作EXCEL表格予以登记。每个团队在2个学时内只拥有一次上台资格。每10个卓启币可获取1分的加分，全部课程结束后进行卓启币累计和加分换算。

2、有成员迟到、早退、旷课的团队取消当次课上台分享资格，以2个学时为一次课计，当次课，该团队迟到成员扣10个卓启币；早退成员扣10个卓启币；旷课成员扣30个卓启币。每-10个卓启币减1分，全部课程结束后进行卓启币累计和扣分换算。

关于课堂任务完成情况的判断标准

1、一张翻转课堂情景图配4个学时的对应课堂任务（分为2次，每次2个学时），课堂任务不设标准答案，全部任务由学生根据预设的任务线索在翻转课堂过程和老师互动中完成，即可由团队分工合作书面完成，也可由个人书面完成。课堂任务见对应的任务纸。

2、根据任务的难度和完成的质量、数量、创新性、相关性、匹配程度等，给予具体评分：90-99、80-89、70-79、60-69、50-59、40-49、30-39、0-29。未做任务者计0分。

参考答案

情景图任务的参考答案线索和思路都隐含在情景图和任务纸中，请灵活掌握。线索和思路不是标准答案，仅起到参考和抛砖引玉的作用。

老师备课使用的《授课说明》和课件PPT等非本书必备配套，没有亦不影响使用。

"店内布局" 情景图任务 A

2学时

个人姓名：　　　　　团队名称：　　　　　任务名称：

实到团队成员：

迟到团队成员：

旷课团队成员：　　　　　请假团队成员：

抽选项目后，对照《门店装修与布局图》，看看抽选项目对应的装修图的字母编号是哪一个？请给其装修风格和布局给予评价。如果你们来装修，打算装修成什么风格特色的，请给予描述。（翻转课堂）

对照"门店装修与布局图"，经讨论后，阐述一下什么是装修？门店装修的前提条件是什么？

门店可以完全按照店主（经营者）的意愿和喜好去装修吗？【案例分享】

装修设计资料

你们抽选的项目是（　　　　　　　），根据自己抽选的项目，判断以下哪些是装修施工方需要向门店所属物业管理公司提交的资料？

A.设计说明和材料做法表　　　B.装修平面布局图　　　C.综合天花图　　　D.配电系统图　　　E.电力平面图　　　F.照明天花图　　　G.空调水管平面图
H.空调风管平面图　　　I.空调电器平面图　　　J.消防水管平面图　　　K.消防电气平面图　　　L.弱电平面图　　　M.弱电配线表　　　N.给排水平面图
O.防水工程施工图　　　P.天然气管线平面图及大样图　　　Q.通排风平面图

在面包店、水果店、快餐店、眼镜店、便利店、服装店这六类门店中，哪类门店对提交装修资料的要求最高？为什么？（翻转课堂）

学习心得

任务可团队分工完成，也可个人独立完成；可直接写在任务纸上，也可在自行准备的练习本上完成（注明任务名称）。

"店内布局" 情景图任务 B

个人姓名：　　　　　团队名称：　　　　　任务名称：

实到团队成员：

迟到团队成员：

旷课团队成员：　　　　　请假团队成员：

抽选项目后，对照"门店装修与布局图"d，你们看到了什么？如果让你们在h图中选一个作为门店布局的形状，你们会选哪个？为什么？（翻转课堂）。

人体器官结构与门店店内布局

对照"门店装修与布局图"的 j，经团队讨论后，将你们认为与门店店内布局有关联的人体器官功能对应起来。

01、出入口（　　　　　　　　　　　　）
02、主通道（　　　　　　　　　　　　）
03、副通道（　　　　　　　　　　　　）
04、商品补货路线（　　　　　　　　　）
05、非营业场所（　　　　　　　　　　）
06、营业场所（　　　　　　　　　　　）
07、非营业场所与营业场所的连接（　　）
08、商品布局（　　　　　　　　　　　）
09、灯光（　　　　　　　　　　　　　）
10、色彩（　　　　　　　　　　　　　）
11、音响效果（　　　　　　　　　　　）

如果人体各器官错位，你们认为会怎样？门店布局呢？（翻转课堂）

门店动线
经讨论后，将你们认为正确的答案写在以下空格内。

1、什么是动线？

2、门店动线包括（　　　　　　）、（　　　　　）类。
A 顾客动线　　B 销售人员动线　　C 管理动线　　D 一类　　E 二类　　F 三类

3、主通道和副通道是属于（　　　　　　　　）。
A 顾客动线　　　　B 销售人员动线　　　　C 管理动线　　　　D 参观动线

4、顾客动线要（　　　）要（　　　）；销售人员动线要（　　　）要（　　　）；管理动线要（　　　）要（　　　）。
A 长　　B 短　　C 流畅、范围大　　D 简明、范围小　　E 与其他动线交叉
F 避免与其他动线交叉

5、门店通道设计的基本要求有（　　　　　　　　　　　）。
A 足够的宽　　B 狭窄节约空间　　C 弯曲　　D 笔直　　E 平坦　　F 波浪起伏
G 少拐角　　H 多拐角　　　　I 通道上的照度比门店卖场明亮
J 通道上的照度比门店卖场暗　　K 没有障碍物　　L 设置障碍物

门店磁石点
经讨论后，将你们认为正确的答案写在以下空格内。

1、什么是门店磁石点？

2、磁石点按作用的大小分为第一磁石点（　　　　　）、第二磁石点（　　　　　）、第三磁石点（　　　　　）、第四磁石点（　　　　　）、第五磁石点（　　　　　）。

A 卖场中副通道的两侧，是充实卖场各个有效空间的摆设商品的地点。陈列商品主要有：热门商品；有意大量陈列的商品；广告宜传的商品等。

B 位于卖场中主通道的两侧，是顾客必经之地，也是商品销售最主要的地方。此处配置的商品主要是：① 主力商品；② 购买频率高的商品；③ 采购力强的商品。

C 位于收银处前的中间卖场。根据各种节日组织展销、特卖活动的非固定卖场。通过采取单独一处多品种大量陈列方式，造成顾客相对集中，烘托门店气氛。

D 位于门店中央陈列货架两头的端架位置。端架是卖场中顾客接触频率最高的地方。主要配置：高利润商品；季节性商品；厂家促销商品。

E 穿插在第一磁石点中间，需要超乎一般的照度和陈列装饰，以最显眼的方式突出表现，让顾客一眼就能辨别出其与众不同的特点，一段一段地引导顾客向前走。主要配置商品：①流行商品；②色泽鲜艳、引人注目的商品；③季节性强的商品。

门店装修工程项目方案设计

对照"门店装修与布局图"的"门店装修工程项目种类选择"，根据抽选的项目，经讨论后，有针对性地制订"门店装修工程项目方案"，将选择的工程项目和大类和小类编号写在下面，并根据方案设计，进行初步询价。

学习心得

任务可团队分工完成，也可个人独立完成；可直接写在任务纸上，也可在自行准备的练习本上完成（注明任务名称）。

实体门店采购情景图

采购九剑 1-4剑

1 资金预算
2 采购明细
3 进货渠道
4 议价能力

攻

守

项目训练币
卓启币（卓心启业）

掷色子获得采购启动资金

分好团队抽选好项目后，每个团队派出一名代表，掷色子获得采购启动资金。

1 6000元　2 10000元
3 15000元　4 20000元
5 26000元　6 30000元

项目训练币

卓启币（卓心启业）

项目训练币可自行制作也可购买，用于增强项目实感。

新店筹划篇之
—— 产品采购九剑 ——
进攻篇

翻转课堂

实体门店采购情景图
采购九剑 1-4剑

1 资金预算
2 采购明细
3 进货渠道
4 议价能力

攻
守
5 6 7 8 9

1 6000元　2 10000元
3 15000元　4 20000元
5 26000元　6 30000元

1 面包店

2 水果店

3 快餐店

4 眼镜店

5 便利店

6 服装店

1、为保证"实体企业建店"学习和训练的连贯性，请尽量选择右边的六类门店。

2、"实体企业建店"是一个团队相互协作、相互配合的过程，请尽量采用团队的方式进行训练，每个团队建议5-7人。用于个人学习和训练时，请预先植入这样的观念：一个人可能会走得更快，但一群人（团队）可能会走得更远。

3、翻转课堂时使用的必备工具为：翻转课堂情景图和与之配套的任务纸。完成任务从情景图中找线索，翻转课堂换位思考，提升发现问题和解决问题的能力。老师根据线索和翻转课堂情况探讨式推进，教学相长。

4、《门店采购进攻篇》设计为4个学时（每个学时45分钟），2个学时为一个单位。可连贯学习，也可分为2次每次2学时进行。

团队训练时如何选择门店?

方式一：使用大色子或小色子（自行手工制作或购买）

1、分好团队后，每个团队派出一名代表，掷色子决定拟开的门店。1是面包店，2是水果店，3是快餐店，4是眼镜店，5是便利店，6是服装店。不同团队所选项目可以是同一类门店。

2、同一类门店之间有竞争。在同一个商圈内，同一类门店的数量越多，竞争将会越激烈。

温馨提示：团队训练时，使用大色子来选店，视觉效果和现场效果更好。

方式二：纸条抓阄

1、裁好6张纸条，每张纸条内对应有1-6个数字，折叠好纸条。

2、团队代表上台抽选数字决定门店类型。

3、超过6个团队，打开的纸条可再次折叠，重复使用。

个人学习时如何选择门店?

1、个人学习时，可参考团队训练时抽选门店的方法。使用大色子、小色子或是写好纸条自己抓阄均可。

2、掷到或抓到1是面包店，掷到或抓到2是水果店，掷到或抓到3是快餐店，掷到或抓到4是眼镜店，掷到或抓到5是便利店，掷到或抓到6是服装店。

3、也可以根据个人自身的实际情况，自定目标门店进行情景式模拟训练和学习。

团队训练时的激励工具：卓启币（卓心启业）

编号	姓名	课名：		课名：		课名：		课名：		课名：		小计	
		奖卓启币	扣卓启币	奖卓启币	扣卓启币	奖卓启币	扣卓启币	奖卓启币	扣卓启币	奖卓启币	扣卓启币	奖卓启币	扣卓启币

卓启币（虚拟教学币）使用说明：

1、当次课，成员全部按时到齐的团队获得卓启币奖励资格：团队派代表上台进行翻转课堂分享，翻转课堂表现优秀的上台团队代表获20个卓启币，该团队成员获10个卓启币，登记在此表格上，或另行制作EXCEL表格予以登记。每个团队在2个学时内只拥有一次上台资格。每10个卓启币可获取1分的加分，全部课程结束后进行卓启币累计和加分换算。

2、有成员迟到、早退、旷课的团队取消当次课上台分享资格，以2个学时为一次课计，当次课，该团队迟到成员扣10个卓启币；早退成员扣10个卓启币；旷课成员扣30个卓启币。每-10个卓启币减1分，全部课程结束后进行卓启币累计和扣分换算。

关于课堂任务完成情况的判断标准

1、一张翻转课堂情景图配4个学时的对应课堂任务（分为2次，每次2个学时），课堂任务不设标准答案，全部任务由学生根据预设的任务线索在翻转课堂过程和老师互动中完成，即可由团队分工合作书面完成，也可由个人书面完成。课堂任务见对应的任务纸。

2、根据任务的难度和完成的质量、数量、创新性、相关性、匹配程度等，给予具体评分：90-99、80-89、70-79、60-69、50-59、40-49、30-39、0-29。未做任务者计0分。

参考答案

情景图任务的参考答案线索和思路都隐含在情景图和任务纸中，请灵活掌握。线索和思路不是标准答案，仅起到参考和抛砖引玉的作用。

老师备课使用的《授课说明》和课件PPT等非本书必备配套，没有亦不影响使用。

"采购进攻篇" 情景图任务 A

金色预算
采购明细
进货渠道
议价能力

攻
守

项目训练市
卓色币（卓色资金）

分析团队抽选的目标项目，每个团队选出一张代表，黑色子获得采购启动资金

① 6000元　② 10000元
③ 15000元　④ 20000元
⑤ 26000元　⑥ 30000元

个人姓名：　　　　　团队名称：　　　　　任务名称：

实到团队成员：

迟到团队成员：

旷课团队成员：　　　　　请假团队成员：

根据抽选的门店项目和采购启动资金，制订门店采购计划（名称、价格、时间、预算、负责人等）。
（翻转课堂）

经讨论后，写下对商品/原料采购2大原则的理解（翻转课堂）。

1、结合门店情况阐述以销、存定进原则：

2、结合门店情况阐述经济核算原则：

请从制订采购目标3大要点方面去重新评估下之前制订的采购计划。

1、数量目标（采购总量和批量）：

2、时间目标（采购周期）：

3、结构目标（主力商品、非主力商品和特殊商品之间的比例）：

产品采购流程

经讨论后，将以下产品采购基本流程填写完整：

1选择（　　　　　　　）➡2与（　　　　　　）接触 ➡3（　　　　　　）洽谈

6（　　　　　　）合作关系 ◀5评估（　　　　　）◀4（　　　　　）采购条款

供应商与厂商有区别吗？为什么？

经销商和代理商有区别吗？为什么？

采购谈判四步

经讨论后，给以下所列的第一次采购谈判四步排序，标明1、2、3、4。

第□步 报 价　　第□步 磋 商
第□步 摸 底　　第□步 重审谈判方针

如果门店派人第二次进行采购谈判，第二次采购谈判的第一步是什么？为什么？

学习心得

实体门店采购情景图
采购九剑 1-4剑

① 资金预算
② 采购明细
③ 进货渠道
④ 议价能力

攻
守

⑤ ⑥ ⑦ ⑧ ⑨

项目训练币
卓面币（卓心游戏）

分好团队人数选出项目后，每个团队派出一名代表，黑色子获得采购启动资金。

① 6000元　② 10000元
③ 15000元　④ 20000元
⑤ 26000元　⑥ 30000元

新店筹划篇之如何进行门店采购之

"采购进攻篇"情景图任务 B

时间TIME：
年　月　日

2学时

个人姓名：	团队名称：	任务名称：

实到团队成员：

迟到团队成员：

旷课团队成员：	请假团队成员：

门店采购有九个环节，有四个环节是用于进攻的，有五个环节是用于防守的。用于进攻的是哪四个环节？在这四个环节当中，你认为哪个环节最重要？为什么？（翻转课堂）

采购第一剑：资金预算（采购计划金额）

1、你们团队的项目采购计划为6万元，而现有资金只有2万元，怎么办？可以通过哪些渠道筹集采购资金？

2、你们团队的项目采购计划为2万元，而现有资金有6万元，多余的4万元打算怎么办？

采购第二剑：采购明细（清单）

根据所选项目填写，本表格不够，可另附页。

采购类别		□ 生产原料	□ 售卖商品		□ 办公用品	□ 其他
序号	名　称	数量(单位)	规　格	采购单价	采购总额	计划采购日期

注：如有更好的采购明细表格建议，可自行拟定，另附页。

采购第三剑：进货渠道

根据所选项目填写，本表格不够，可另附页。

实体渠道	电商渠道
列出批发市场、商家、厂家等名称，并实地考察。（列举数量不少于10个）	列出电商、垂直电商、微商等名称，多方考察。（列举数量不少于15个网址）

备注：进货渠道主要考察供应商及品种、价格、质量、服务、促销支持等。

采购第四剑：议价能力（谈判能力）

根据所选项目，按以下提纲，经团队讨论后一一拟定，不得少写或漏写。本栏如不够，可另附页。

1、确立希望通过谈判达到的目标。
2、为谈判搜集具有重大影响的事实。
3、识别实际情况和问题。
4、分析双方的优势。
5、确定自己在每个问题中的位置，调查估计供应商在每个问题中的位置。
6、制订谈判策略。

以上完成后，将每个团队成员分为"采购方"和"供应商"两方，双方按采购明细、谈判提纲和前个章节学习过的采购谈判四步进行谈判演练。

学习心得

任务可团队分工完成，也可个人独立完成；可直接写在任务纸上，也可在自行准备的练习本上完成（注明任务名称）。

实体门店采购情景图

采购九剑 5-9剑

9 安全存储

守

7 质量控制

8 产品验收

1

2

3

4

攻

6 合约保障

成本核算

5

项目训练币
卓启币（卓心启业）

项目训练币

卓启币（卓心启业）

项目训练币可自行制作
也可购买，用于增强项
目实感。

500
伍佰圆

1000
壹仟圆

200   100   50

掷色子获得采购启动资金

分好团队抽选好项目后，每个团队派出一名代表，掷色子获得采购启动资金。

1 6000元 　**2** 10000元

3 15000元 　**4** 20000元

5 26000元 　**6** 30000元

实体门店采购情景图

采购九剑 5-9剑

守 攻

9 安全存储
7 质量控制
8 产品验收
6 合约保障
成本核算

项目训练币
卓启币（卓心启业）

500 1000

分好团队后抽选项目，每个团队派出一名代表，掷色子获得采购启动竞金。
① 6000元 ② 10000元
③ 15000元 ④ 20000元
⑤ 26000元 ⑥ 30000元

项目训练币
卓启币（卓心启业）

500 1000

新店筹划篇之
—— 产品采购九剑 ——
防守篇

翻转课堂

1、为保证"实体企业建店"学习和训练的连贯性，请尽量选择右边的六类门店。

2、"实体企业建店"是一个团队相互协作、相互配合的过程，请尽量采用团队的方式进行训练，每个团队建议5~7人。用于个人学习和训练时，请预先植入这样的观念：一个人可能会走得更快，但一群人（团队）可能会走得更远。

3、翻转课堂时使用的必备工具为：翻转课堂情景图和与之配套的任务纸。完成任务从情景图中找线索，翻转课堂换位思考，提升发现问题和解决问题的能力。老师根据线索和翻转课堂情况探讨式推进，教学相长。

4、《门店采购防守篇》设计为4个学时（每个学时45分钟），2个学时为一个单位。可连贯学习，也可分为2次每次2学时进行。

1 面包店

2 水果店

3 快餐店

4 眼镜店

5 便利店

6 服装店

团队训练时如何选择门店?

方式一：使用大色子或小色子（自行手工制作或购买）

1、分好团队后，每个团队派出一名代表，掷色子决定拟开的门店。1是面包店，2是水果店，3是快餐店，4是眼镜店，5是便利店，6是服装店。不同团队所选项目可以是同一类门店。

2、同一类门店之间有竞争。在同一个商圈内，同一类门店的数量越多，竞争将会越激烈。

温馨提示：团队训练时，使用大色子来选门店，视觉效果和现场效果更好。

方式二：纸条抓阄

1、裁好6张纸条，每张纸条内对应有1-6个数字，折叠好纸条。

2、团队代表上台抽选数字决定门店类型。

3、超过6个团队，打开的纸条可再次折叠，重复使用。

个人学习时如何选择门店?

1、个人学习时，可参考团队训练时抽选门店的方法。使用大色子、小色子或是写好纸条自己抓阄均可。

2、掷到或抓到1是面包店，掷到或抓到2是水果店，掷到或抓到3是快餐店，掷到或抓到4是眼镜店，掷到或抓到5是便利店，掷到或抓到6是服装店。

3、也可以根据个人自身的实际情况，自定目标门店进行情景式模拟训练和学习。

团队训练时的激励工具：卓启币（卓心启业）

编号	姓名	课名：		课名：		课名：		课名：		课名：		小 计	
		奖卓启币	扣卓启币	奖卓启币	扣卓启币	奖卓启币	扣卓启币	奖卓启币	扣卓启币	奖卓启币	扣卓启币	奖卓启币	扣卓启币

卓启币（虚拟教学币）使用说明：

1、当次课，成员全部按时到齐的团队获得卓启币奖励资格：团队派代表上台进行翻转课堂分享，翻转课堂表现优秀的上台团队代表获20个卓启币，该团队成员获10个卓启币，登记在此表格上，或另行制作EXCEL表格予以登记。每个团队在2个学时内只拥有一次上台资格。每10个卓启币可获取1分的加分，全部课程结束后进行卓启币累计和加分换算。

2、有成员迟到、早退、旷课的团队取消当次上台分享资格，以2个学时为一次课计，当次课，该团队迟到成员扣10个卓启币；早退成员扣10个卓启币；旷课成员扣30个卓启币。每-10个卓启币减1分，全部课程结束后进行卓启币累计和扣分换算。

关于课堂任务完成情况的判断标准

1、一张翻转课堂情景图配4个学时的对应课堂任务（分为2次，每次2个学时），课堂任务不设标准答案，全部任务由学生根据预设的任务线索在翻转课堂过程和老师互动中完成，即可由团队分工合作书面完成，也可由个人书面完成。课堂任务见对应的任务纸。

2、根据任务的难度和完成的质量、数量、创新性、相关性、匹配程度等，给予具体评分：90-99、80-89、70-79、60-69、50-59、40-49、30-39、0-29。未做任务者计0分。

参考答案

情景图任务的参考答案线索和思路都隐含在情景图和任务纸中，请灵活掌握。线索和思路不是标准答案，仅起到参考和抛砖引玉的作用。

老师备课使用的《授课说明》和课件PPT等非本书必备配套，没有亦不影响使用。

"采购防守篇" 情景图任务 A

实体门店采购情景图
采购九剑 5-9剑

⑨ 安全存储
⑦ 质量控制
守
⑧ 产品验收
攻
成本核算 ⑥ 合约保障

个人姓名:	团队名称:	任务名称:

实到团队成员:

迟到团队成员:

旷课团队成员: 　　　　　　　　　请假团队成员:

抽选好门店项目的团队,巩固前面"门店采购九剑进攻篇"的"议价能力"内容,将以下价格谈判议价的方法填入对应的括号中。

【 采购谈判议价方法 】

01、低开渐高;　02、欲擒故纵;　　03、疲劳轰炸;　04、百般挑剔;　05、博人同情;

06、善施诱功;　07、弹性还价;　　08、化零为整;　09、走马换将;　10、压迫降价;

11、敲山震虎;　12、差额均摊;　　13、迂回战术;　14、哀兵姿态;　15、间接议价;

16、小幅度让步;　17、退一步海阔天空;　18、比价;　　19、寻价/报价

价格谈判之 还价技巧 (　　　　　　　　　　　　　　　　　　　　　)

价格谈判之 杀价技巧 (　　　　　　　　　　　　　　　　　　　　　)

价格谈判之 让步技巧 (　　　　　　　　　　　　　　　　　　　　　)

价格谈判之 讨价还价技巧 (　　　　　　　　　　　　　　　　　　)

在议价(价格谈判)之前的第一步是(　　　　　　　),第二步是(　　　　　　)。

还价与杀价有什么区别?	还价与讨价还价有什么区别?

请分享一个亲身经历的买东西还价的案例,分析一下用了哪些谈判技巧?

采购第五剑:成本核算

1、成本核算主要由三部分构成:(1)材料成本;(2)人工成本;(3)制造成本。根据团队项目判断该采购主要考虑什么成本。

2、根据抽选的采购启动资金、采购计划、采购明细等进行成本核算。对主要采购产品核算不少于10个,本页不够可写在任务纸的背面。

参考以下定价方法,选择一种,根据所选项目,经讨论后,对门店经营的主要产品给予定价(不少于10个)

定价方法: 　　(1)成本加成定价法 售价 = 进价 × (1 + 顺加毛利率);　　　　　(2)毛利率定价法:售价 = 进价 ÷ (1 – 倒扣毛利率);

(3)目标利润定价法(先计算成本)　 注:倒扣毛利率=(售价–成本)/售价;顺加毛利率=(售价–成本)/成本;倒扣针对售价,顺加针对成本。

产品
定价

学习
心得

任务可团队分工完成,也可个人独立完成;可直接写在任务纸上,也可在自行准备的练习本上完成(注明任务名称)。

"采购防守篇" 情景图任务 B

实体门店采购情景图
采购九剑 5-9剑

个人姓名：　　　　　　团队名称：　　　　　　任务名称：

实到团队成员：

迟到团队成员：

旷课团队成员：　　　　　　请假团队成员：

门店采购有九个环节，有四个环节是用于进攻的，有五个环节是用于防守的。用于防守的是哪五个环节？在这五个环节当中，你认为哪个环节最重要？为什么？（翻转课堂）

采购第六剑：合约保障

在理解采购合同签订原则的基础上，拟定一个采购合同的签订流程。

采购合同的签订原则：（1）合同的当事人必须具备法人资格；（2）采购合同必须合法；（3）签订合同必须坚持平等互利、协商一致、等价有偿的原则；（4）当事人应当以自己的名义签订采购合同；（5）采购合同应当采用书面形式。

购合同的签订流程：

采购第七剑：采购质量控制

根据抽选项目，针对门店采购实际情况，围绕以下四点，提出采购质量控制的具体举措：

1、供应商资质。

2、产品相关检验证书和报告。

3、正规合法渠道。

4、贮存方式和保质期。

采购第八剑：产品采购验收

产品采购验收包括采购验收流程、采购验收制度、采购验收标准等。团队根据自己抽选的项目，选出不少于10种产品填写以下表格：

产品采购验收标准				
序号	名　称	质量要求	验收标准	备　注

采购第九剑：安全存储

安全存储包括：
（1）安全存储策略；（2）安全存储条件；（3）安全存储货架；
（4）安全存储规范；（5）安全存储量；　（6）安全存储系统管理等。

团队根据自己抽选的项目，在以上6项中，选出不少于4项进行描述。

学习心得

任务可团队分工完成，也可个人独立完成；可直接写在任务纸上，也可在自行准备的练习本上完成（注明任务名称）。

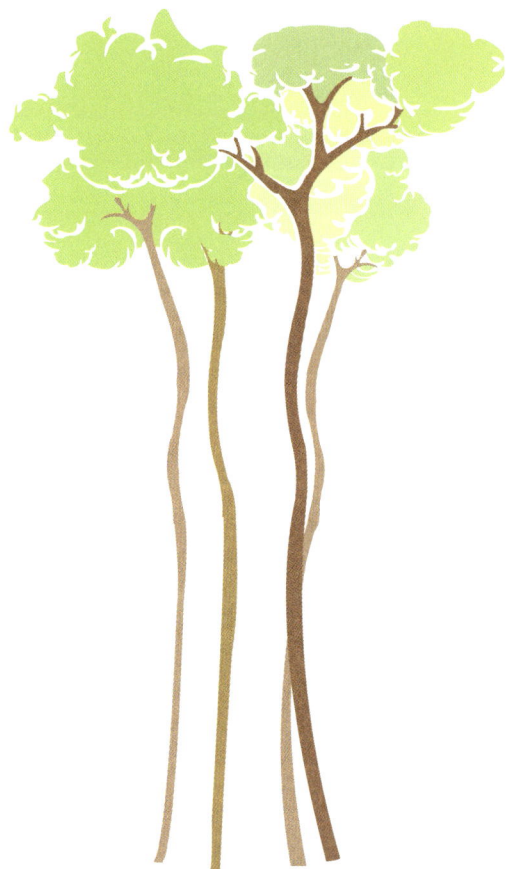

如何进行门店产品陈列?

- （一）便利店产品陈列
- （二）水果店产品陈列
- （三）面包店产品陈列
- （四）服装店产品陈列

便利店产品陈列情景图

每个团队派出一名代表，掷色子决定产品货架陈列的类别，可以同类：
1、休闲食品类；2、纸品小百货类；3、饮料奶制品类；
4、餐具杯子类；5、调味料类；6、酒类。

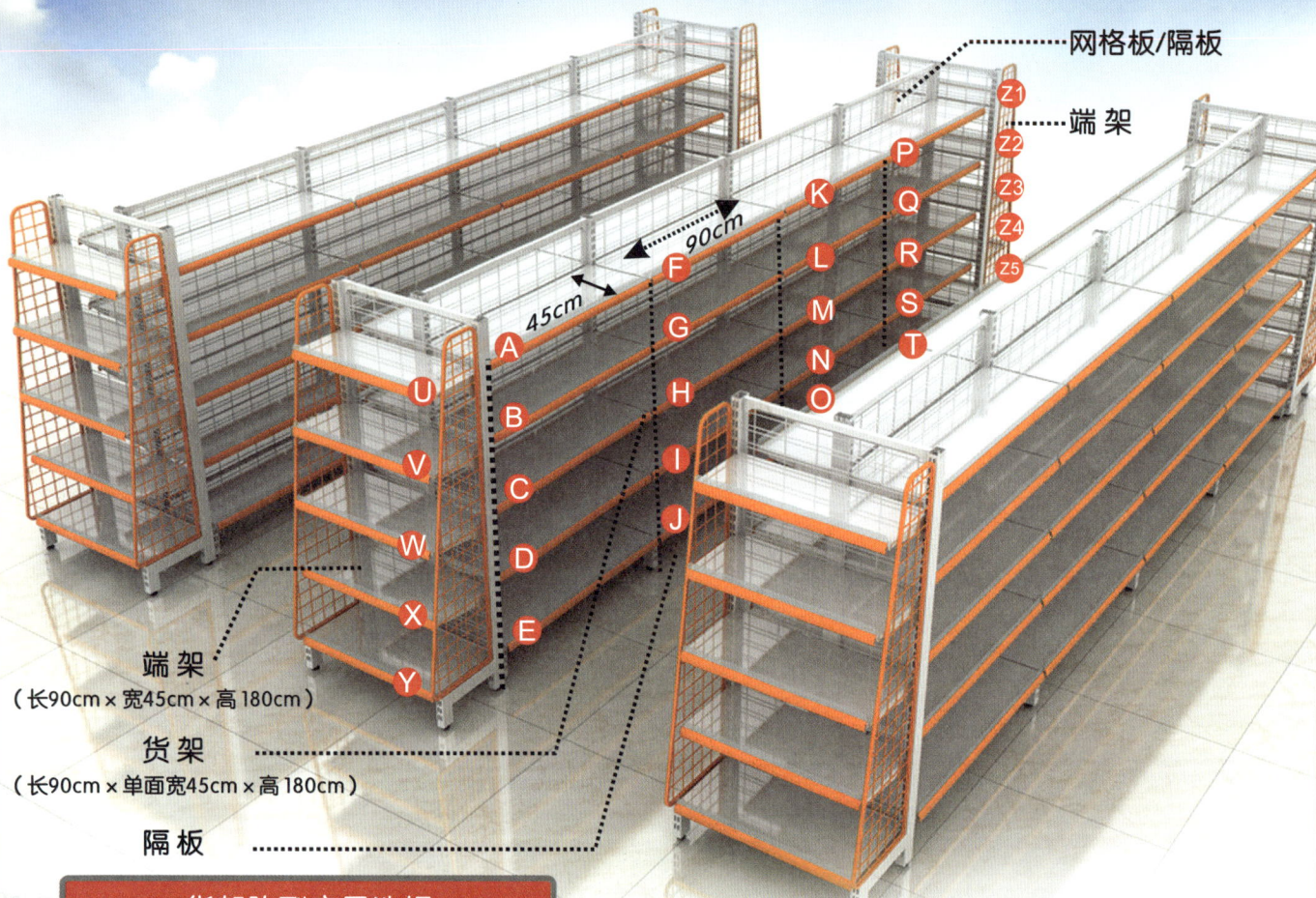

网格板/隔板
端架
Z1 Z2 Z3 Z4 Z5
90cm
45cm
P Q K R L M S N O T
A B C D E
F G H I J
U V W X Y

端架
（长90cm×宽45cm×高180cm）

货架
（长90cm×单面宽45cm×高180cm）

隔板

货架陈列产品选择

卷纸01 重1800克 （长55cm×宽20cm×高10cm）

卷纸02 重1400克 （长53cm×宽18cm×高10cm）

白酒01 重750克 500ml/瓶 （长12cm宽12cm高26cm）

白酒02 重790克 500ml/瓶 （长13cm宽10cm高20cm）

白酒03 重760克 500ml/瓶 （长13cm宽11cm高22cm）

蛋卷01 重200克 长16cm 宽3.5cm 高22cm

饼干01 重260克 长12cm 宽4.5cm 高23cm

饼干02 重500克 长10cm 宽10cm 高28cm

太空杯02 高15cm直径5cm

饭盒01 长宽16cm高5.5cm

饭盒02 长15cm 宽8cm 高12cm

毛巾01 每块折叠后 长20cm 宽15cm 高4.5cm

酒杯02 高16cm直径8cm

蚝油02 高26cm直径5.5cm

甜面酱170克 高7.5cm直径6.5cm

膨化食品 重75克 长18.5cm宽25cm

太空杯01 高23cm直径6.5cm

毛巾02 每块折叠后 长15cm宽10cm高3cm

蚝油01 715克/瓶 高33cm 直径6cm

酒杯01 高5.5cm直径3.5cm

生抽 高25cm 直径5cm 重720克

老抽 高25cm 直径5cm 重720克

料酒 高26cm 宽5.5cm 重750克

豆奶01 （250ml×6盒） （长18.6cm宽8cm高11.5cm）

豆奶02 （250ml×6盒） （长18.8cm 宽7.8cm 高11.2cm）

2.5L可乐 高30cm半径7.5cm

1.25L雪碧 高24cm半径5cm

纸巾01（10小包） （长40.6cm 宽27cm 高12.5cm）

每小包长5cm宽3.5cm高7.5cm

易拉罐可口可乐（24罐）（长40.6cm 宽27cm 高12.5cm）

易拉罐百事可乐（24罐）（长40.6cm 宽27cm 高12.5cm）

重约1750克

重约1750克

2L雪碧 高28cm半径6.5cm

纸巾02（12小包）

牛奶01（250ml×16盒） 重6586克 重4484克 （长26.2cm×宽17cm×高11.8cm）

牛奶02（250ml×24盒） （长38.8cm×宽17cm×高11.8cm）

牛奶03 250ml 300克 长6.3cm 宽4cm 高10.8cm

牛奶04 250ml 300克

牛奶05 重1100克 长9.5cm 宽6cm 高21.6cm

白兰地01 重900克 750ml/瓶 长8.5cm 宽8.5cm 高28cm

白兰地02 重800克 700ml/瓶 长7.2cm 宽7.2cm 高30cm

红酒01 重880克 750ml/瓶 长7.5cm 宽7.5cm 高32cm

红酒02 重860克 750ml/瓶 长8cm 宽5cm 高30cm

红酒03 重900克 750ml/瓶 长7cm 宽7cm 高35cm

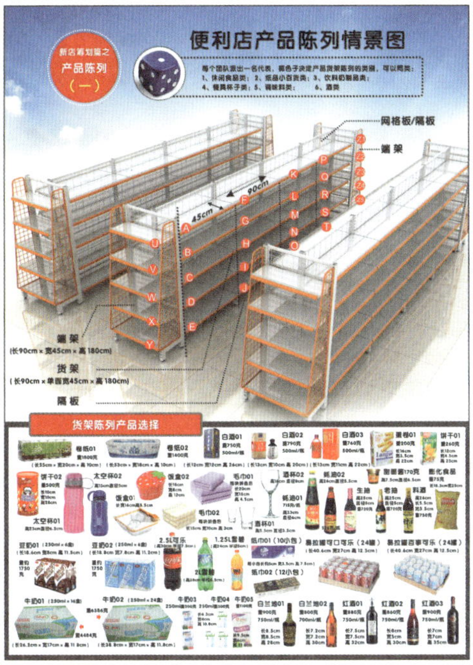

便利店产品陈列情景图

新店筹划篇之产品陈列（一）

隔栅板/隔板
端架

端架
（长90cm×宽45cm×高180cm）
货架
（长90cm×单面宽45cm×高180cm）
隔板

货架陈列产品选择

新店筹划篇之
— 产品陈列（一）—
便利店

翻转课堂

1 休闲食品类
2 纸品小百货类
3 饮料奶制品类
4 餐具杯子类
5 调味料类
6 酒类

1、为保证"实体企业建店"学习和训练连贯性，请选择情景图设定的门店和类别。

2、"实体企业建店"是一个团队相互协作、相互配合的过程，请尽量采用团队的方式进行训练，每个团队建议5-7人。用于个人学习和训练时，请预先植入这样的观念：一个人可能会走得更快，但一群人（团队）可能会走得更远。

3、翻转课堂时使用的必备工具为：翻转课堂情景图和与之配套的任务纸。完成任务从情景图中找线索，翻转课堂换位思考，提升发现问题和解决问题的能力。老师根据线索和翻转课堂情况探讨式推进，教学相长。

4、"便利店产品陈列"设计为4个学时（每个学时45分钟），2个学时为一个单位。可连贯学习，也可分为2次每次2学时进行。

团队训练时如何选择便利店产品陈列品类？

方式一：使用大色子或小色子（自行手工制作或购买）

1、分好团队后，每个团队派出一名代表，掷色子决定便利店陈列的产品类。1是休闲食品类，2是纸品小百货类，3是饮料奶制品类，4是餐具杯子类，5是调味料类，6是酒类。不同团队所选项目可以是同一类。

2、如果单一品类在货架陈列演练时比较单薄，可以以一个品类为主，自选1-2个品类进行补充。

温馨提示：团队训练时，使用大色子来选产品陈列的品类，视觉效果和现场效果更好。

方式二：纸条抓阄

1、裁好6张纸条，每张纸条内对应有1-6个数字，折叠好纸条。

2、团队代表上台抽选数字决定陈列的产品品类。

3、超过6个团队，打开的纸条可再次折叠，重复使用。

个人学习时如何选择产品品类？

1、个人学习时，可参考团队训练时抽选产品陈列品类的方法。使用大色子、小色子或是写好纸条自己抓阄均可。

2、选1是休闲食品类，2是纸品小百货类，3是饮料奶制品类，4是餐具杯子类，5是调味料类，6是酒类。

3、也可以根据个人自身的实际情况，自选产品品类进行情景式模拟训练和学习。

团队训练时的激励工具：卓启币（卓心启业）

编号	姓名	课名：		课名：		课名：		课名：		课名：		小计	
		奖卓启币	扣卓启币	奖卓启币	扣卓启币	奖卓启币	扣卓启币	奖卓启币	扣卓启币	奖卓启币	扣卓启币	奖卓启币	扣卓启币

卓启币（虚拟教学币）使用说明：

1、当次课，成员全部按时到齐的团队获得卓启币奖励资格：团队派代表上台进行翻转课堂分享，翻转课堂表现优秀的上台团队代表获20个卓启币，该团队成员获10个卓启币，登记在此表格上，或另行制作EXCEL表格予以登记。每个团队在2个学时内只拥有一次上台资格。每10个卓启币可获取1分的加分，全部课程结束后进行卓启币累计和加分换算。

2、有成员迟到、早退、旷课的团队取消当次课上台分享资格，以2个学时为一次课计，当次课，该团队迟到成员扣10个卓启币；早退成员扣10个卓启币；旷课成员扣30个卓启币。每-10个卓启币减1分，全部课程结束后进行卓启币累计和扣分换算。

关于课堂任务完成情况的判断标准

1、一张翻转课堂情景图配4个学时的对应课堂任务（分为2次，每次2个学时），课堂任务不设标准答案，全部任务由学生根据预设的任务线索在翻转课堂过程和老师互动中完成，即可由团队分工合作书面完成，也可由个人书面完成。课堂任务见对应的任务纸。

2、根据任务的难度和完成的质量、数量、创新性、相关性、匹配程度等，给予具体评分：90-99、80-89、70-79、60-69、50-59、40-49、30-39、0-29。未做任务者计0分。

参考答案

情景图任务的参考答案线索和思路都隐含在情景图和任务纸中，请灵活掌握。线索和思路不是标准答案，仅起到参考和抛砖引玉的作用。

老师备课使用的《授课说明》和课件PPT等非本书必备配套，没有亦不影响使用。

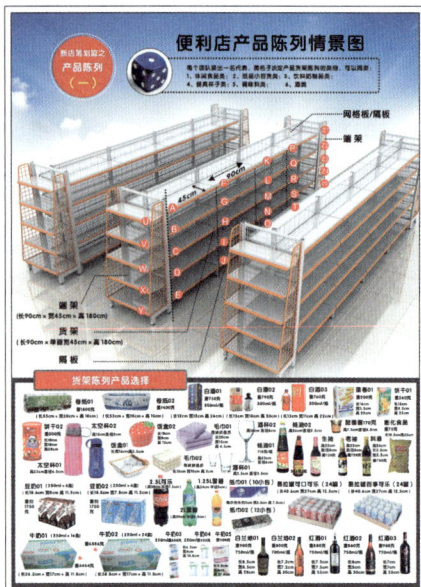

"便利店陈列" 情景图任务 A

个人姓名：　　　　　团队名称：　　　　　任务名称：

实到团队成员：

迟到团队成员：

旷课团队成员：　　　　　请假团队成员：

根据团队所选的类别和货架各部分字母编号，你们打算如何做货架陈列规划？（翻转课堂）

什么是陈列？

请结合你熟悉的一家便利店谈谈你对便利店陈列的理解。（翻转课堂）

什么是货架空间管理？

为什么要进行货架空间管理？（翻转课堂）

货架空间管理2个重要的指标是什么？你是如何理解的？（翻转课堂）

货架空间指标

请谈谈你对货架空间指标计算公式分子和分母之间关系的理解。

$$货架空间指标 = \frac{商品在货架上的陈列面占有率}{商品在货架上的销售贡献率}$$

货架空间指标公式套入具体的数据之后有几种结果？请谈谈你的理解。

陈列能将商品的（　　　）、（　　　）、（　　　）和（　　　）迅速地传递给顾客，由其自主比较、选择，可减少询问，缩短挑选时间，加速交易过程。

陈列如何将商品的性能传递给顾客？请结合你亲身经历的一个案例进行阐述。（翻转课堂）

学习心得

任务可团队分工完成，也可个人独立完成；可直接写在任务纸上，也可在自行准备的练习本上完成（注明任务名称）。

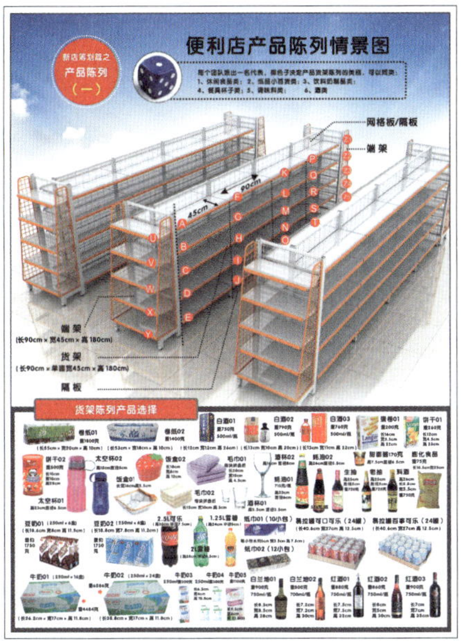

新店筹划篇之产品陈列（一）

"便利店陈列" 情景图任务 B

个人姓名：　　　　　　　团队名称：　　　　　　　任务名称：

实到团队成员：

迟到团队成员：

旷课团队成员：　　　　　　　请假团队成员：

陈列的目的是什么？

你们对陈列28字诀基本要求是如何理解的？

陈列基本要求

正面朝外勿倒置
能竖不躺上下齐
左小右大低到高
标价商品要对准

最大化陈列原则

（1）对最大化陈列原则进行简单文字描述。
（2）根据团队选择的类别，按照最大化原则利用情景图进行陈列，按提示货架隔层编号、货架和产品尺寸、重量等进行位置和数量安排。每个字母都要排列完。
例：C 蚝油02 横15瓶，纵深7瓶，高度26cm

完成要求：
要有比较合理准确的数字、要有对应的字母编号、陈列产品要完整。

下重上轻陈列原则

（1）对下重上轻陈列原则进行简单文字描述。
（2）根据团队选择的类别，按照上重下轻原则利用情景图进行陈列，按提示货架隔层编号、货架和产品尺寸、重量等进行位置和数量安排。每个字母都要排列完。

完成要求：
有合理比较准确的数字、要有对应的字母编号、陈列产品要完整。

垂直陈列陈列原则

（1）对垂直陈列原则进行简单文字描述。
（2）根据团队选择的类别，按照垂直陈列原则利用情景图进行陈列，按要求的陈列原则和提示货架隔层编号、货架和产品尺寸、重量等进行位置和数量安排。每个字母都要排列完。

完成要求：
要有比较合理准确的数字、要有对应的垂直陈列字母编号、产品要完整。

满陈列陈列原则

（1）对满陈列原则进行简单文字描述。
（2）根据空间指标计算公式，判断在哪种结果下是满陈列？

货架空间指标 = $\dfrac{商品在货架上的陈列面占有率}{商品在货架上的销售贡献率}$

货架

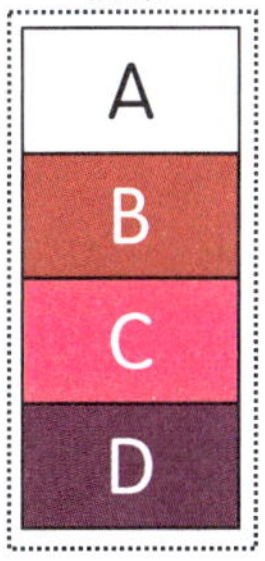

| A |
| B |
| C |
| D |

（一）A类产品在货架上的陈列面占有率是1/4，A类产品当月销售额为 1 万元，A类、B类、C类、D类产品加起来为 2 万元，A类产品在货架上的销售贡献率为1/2，请问A类产品在货架上的空间指标是多少？这个结果意味着什么？下月需要调整A类陈列面吗？如何调整？

（二）A类产品在货架上的陈列面占有率是1/4，A类产品当月销售额为1万元，A类、B类、C类、D类产品加起来为 10 万元，A类产品在货架上的销售贡献率为1/10，请问 A类产品在货架上的空间指标是多少？这个结果意味着什么？下月需要调整A类陈列面吗？如何调整？

（三）A 类产品在货架上的陈列面占有率是 1/4， A 类产品当月销售额为 1 万元，A类、B类、C类、D类产品加起来为4万元，A类产品在货架上的销售贡献率为1/4，请问A类产品在货架上的空间指标是多少？这个结果意味着什么？下月需要调整A类陈列面吗？为什么？

学习心得

任务可团队分工完成，也可个人独立完成；可直接写在任务纸上，也可在自行准备的练习本上完成（注明任务名称）。

水果店产品陈列情景图

每个团队派出一名代表，掷色子决定水果上市的季节：
1、春季；　　　2、夏季；　　　3、春夏之交；
4、夏秋之交；　5、秋季；　　　6、冬季

SYB水果

E1 E2 E3 E4 E5 E6 E7 E8 E9 E10 E11 E12 E13 E14 E15 E16 E17 E18 E19 E20

C1 C2 C3 C4 C5 C6 C7 C8 C9 C10 C11 C12 C13 C14 C15 C16

A1 A2 A3 A4 A5 A6 A7 A8 A9 A10 A11 A12 A13 A14 A15 A16

B1 B2 B3 B4 B5 B6 B7 B8

D1 D2 D3 D4 D5

水果店陈列产品选择

枇杷　水蜜桃　菠萝　荔枝　香瓜　西瓜　草莓　黑布林　新奇士橙　龙眼　夏橙　泰国柑橘　圣女果

车厘子　红富士　哈密瓜　青苹果　中华樱桃　菠萝蜜　蛇果　释迦　椰青　榴莲　椰子

油桃　杨桃　黑加仑　山竹　丰水梨　红葡萄　沙田柚　文旦　李子　皇帝柑　鸡蛋果　蟠桃

火龙果　杨梅　木瓜　水晶梨　桑葚　伽力果　芒果　番石榴　金橘　橘子　蓝莓　香梨

百香果　甘蔗　莲雾　白葡萄　柿子　石榴　猕猴桃　冬枣

香蕉　红毛丹　西柚

【40】

水果店产品陈列情景图

水果店陈列产品选择

新店筹划篇之
—— 产品陈列（二）——
水果店

① 春 季
② 夏 季
③ 春夏之交
④ 夏秋之交
⑤ 秋 季
⑥ 冬 季

1、为保证"实体企业建店"学习和训练连贯性，请选择情景图设定的门店和类别。

2、"实体企业建店"是一个团队相互协作、相互配合的过程，请尽量采用团队的方式进行训练，每个团队建议5~7人。用于个人学习和训练时，请预先植入这样的观念：一个人可能会走得更快，但一群人（团队）可能会走得更远。

3、翻转课堂时使用的必备工具为：翻转课堂情景图和与之配套的任务纸。完成任务从情景图中找线索，翻转课堂换位思考，提升发现问题和解决问题的能力。老师根据线索和翻转课堂情况探讨式推进，教学相长。

4、"水果店产品陈列"设计为4个学时（每个学时45分钟），2个学时为一个单位。可连贯学习，也可分为2次每次2学时进行。

团队训练时如何选择水果店产品陈列品类？

方式一：使用大色子或小色子（自行手工制作或购买）

1、分好团队后，每个团队派出一名代表，掷色子决定水果店陈列的上市水果季节。1是春季，2是夏季，3是春夏之交，4是夏秋之交，5是秋季，6是冬季。不同团队所选项目可以是同一季节。

2、为使水果陈列种类更丰富、更接近实际，在陈列演练时可以所选季节为主，搭配一些反季水果。

温馨提示：团队训练时，使用大色子来选水果产品上市季节，视觉效果和现场效果更好。

方式二：纸条抓阄

1、裁好6张纸条，每张纸条内对应有1~6个数字，折叠好纸条。

2、团队代表上台抽选数字决定水果的上市季节。

3、超过6个团队，打开的纸条可再次折叠，重复使用。

个人学习时如何选择产品品类？

1、个人学习时，可参考团队训练时抽选水果的上市季节。使用大色子、小色子或是写好纸条自己抓阄均可。

2、选1是春季，2是夏季，3是春夏之交，4是夏秋之交，5是秋季，6是冬季。

3、也可以根据个人自身的实际情况，自选水果上市季节或反季节的水果进行情景式模拟训练和学习。

团队训练时的激励工具：卓启币（卓心启业）

编号	姓名	课名：		课名：		课名：		课名：		课名：		小 计	
		奖卓启币	扣卓启币	奖卓启币	扣卓启币	奖卓启币	扣卓启币	奖卓启币	扣卓启币	奖卓启币	扣卓启币	奖卓启币	扣卓启币

卓启币（虚拟教学币）使用说明：

1、当次课，成员全部按时到齐的团队获得卓启币奖励资格：团队派代表上台进行翻转课堂分享，翻转课堂表现优秀的上台团队代表获20个卓启币，该团队成员获10个卓启币，登记在此表格上，或另行制作EXCEL表格予以登记。每个团队在2个学时内只拥有一次上台资格。每10个卓启币可获取1分的加分，全部课程结束后进行卓启币累计和加分换算。

2、有成员迟到、早退、旷课的团队取消当次课上台分享资格，以2个学时为一次课计，当次课，该团队迟到成员扣10个卓启币；早退成员扣10个卓启币；旷课成员扣30个卓启币。每-10个卓启币减1分，全部课程结束后进行卓启币累计和扣分换算。

关于课堂任务完成情况的判断标准

1、一张翻转课堂情景图配4个学时的对应课堂任务（分为2次，每次2个学时），课堂任务不设标准答案，全部任务由学生根据预设的任务线索在翻转课堂过程和老师互动中完成，即可由团队分工合作书面完成，也可由个人书面完成。课堂任务见对应的任务纸。

2、根据任务的难度和完成的质量、数量、创新性、相关性、匹配程度等，给予具体评分：90-99、80-89、70-79、60-69、50-59、40-49、30-39、0-29。未做任务者计0分。

参考答案

情景图任务的参考答案线索和思路都隐含在情景图和任务纸中，请灵活掌握。线索和思路不是标准答案，仅起到参考和抛砖引玉的作用。

老师备课使用的《授课说明》和课件PPT等非本书必备配套，没有亦不影响使用。

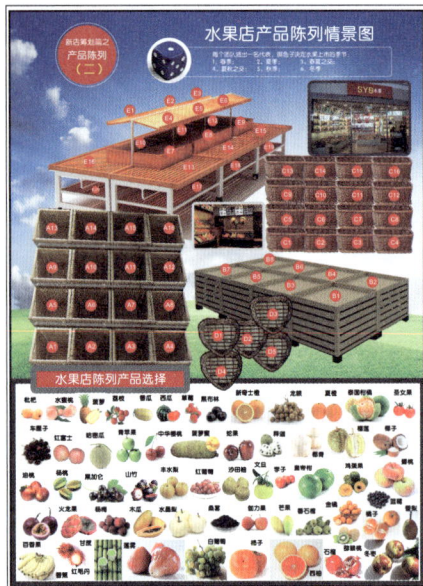

"水果店陈列" 情景图任务 A

水果店产品陈列情景图

水果店陈列产品选择

个人姓名：　　　　团队名称：　　　　任务名称：

实到团队成员：

迟到团队成员：

旷课团队成员：　　　　请假团队成员：

根据团队所选的水果上市季节和水果陈列道具字母编号，阐述如何进行水果陈列规划。（翻转课堂）

主题陈列

水果店主题陈列就是在水果门店内创造出一个场景，表现一定的主题和内涵，使顾客产生一种新奇、与众不同的感觉，不知不觉中对号入座，让消费者更愿意欣赏和自由选择，让水果店更具生命力。水果店主题陈列的具体划分可根据场地、环境、季节等实际情况而分为口味最佳区和营养最丰富区、老人区和小孩区、当季区和反季区、本周销售冠军区和本周最实惠卖价区等。

请结合你熟悉的一家水果店谈谈你对水果主题陈列的理解。（翻转课堂）

主题陈列的灵魂是生动化

请结合右图，谈谈你对主题陈列生动化的理解。

什么是堆头陈列?

请结合你熟悉的一家水果店谈谈你对水果堆头陈列的理解。（翻转课堂）

堆头陈列的四种方法是：（1）堆箱陈列法；（2）割箱陈列法；（3）岛型落地陈列法；（4）梯形落地陈列法。结合水果店实际情况，谈谈哪种堆头陈列方法最最适合水果？为什么？

商品标签

一个商品标签应该具备哪些要素？请根据水果的特点，确定适合的尺寸和造型的价格标签，并画出草图。

学习心得

任务可团队分工完成，也可个人独立完成；可直接写在任务纸上，也可在自行准备的练习本上完成（注明任务名称）。

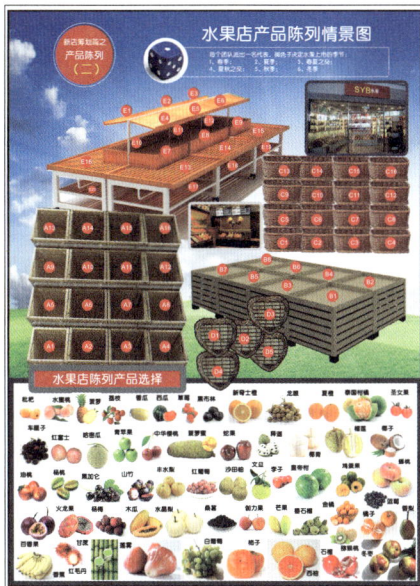
水果店产品陈列情景图

水果店陈列产品选择

"水果店陈列"情景图任务 B

2学时

个人姓名：　　　　　　团队名称：　　　　　　任务名称：

实到团队成员：

迟到团队成员：

旷课团队成员：　　　　　　请假团队成员：

请在你认为适合水果的单项方框内打勾，并阐述理由。

☐ 货架　　☐ 端架　　☐ 堆头　　☐ 促销车　　☐ 挂钩　　☐ 柜台　　☐ T架
☐ 保鲜柜　☐ 特殊陈列　☐ 模特展示　☐ 悬挂　　☐ 中岛
☐ 其他（列出名称）＿＿＿＿＿＿＿＿＿＿＿＿＿＿＿＿＿＿＿＿＿

请阐述你选择的理由：

先进先出陈列原则

（1）对先进先出陈列原则进行简单的文字描述。
（2）根据团队选择的类别，按照先进先出原则利用情景图进行陈列，将所选的季节对应的水果，按提示陈列道具编号依次放入，数量自定但要合理。每个字母都要排列完。

例：夏季 B1夏橙60个，分3层，由下到上，数量依次减少，美观且不易滚落。下为后进水果，上为先进水果。如水果篮较深，底部要有内垫托高。

完成要求：
有比较合理准确的数字、要有对应的字母编号、陈列产品要完整。

货签对位陈列原则

（1）对货签对位陈列原则进行简单的文字描述。
（2）根据团队选择的类别，结合水果店陈列的情景图，画出货签对位原则的形象示意图。

完成要求：
有比较合理准确的数字、要有对应的字母编号、陈列产品要完整。

分类陈列陈列原则

（1）对分类陈列原则进行简单的文字描述。
（2）根据团队选择的类别，按照分类陈列原则利用情景图进行陈列，将所选的季节的相关水果，按提示陈列道具编号依次放入，数量自定但要合理。每个字母都要排列完。

提示：水果店产品的分类陈列和便利店产品的分类陈列有些区别，便利店的产品可以按用途、颜色、功能等进行分类陈列，水果店的分类陈列是基于主题陈列基础上的分类陈列。

完成要求：
有比较合理准确的数字、要有对应的垂直陈列字母编号、产品要完整。

最低储量陈列原则

（1）对最低储量陈列原则进行简单的文字描述。
（2）根据团队选择的类别，按照分类陈列原则利用情境图进行陈列，将所选的季节的相关水果，按提示陈列道具编号依次放入，数量自定但要合理。每个字母都要排列完。

安全库存数＝日平均销量 × 补货所需天数
水果的安全库存数必须结合（　　　）、（　　　）、（　　　）等来综合考虑。
提示：例如红富士苹果平时从外面补货进来需要5天，遇到春夏雨季发大水或物流繁忙季节，就可能要更长的时间了。

学习心得

任务可团队分工完成，也可个人独立完成；可直接写在任务纸上，也可在自行准备的练习本上完成（注明任务名称）。

面包店产品陈列情景图

每个团队派出一名代表，掷色子决定面包陈列的类别，可以同类：
1、吐司+蛋挞+排包+毛毛虫；2、菠萝包+有馅面包+餐包+饼类；3、方包+餐包+沙琪玛+手撕包；
4、慕斯+花式蛋糕+牛角包；5、蛋卷+蛋糕+奶油面包+三文治+热狗；6、自行5种选择类别

面包屋

奶香牛油吐司　提子吐司　燕麦吐司　红豆吐司　琪格抹茶吐司　车打芝士吐司　　芒果蛋挞　榴莲酥蛋挞

三文鱼吐司卷　葡挞　　　红豆蛋挞

广式原味蛋挞　牛油排包　港式牛奶排包　洋葱火腿排包　南瓜排包　奶油毛毛虫　南瓜毛毛虫　芝麻毛毛虫　酥皮菠萝包　巧克力菠萝包　冰火菠萝包

红豆包　抹茶红豆包　日式红豆包　果酱面包　南瓜果酱面包　葱油果酱面包　桑葚果酱面包　叉烧面包　豆沙小餐包　全麦餐包　法式焗餐包

杨梅餐包　爆浆餐包　法式硬餐包　雪山餐包　老公饼　老婆饼　核桃饼　巧克力曲奇饼　花生饼　牛油曲奇饼　甜方包

咸方包　冰淇淋法式方包　无糖沙琪玛　绿豆饼　金牌手撕包　花式蛋糕卷　杏仁牛角包　花心小蛋糕　瑞士卷　麻将生日蛋糕　分手蛋糕

提子方包　黑糖沙琪玛　巧克力手撕包　抹茶慕斯　咖啡慕斯　乾式千层蛋糕　牛角包　黑森林蛋糕　虎皮蛋糕　个性生日蛋糕　口袋三文治

金砖方包　杂粮沙琪玛　丹麦手撕包　芝士慕斯　草莓慕斯　花式草莓千层蛋糕　法式牛角包　提拉米苏蛋糕　芝士蛋糕　公司三文治　热狗

面包店产品陈列情景图

每个团队派出一名代表，掷色子决定陈列指标的类别，可以同类别：
1、吐司+蛋挞+排包+毛毛虫；2、菠萝包+有馅面包+餐包+供类；3、方包+餐包+沙琪玛+手撕包；
4、慕斯+花式蛋糕+牛角包；5、蛋卷+蛋糕+奶油面包+三文治+热狗；6、自行种选择类别

面包屋

新店筹划篇之
—— 产品陈列（三）——
面包店

翻转课堂

1、为保证"实体企业建店"学习和训练连贯性，请选择情景图设定的门店和类别。

2、"实体企业建店"是一个团队相互协作、相互配合的过程，请尽量采用团队的方式进行训练，建议每个团队5–7人。用于个人学习和训练时，请预先植入这样的观念：一个人可能会走得更快，但一群人（团队）可能会走得更远。

3、翻转课堂时使用的必备工具为：翻转课堂情景图和与之配套的任务纸。完成任务从情景图中找线索，翻转课堂换位思考，提升发现问题和解决问题的能力。老师根据线索和翻转课堂情况探讨式推进，教学相长。

4、"面包店产品陈列"设计为4个学时（每个学时45分钟），2个学时为一个单位。可连贯学习，也可分为2次每次2学时进行。

1 吐司+蛋挞+排包+毛毛虫

2 菠萝包+有馅面包+餐包+饼类

3 方包+餐包+沙琪玛+手撕包

4 慕斯+花式蛋糕+牛角包

5 蛋卷+蛋糕+奶油面包+三文治+热狗

6 自行选择5种面包类别

团队训练时如何选择面包店产品陈列品类？

方式一：使用大色子或小色子（自行手工制作或购买）

1、分好团队后，每个团队派出一名代表，掷色子决定面包店陈列的产品品类。1是吐司等多类组合，2是菠萝包等多类组合，3是方包等多类组合，4是慕斯等多类组合，5是蛋卷等多类组合，6是自选组合。

2、如果单一品类在面包陈列演示时比较单薄，可以以一个品类为主，自选多个品类进行补充。

温馨提示：团队训练时，使用大色子来选产品陈列的品类，视觉效果和现场效果更好。

方式二：纸条抓阄

1、裁好6张纸条，每张纸条内对应有1–6个数字，折叠好纸条。

2、团队代表上台抽选数字决定陈列的产品品类。

3、超过6个团队，打开的纸条可再次折叠，重复使用。

个人学习时如何选择产品品类？

1、个人学习时，可参考团队训练时抽选产品陈列品类的方法。使用大色子、小色子或是写好纸条自己抓阄均可。

2、1是吐司等多类组合，2是菠萝包等多类组合，3是方包等多类组合，4是慕斯等多类组合，5是蛋卷多类组合，6是自选组合。

3、也可以根据个人自身的实际情况，自选产品品类进行情景式模拟训练和学习。

团队训练时的激励工具：卓启币（卓心启业）

编号	姓名	课名：		课名：		课名：		课名：		课名：		小计	
		奖卓启币	扣卓启币	奖卓启币	扣卓启币	奖卓启币	扣卓启币	奖卓启币	扣卓启币	奖卓启币	扣卓启币	奖卓启币	扣卓启币

卓启币（虚拟教学币）使用说明：

1、当次课，成员全部按时到齐的团队获得卓启币奖励资格：团队派代表上台进行翻转课堂分享，翻转课堂表现优秀的上台团队代表获20个卓启币，该团队成员获10个卓启币，登记在此表格上，或另行制作EXCEL表格予以登记。每个团队在2个学时内只拥有一次上台资格。每10个卓启币可获取1分的加分，全部课程结束后进行卓启币累计和加分换算。

2、有成员迟到、早退、旷课的团队取消当次课上台分享资格，以2个学时为一次课计，当次课，该团队迟到成员扣10个卓启币；早退成员扣10个卓启币；旷课成员扣30个卓启币。每–10个卓启币减1分，全部课程结束后进行卓启币累计和扣分换算。

关于课堂任务完成情况的判断标准

1、一张翻转课堂情景图配4个学时的对应课堂任务（分为2次，每次2个学时），课堂任务不设标准答案，全部任务由学生根据预设的任务线索在翻转课堂过程和老师互动中完成，即可由团队分工合作书面完成，也可由个人书面完成。课堂任务见对应的任务纸。

2、根据任务的难度和完成的质量、数量、创新性、相关性、匹配程度等，给予具体评分：90–99、80–89、70–79、60–69、50–59、40–49、30–39、0–29。未做任务者计0分。

参考答案

情景图任务的参考答案线索和思路都隐含在情景图和任务纸中，请灵活掌握。线索和思路不是标准答案，仅起到参考和抛砖引玉的作用。

老师备课使用的《授课说明》和课件PPT等非本书必备配套，没有亦不影响使用。

面包店产品陈列情景图

面包屋

"面包店陈列"情景图任务 **A**

时间TIME：
年 月 日

2学时

个人姓名： 团队名称： 任务名称：

实到团队成员：

迟到团队成员：

旷课团队成员： 请假团队成员：

根据团队所选面包组合类别和面包店陈列情景图字母编号，如何做面包陈列规划？（翻转课堂）

面包店陈列情景图上的**A**区图是全景图、中景图还是近景图（特写）？在面包陈列课堂演练时有什么用途？（翻转课堂）

面包店陈列情景图上的**B**区图是全景图、中景图还是近景图（特写）？在面包陈列课堂演练时有什么用途？（翻转课堂）

面包店陈列情景图上的**C**区图是全景图、中景图还是近景图（特写）？在面包陈列课堂演练时有什么用途？（翻转课堂）

在面包店陈列情景图上，哪些种类是需要低温保存的？请一一列举出来。低温保存的品种需要什么设备？从面包店陈列情景图看，这种设备摆在哪里比较适合？为什么？

在面包店陈列情景图上，哪些种类适合加热和保温最宜食用？请一一列举出来。加热保温的品种需要什么设备？从面包店陈列情景图看，这种设备摆在哪里比较适合？为什么？

在以下适合面包店的陈列标准中，最适合面包陈列的前**3**项是什么？请在单项的方框内标明1、2、3的序号，并阐述理由。

分别阐述选择的理由：

☐ 陈列位置明显
☐ 标价要明显
☐ 堆头要丰满
☐ 分类摆放
☐ 色泽搭配均衡
☐ 美观整洁
☐ 层次分明
☐ 装饰适当
☐ 先进先出

在以下错误陈列中，最不适合面包陈列方式的前**3**项是什么？请在单项的方框内标明1、2、3的序号，并阐述理由。

分别阐述选择的理由：

☐ 缺 货
☐ 堆叠混杂
☐ 散倒陈列
☐ 视觉上脱销
☐ 难于拿放
☐ 不 洁 净

什么是视觉上脱销？视觉上的脱销对销售有什么影响？

学习心得

任务可团队分工完成，也可个人独立完成；可直接写在任务纸上，也可在自行准备的练习本上完成（注明任务名称）。

"面包店陈列" 情景图任务 B

2学时

面包店产品陈列情景图

| 个人姓名： | 团队名称： | 任务名称： |

实到团队成员：

迟到团队成员：

旷课团队成员：　　　　　　　　请假团队成员：

在面包店错误的陈列中，堆叠混杂和散倒混杂，哪个对销售的影响更大？为什么？（翻转课堂）

显而易见 陈列原则

（1）对显而易见陈列原则进行简单的文字描述。
（2）根据团队选择的类别，按照显而易见原则利用情景图进行陈列，按提示道具编号依次放入、数量自定但要合理，每个字母都要排列完。

完成要求：
有合理具体的数字、要有对应的字母编号。

伸手可取 陈列原则

（1）对伸手可取陈列原则进行简单文字描述。
（2）根据团队选择的类别，按照伸手可取原则利用情景图进行陈列，按提示所选种类和字母编号进行位置和数量安排。每个字母都要排列完。

提示：伸手可取陈列原则需要门店根据所处区域目标消费者年龄、平均身高、消费习惯等特点进行具体位置的高低陈列。

完成要求：
有合理具体的数字、要有对应的字母编号。

重点突出 陈列原则

（1）对重点突出陈列原则进行简单文字描述。
（2）根据团队选择的类别，按照重点突出陈列原则利用情景图进行陈列，并按陈列道具编号依次放入，数量自定但要合理。突出重点，不必每个字母都排列完。

提示：先确定主推产品，将主推产品放到重点突出的位置上去。主推产品确定原则有：新上市的产品、利润高的产品、促销产品、走量产品等。

完成要求：
要有合理的比较具体的数字、要有对应的字母编号。

销售动感 陈列原则

（1）对销售动感陈列原则进行简单文字描述。
（2）根据团队选择的类别，按照销售动感陈列原则利用情景图进行陈列，并按陈列道具编号依次放入，数量自定但要合理。突出重点，不必每个字母都排列完。

提示：销售动感是在产品滞销时候使用的，在完整陈列的基础上，人为地随机拿掉几个，让消费者感觉产品是在动货的状态。（请选择一种产品画出销售销售动感状态的草图）

学习心得

任务可团队分工完成，也可个人独立完成；可直接写在任务纸上，也可在自行准备的练习本上完成（注明任务名称）。

新店筹划篇之
产品陈列
（四）

服装店
产品陈列情景图

新店筹划篇之
产品陈列
（四）

服装店
产品陈列情景图

1、为保证"实体企业建店"学习和训练连贯性，请选择情景图设定的门店和类别。

2、"实体企业建店"是一个团队相互协作、相互配合的过程，请尽量采用团队的方式进行训练，每个团队建议5-7人。用于个人学习和训练时，请预先植入这样的观念：一个人可能会走得更快，但一群人（团队）可能会走得更远。

3、翻转课堂时使用的必备工具为：翻转课堂情景图与之配套的任务纸。完成任务从情景图中找线索，翻转课堂换位思考，提升发现问题和解决问题的能力。老师根据线索和翻转课堂情况探讨式推进，教学相长。

4、《服装店产品陈列》设计为4个学时（每个学时45分钟），2个学时为一个单位。可连贯学习，也可分为2次每次2学时进行。

① 请看情景图进行判断
② 请看情景图进行判断 
③ 请看情景图进行判断 
④ 请看情景图进行判断 
⑤ 请看情景图进行判断 
⑥ 请看情景图进行判断 

团队训练时如何选择服装店产品陈列类别？

方式一：使用大色子或小色子（自行手工制作或购买）

1、分好团队后，每个团队派出一名代表，掷色子决定不同服装店陈列类别。选择了1、2、3、4、5、6的数字后，对照服装店产品陈列情景图对应的数字进行判断是哪一种类型的服装陈列。

2、如果单一类别在服装陈列演练时比较单薄，可以以一个类别为主，自选多个类别进行补充。

温馨提示：团队训练时，使用大色子来选服装陈列的类别，视觉效果和现场效果更好。

方式二：纸条抓阄

1、裁好6张纸条，每张纸条内对应有1-6个数字，折叠好纸条。

2、团队代表上台抽选数字决定陈列的产品品类。

3、超过6个团队，打开的纸条可再次折叠，重复使用。

个人学习时如何选择陈列类别？

1、个人学习时，可参考团队训练时抽选产品陈列类别的方法。使用大色子、小色子或是写好纸条自己抓阄均可。

2、选择了1、2、3、4、5、6的数字后，对照服装店产品陈列情景图对应的数字进行判断是哪一种类型的服装陈列。

3、也可以根据个人自身的实际情况，自选服装类别进行情景式模拟训练和学习。

团队训练时的激励工具：卓启币（卓心启业）

姓 名	课名：		课名：		课名：		课名：		课名：		小 计	
	奖卓启币	扣卓启币	奖卓启币	扣卓启币	奖卓启币	扣卓启币	奖卓启币	扣卓启币	奖卓启币	扣卓启币	奖卓启币	扣卓启币

卓启币（虚拟教学币）使用说明：

1、当次课，成员全部按时到齐的团队获得卓启币奖励资格：团队派代表上台进行翻转课堂分享，翻转课堂表现优秀的上台团队代表获20个卓启币，该团队成员获10个卓启币，登记在此表格上，或另行制作EXCEL表格予以登记。每个团队在2个学时内只拥有一次上台资格。每10个卓启币可获取1分的加分，全部课程结束后进行卓启币累计和加分换算。

2、有成员迟到、早退、旷课的团队取消当次课上台分享资格，以2个学时为一次课计，当次课，该团队迟到成员扣10个卓启币；早退成员扣10个卓启币；旷课成员扣30个卓启币。每-10个卓启币减1分，全部课程结束后进行卓启币累计和扣分换算。

关于课堂任务完成情况的判断标准

1、一张翻转课堂情景图配4个学时的对应课堂任务（分为2次，每次2个学时），课堂任务不设标准答案，全部任务由学生根据预设的任务线索在翻转课堂过程和老师互动中完成，即可由团队分工合作书面完成，也可由个人书面完成。课堂任务见对应的任务纸。

2、根据任务的难度和完成的质量、数量、创新性、相关性、匹配程度等，给予具体评分：90-99、80-89、70-79、60-69、50-59、40-49、30-39、0-29。未做任务者计0分。

参考答案

情景图任务的参考答案线索和思路都隐含在情景图和任务纸中，请灵活掌握。线索和思路不是标准答案，仅起到参考和抛砖引玉的作用。

老师备课使用的《授课说明》和课件PPT等非本书必备配套，没有亦不影响使用。

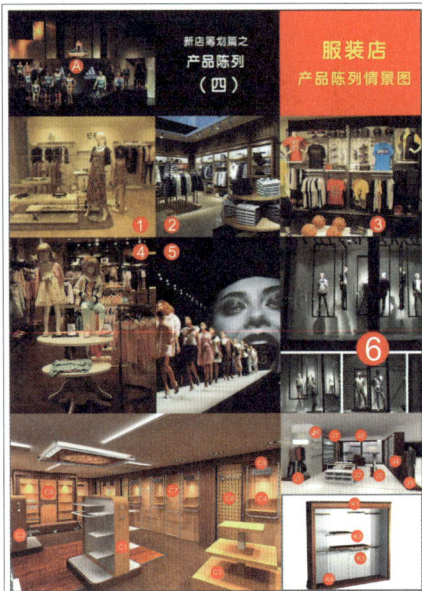

"服装店陈列"情景图任务 A

个人姓名：　　　　　团队名称：　　　　　任务名称：

实到团队成员：

迟到团队成员：

旷课团队成员：　　　　　请假团队成员：

你们所选的服装陈列的类别是：　　　　　（掷色子在1、2、3、4、5、6中选择一个）

根据所选的序号，参照服装店产品陈列情景图做自由描述：看到什么了？是什么类型的服装陈列？感觉到什么？联想到什么？是否是你喜欢的风格？你喜欢什么样的服装陈列风格？（翻转课堂）

服装店产品陈列情景图 C

1、你们对服装门店C的陈列整体布局评价如何？（翻转课堂）

2、请根据C1~C8的服装陈列道具名称，写出对应的主要用途。

C1 双面中岛矮柜，主要用途：＿＿＿＿＿＿＿

C2 单面靠墙矮柜，主要用途：＿＿＿＿＿＿＿

C3 流水台，主要用途：＿＿＿＿＿＿＿

C4 陈列隔板，主要用途：＿＿＿＿＿＿＿

C5 品牌展示牌，主要用途：＿＿＿＿＿＿＿

C6 壁挂式陈列网架，主要用途：＿＿＿＿＿＿＿

C7 壁挂式陈列架，主要用途：＿＿＿＿＿＿＿

C8 综合陈列壁柜，主要用途：＿＿＿＿＿＿＿

动态陈列与生动化陈列

1、对照《服装店产品陈列》情景图，A是属于动态陈列还是生动化陈列？请陈述理由。（翻转课堂）

2、对照《服装店产品陈列》情景图，5是属于动态陈列还是生动化陈列？请陈述理由。（翻转课堂）

3、动态陈列和生动化陈列最大的区别是什么？哪种陈列效果更好？

服装店产品陈列情景图 J

1、请根据J1~J8的服装陈列道具名称，写出对应的主要用途。

J1 人模组合，主要用途：＿＿＿＿＿＿＿

J2 带储存格的流水台，主要用途：＿＿＿＿＿＿＿

J3 中岛陈列架，主要用途：＿＿＿＿＿＿＿

J4 陈列高柜，主要用途：＿＿＿＿＿＿＿

J5 综合陈列壁柜，主要用途：＿＿＿＿＿＿＿

J6 衬衣专用陈列壁柜，主要用途：＿＿＿＿＿＿＿

J7 陈列隔板，主要用途：＿＿＿＿＿＿＿

J8 单个人模，主要用途：＿＿＿＿＿＿＿

2、陈列高柜和陈列壁柜有什么区别？哪一种使用更灵活？（翻转课堂）

服装店产品陈列情景图 K

1、请根据K1~J4的服装陈列道具名称，写出对应的主要用途。

K1 陈列挂钩，主要用途：＿＿＿＿＿＿＿

K2 陈列隔板，主要用途：＿＿＿＿＿＿＿

K3 带挂钩的陈列隔板，主要用途：＿＿＿＿＿＿＿

K4 陈列柜底座内板，主要用途：＿＿＿＿＿＿＿

2、服装陈列展示柜，可分高柜与矮柜两大类：（　　）可靠墙放置或在门店内独立放置，上部为柜膛，下为腿或底座；（　　）有单坡面、双坡面和平顶面三种。

3、服装陈列展示柜为了陈列商品，一般不采用刺激性的色彩，以免喧宾夺主。商品陈列柜、架、隔板与商品之间的色彩关系，应考虑到相互之间的色彩作用。如色彩鲜艳的商品，陈列展示柜的色彩要白色、灰色或其它相配的浅纯色；浅色的商品，展示柜颜色宜（　　）；深色商品，陈列展示柜色彩宜（　　）。展示柜与商品色彩的搭配要起到背景色的陪衬作用。

学习心得

任务可团队分工完成，也可个人独立完成；可直接写在任务纸上，也可在自行准备的练习本上完成（注明任务名称）。

"服装店陈列"情景图任务 B

个人姓名： 团队名称： 任务名称：

实到团队成员：

迟到团队成员：

旷课团队成员： 请假团队成员：

"服装陈列是为视觉营销服务的"，对这句话你们是如何理解的？请举一个购买衣服的实际案例进行阐述。（翻转课堂）

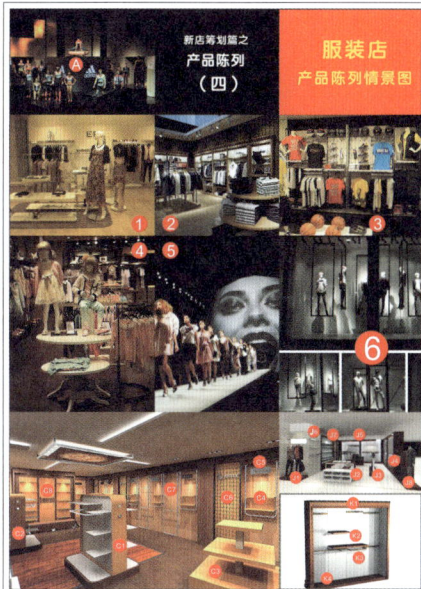

240cm
印象陈列空间
展示服装、饰品和海报。

180cm
黄金陈列空间
黄金陈列空间主要陈列门店主推产品和推荐产品

49.5

70cm
搭配陈列空间
此区域主要放置一些搭配产品，如裙子、裤子、鞋子等。

240cm
200cm
160cm
120cm
80cm
40cm
0

视觉营销陈列原理

1、一个普通人站在服装陈列展示柜前，平视时视角大约是 ＿＿＿＿＿度，这个视线角度将展示柜分成了三个视觉空间：

（1）远视线容易发现，但取物有一定难度的是什么陈列空间？＿＿＿＿＿

（2）远近视线都容易发现，取物很方便的是什么陈列空间？ ＿＿＿＿＿

（3）近视线比较容易发现，取物比较方便的是什么陈列空间？＿＿＿＿＿

2、服装黄金陈列区在 ＿＿＿＿cm至 ＿＿＿＿cm之间，主要陈列 ＿＿＿＿＿

3、服装搭配陈列区在 ＿＿＿＿cm至 ＿＿＿＿cm之间，主要陈列 ＿＿＿＿＿

3、服装印象陈列区在 ＿＿＿＿cm至 ＿＿＿＿cm之间，主要陈列 ＿＿＿＿＿

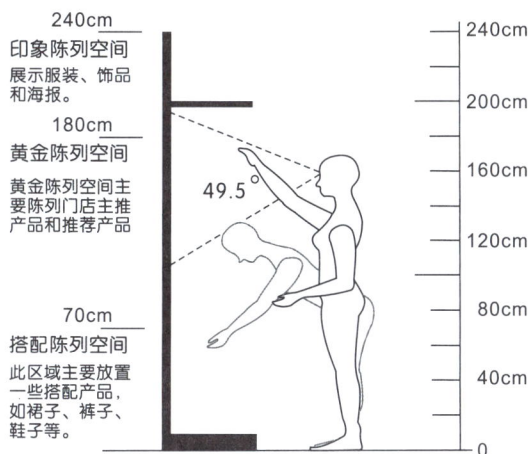

服装组合陈列方式

服装陈列三种常用的组合方式：对称组合陈列法、均衡组合陈列法、重复组合陈列法。

请根据以下特点描述，分别判断是什么组合陈列法，并根据名称和特点尝试画出前面2个组合陈列方式的草图（可参考百度图片）。

1、可以满足服装货品排列的合理性，同时也给服装陈列带来几分活泼的感觉。这种组合陈列方式叫 ＿＿＿＿＿＿＿。请画出草图。

2、给人一种规律、秩序、安定、完整、和谐的美感，宽、窄陈列面都能够适应。这种组合陈列方式叫 ＿＿＿＿＿＿＿。请画出草图。

3、能让人产生一种愉悦的韵律感的组合陈列方式叫 ＿＿＿＿＿＿＿。

橱窗陈列

服装橱窗陈列由哪些基本元素构成？请将以下空缺填写完整。

人 ◯ 服 ◯ 道 ◯ 背 ◯ 灯 ◯

请自行选择（1）男装；（2）女装；（3）运动装；（4）童装；在掌握服装橱窗陈列基本元素的基础上，制订针对性的橱窗陈列方案，并画出橱窗陈列草图（可画在另行准备的作业本上）。

学习心得

任务可团队分工完成，也可个人独立完成；可直接写在任务纸上，也可在自行准备的练习本上完成（注明任务名称）。

A

B

三国华容道

黄忠　曹操　赵云
关羽　张飞　马超
卒　卒
卒　卒

C

策划就是……
一题
看事程
角做的统
和问序度

D

思维就是认识问题和分析问题的角度和线路，包括整理程序、判断标准和创新角度三个方面。

请从以下图片的启发中，找出活动策划的**6**大成功秘诀

S1

S2

S4

S3

S6

S5

1/18 横刀立马
上一关　下一关
0

网上华容道

木制华容道

华容道

温馨提醒：请提前准备华容道游戏（可在网上购买），确保配套的华容道游戏步骤说明书齐全。也可在直接在网上玩华容道。

新店筹划篇之 门店开业

宣传策划与执行（上）

翻转课堂

1 面包店

2 水果店

3 快餐店

4 眼镜店

5 便利店

6 服装店

1、为保证"实体企业建店"学习和训练的连贯性，请尽量选择右边的六类门店。

2、"实体企业建店"是一个团队相互协作、相互配合的过程，请尽量采用团队的方式进行训练，每个团队建议5-7人。用于个人学习和训练时，请预先植入这样的观念：一个人可能会走得更快，但一群人（团队）可能会走得更远。

3、翻转课堂时使用的必备工具为：翻转课堂情景图和与之配套的任务纸。完成任务从情景图中找线索，翻转课堂换位思考，提升发现问题和解决问题的能力。老师根据线索和翻转课堂情况探讨式推进，教学相长。

4、"门店宣传策划与执行（上）"设计为4个学时（每学时45分钟），2个学时一次。可连贯学习，也可分2次，每次2学时。

团队训练时如何选择门店?

方式一：使用大色子或小色子（自行手工制作或购买）

1、分好团队后，每个团队派出一名代表，掷色子决定拟开的门店。1是面包店，2是水果店，3是快餐店，4是眼镜店，5是便利店，6是服装店。不同团队所选项目可以是同一类门店。

2、同一类门店之间有竞争。在同一个商圈内，同一类门店的数量越多，竞争将会越激烈。

温馨提示：团队训练时，使用大色子来选门店，视觉效果和现场效果更好。

方式二：纸条抓阄

1、裁好6张纸条，每张纸条内对应有1-6个数字，折叠好纸条。

2、团队代表上台抽选数字决定门店类型。

3、超过6个团队，打开的纸条可再次折叠，重复使用。

个人学习时如何选择门店?

1、个人学习时，可参考团队训练时抽选门店的方法。使用大色子、小色子或是写好纸条自己抓阄均可。

2、掷到或抓到1是面包店，掷到或抓到2是水果店，掷到或抓到3是快餐店，掷到或抓到4是眼镜店，掷到或抓到5是便利店，掷到或抓到6是服装店。

3、也可以根据个人自身的实际情况，自定目标门店进行情景式模拟训练和学习。

团队训练时的激励工具：卓启币（卓心启业）

编号	姓名	课名:		课名:		课名:		课名:		课名:		小计	
		奖卓启币	扣卓启币	奖卓启币	扣卓启币	奖卓启币	扣卓启币	奖卓启币	扣卓启币	奖卓启币	扣卓启币	奖卓启币	扣卓启币

卓启币（虚拟教学币）使用说明：

1、当次课，成员全部按时到齐的团队获得卓启币奖励资格：团队派代表上台进行翻转课堂分享，翻转课堂表现优秀的上台团队代表获20个卓启币，该团队成员获10个卓启币，登记在此表格上，或另行制作EXCEL表格予以登记。每个团队在2个学时内只拥有一次上台资格。每10个卓启币可获取1分的加分，全部课程结束后进行卓启币累计和加分换算。

2、有成员迟到、早退、旷课的团队取消当次课上台分享资格，以2个学时为一次课计，当次课，该团队迟到成员扣10个卓启币；早退成员扣10个卓启币；旷课成员扣30个卓启币。每-10个卓启币减1分，全部课程结束后进行卓启币累计和扣分换算。

关于课堂任务完成情况的判断标准

1、一张翻转课堂情景图配4个学时的对应课堂任务（分为2次，每次2个学时），课堂任务不设标准答案，全部任务由学生根据预设的任务线索在翻转课堂过程和老师互动中完成，即可由团队分工合作书面完成，也可由个人书面完成。课堂任务见对应的任务纸。

2、根据任务的难度和完成的质量、数量、创新性、相关性、匹配程度等，给予具体评分：90-99、80-89、70-79、60-69、50-59、40-49、30-39、0-29。未做任务者计0分。

参考答案

情景图任务的参考答案线索和思路都隐含在情景图和任务纸中，请灵活掌握。线索和思路不是标准答案，仅起到参考和抛砖引玉的作用。

老师备课使用的《授课说明》和课件PPT等非本书必备配套，没有亦不影响使用。

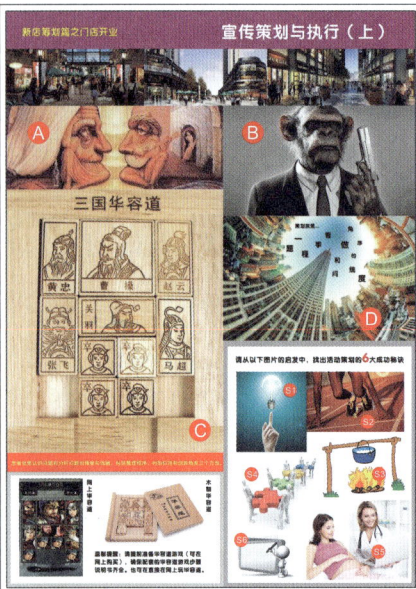

"宣传策划与执行（上）" A

时间TIME：
年　月　日
2学时

个人姓名：	团队名称：	任务名称：

实到团队成员：

迟到团队成员：

旷课团队成员：　　　　　　　　　请假团队成员：

团队抽选项目后，对照"宣传策划与执行（上）"情景图的A，看见了什么？联想到了什么？并结合实际案例分享心得和感受。（翻转课堂）

看问题的角度

请看右下图：是一个人还是二个人？是女人还是男人？是年轻的还是年老的？为什么会出现这种情况？（翻转课堂）

做事的程序

1、用15分钟玩准备好的游戏"华容道"，为什么按照说明书步骤走对就能将曹操从兵将重重的华容道中移出来，步骤走错了就出不来？

2、先将步骤走对，再优化。你所知道的华容道最少用几步就能将曹操移出来？

做事时的情绪

对照"宣传策划与执行（上）"情景图的B，你们认为这只程序猿想干什么？是忧虑的还是深邃的？是想自杀还是想杀人？是想拯救世界还是想毁灭世界？

每个人都有欢乐和痛苦，但为什么有的人天天痛苦，有的人天天开心？如果你心中有一个放大镜，也有一个缩小镜，在痛苦和欢乐面前，你如何使用放大镜和缩小镜呢？

策划与思维

对照"宣传策划与执行（上）"情景图的D，将打散的文字拼成正确，便能看到对策划的完整理解。经团队讨论后，写下正确的文字。

策划 就是 _____

什么是思维？

思维就是认识问题和分析问题的角度和线路，包括整理程序、判断标准和创新角度三个方面。请结合前面看的多个图片和玩的华容道游戏，并结合实际谈谈对这句话的理解，写下来。

学习心得

任务可团队分工完成，也可个人独立完成；可直接写在任务纸上，也可在自行准备的练习本上完成（注明任务名称）。

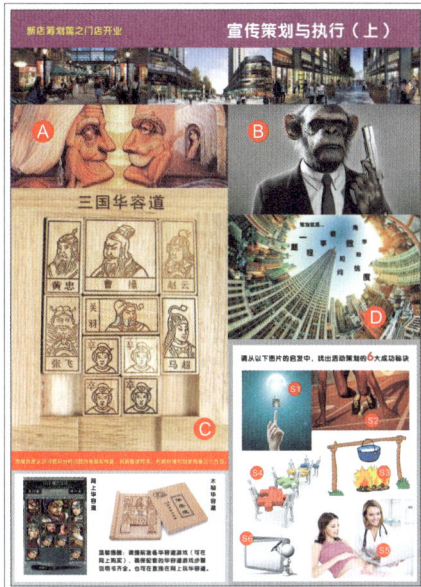

"宣传策划与执行（上）" B

时间TIME:
年 月 日

2学时

个人姓名： 团队名称： 任务名称：

实到团队成员：

迟到团队成员：

旷课团队成员： 请假团队成员：

策划与思维对门店开业前的宣传策划有哪些关联性？请结合实际案例来阐述。（翻转课堂）

策划 思维 与 数据＋信息＋知识＋才能＋智慧

数据经过整理变成信息，信息能解决某个问题就是知识，知识通过反复实践形成才能，才能融会贯通就是智慧。

数据、信息、知识、才能、智慧构成了一个完整的元认知，元认知能够改变大脑的顽固思维，思维创新了就能看到平时看不到的一些东西。策划的价值就是在一件有较大价值的事情还处于未知状态的时候挖掘并激活它，在展现价值的过程中收获成就。

请结合实际案例，阐述对以上2段话的理解。（翻转课堂）

活动策划的6大成功秘诀之一（　　　　　）

对照"宣传策划与执行（上）"情景图的S1，将对图形理解后的文字写在上面的空格处，并结合项目写下对活动策划6大成功秘诀之一的理解。

活动策划的6大成功秘诀之二（　　　　　）

对照"宣传策划与执行（上）"情景图的S2，将对图形理解后的文字写在上面的空格处，并结合项目写下对活动策划6大成功秘诀之二的理解。

活动策划的6大成功秘诀之三（　　　　　）

对照"宣传策划与执行（上）"情景图的S3，将对图形理解后的文字写在上面的空格处，并结合项目写下对活动策划6大成功秘诀之三的理解。

活动策划的6大成功秘诀之四（　　　　　）

对照"宣传策划与执行（上）"情景图的S4，将对图形理解后的文字写在上面的空格处，并结合项目写下对活动策划6大成功秘诀之四的理解。

活动策划的6大成功秘诀之五（　　　　　）

对照"宣传策划与执行（上）"情景图的S5，将对图形理解后的文字写在上面的空格处，并结合项目写下对活动策划6大成功秘诀之五的理解。

活动策划的6大成功秘诀之六（　　　　　）

对照"宣传策划与执行（上）"情景图的S6，将对图形理解后的文字写在上面的空格处，并结合项目写下对活动策划6大成功秘诀之六的理解。

学习心得

任务可团队分工完成，也可个人独立完成；可直接写在任务纸上，也可在自行准备的练习本上完成（注明任务名称）。

宣传策划与执行（下）

IDEA 创意就是具有新颖性和创造性的想法，通过适合的形式和载体将其表现出来，使其更容易为人所理解、接受和喜爱。

平面创意　影视创意　互动交流

自备案例 翻转课堂

案例分享

物料准备

海报

画册

单张

易拉宝

X展架

店内灯箱

折页

折页

水牌

吊旗

环保袋

SET

名片

名片

会员卡

Member Card

开业庆典

充气拱门

门店POP

店服

店服

新店筹划篇之 门店开业
宣传策划与执行（下）

翻转课堂

1、为保证"实体企业建店"学习和训练的连贯性，请尽量选择右边的六类门店。

2、"实体企业建店"是一个团队相互协作、相互配合的过程，请尽量采用团队的方式进行训练，每个团队建议5~7人。用于个人学习和训练时，请预先植入这样的观念：一个人可能会走得更快，但一群人（团队）可能会走得更远。

3、翻转课堂时使用的必备工具为：翻转课堂情景图和与之配套的任务纸。完成任务从情景图中找线索，翻转课堂换位思考，提升发现问题和解决问题的能力。老师根据线索和翻转课堂情况探讨式推进，教学相长。

4、"门店宣传策划与执行（下）"设计为4个学时（每学时45分钟），2个学时一次。可连贯学习，也可分2次，每次2学时。

① 面包店

② 水果店

③ 快餐店

④ 眼镜店

⑤ 便利店

⑥ 服装店

团队训练时如何选择门店？

方式一：使用大色子或小色子（自行手工制作或购买）

1、分好团队后，每个团队派出一名代表，掷色子决定拟开的门店。1是面包店，2是水果店，3是快餐店，4是眼镜店，5是便利店，6是服装店。不同团队所选项目可以是同一类门店。

2、同一类门店之间有竞争。在同一个商圈内，同一类门店的数量越多，竞争将会越激烈。

温馨提示：团队训练时，使用大色子来选门店，视觉效果和现场效果更好。

方式二：纸条抓阄

1、裁好6张纸条，每张纸条内对应有1~6个数字，折叠好纸条。

2、团队代表上台抽选数字决定门店类型。

3、超过6个团队，打开的纸条可再次折叠，重复使用。

个人学习时如何选择门店？

1、个人学习时，可参考团队训练时抽选门店的方法。使用大色子、小色子或是写好纸条自己抓阄均可。

2、掷到或抓到1是面包店，掷到或抓到2是水果店，掷到或抓到3是快餐店，掷到或抓到4是眼镜店，掷到或抓到5是便利店，掷到或抓到6是服装店。

3、也可以根据个人自身的实际情况，自定目标门店进行情景式模拟训练和学习。

团队训练时的激励工具：卓启币（卓心启业）

编号	姓名	课名：		课名：		课名：		课名：		课名：		小计	
		奖卓启币	扣卓启币	奖卓启币	扣卓启币	奖卓启币	扣卓启币	奖卓启币	扣卓启币	奖卓启币	扣卓启币	奖卓启币	扣卓启币

卓启币（虚拟教学币）使用说明：

1、当次课，成员全部按时到齐的团队获得卓启币奖励资格：团队派代表上台进行翻转课堂分享，翻转课堂表现优秀的上台团队代表获20个卓启币，该团队成员获10个卓启币，登记在此表格上，或另行制作EXCEL表格予以登记。每个团队在2个学时内只拥有一次上台资格。每10个卓启币可获取1分的加分，全部课程结束后进行卓启币累计和加分换算。

2、有成员迟到、早退、旷课的团队取消当次课上台分享资格，以2个学时为一次课计，当次课，该团队迟到成员扣10个卓启币；早退成员扣10个卓启币；旷课成员扣30个卓启币。每-10个卓启币减1分，全部课程结束后进行卓启币累计和扣分换算。

关于课堂任务完成情况的判断标准

1、一张翻转课堂情景图配4个学时的对应课堂任务（分为2次，每次2个学时），课堂任务不设标准答案，全部任务由学生根据预设的任务线索在翻转课堂过程和老师互动中完成，即可由团队分工合作书面完成，也可由个人书面完成。课堂任务见对应的任务纸。

2、根据任务的难度和完成的质量、数量、创新性、相关性、匹配程度等，给予具体评分：90~99、80~89、70~79、60~69、50~59、40~49、30~39、0~29。未做任务者计0分。

参考答案

情景图任务的参考答案线索和思路都隐含在情景图和任务纸中，请灵活掌握。线索和思路不是标准答案，仅起到参考和抛砖引玉的作用。

老师备课使用的《授课说明》和课件PPT等非本书必备配套，没有亦不影响使用。

新店筹划篇之门店开业　情景图任务

"宣传策划与执行（下）" A

个人姓名：　　　　　团队名称：　　　　　任务名称：

实到团队成员：

迟到团队成员：

旷课团队成员：　　　　　请假团队成员：

团队抽选项目后，老师先和同学分享几个影视创意和平面创意，大家谈谈对创意是如何理解的？在此基础上，同学以翻转课堂的方式分享一些案例心得和感受。

宣传物料种类

1、对照《宣传策划与执行（下）》情景图，写下不少于15个宣传物料名称。

2、请说明以下宣传物料的主要用途是什么？

（1）水牌　　　　　　　　（3）POP海报

（2）拉网架　　　　　　　（4）台卡

宣传单张设计

1、宣传单张最常用的尺寸有哪些？二折页、三折页是如何得来的？

2、以下是宣传单张设计的三大要素，请将字母编号后的文字写到对应的括号内。

要素一：主题和方案（　　　　　　　　　　　）
要素二：图案（　　　　　　　　　　　　　　）
要素三：设计创意（　　　　　　　　　　　　）

A图画；　　B照片；　　C漫画；　　D立意角度；　　E画面表现；
F色彩运用；　G口号；　　H构图；　　I文案

宣传单张制作顺序

对照《宣传策划与执行（下）》情景图，经讨论后，将宣传单张制作顺序排好，把字母编号后的文字写在下面的括号内。

第一步（　　　　　　　）；第二步（　　　　　　　）；
第三步（　　　　　　　）；第四步（　　　　　　　）；
第五步（　　　　　　　）。

A设计（构图、表现、文案）；　　B派发；　　C印刷；
D确定目的；　　　　　　　　　E立案、创意；

制作和派发宣传单张最好的时间是什么时候？

折页设计点评

1、请对以下二折页设计进行点评；该二折页设计的最大难点在哪里？

封底　　　　　　封面　　　　内页一　　　　内页二

学习心得

任务可团队分工完成，也可个人独立完成；可直接写在任务纸上，也可在自行准备的练习本上完成（注明任务名称）。

新店筹划篇之门店开业　情景图任务

"宣传策划与执行（下）" B

2学时

个人姓名：　　　　　　　团队名称：　　　　　　　任务名称：

实到团队成员：

迟到团队成员：

旷课团队成员：　　　　　　　请假团队成员：

批量的宣传单通常通过四色印刷来制作，四色印刷的四色是哪四色？请完成以下填空。

印刷最基本的四个颜色是：Magenta（　　　　　　　　）；Cyan（　　　　　　　　）；Yellow（　　　　　　　），Key Plate（　　　　　　　），在四色印刷机上的四个色组就是按照这样顺序排列的。

为什么四色印刷也叫CMYK印刷？

海报设计

根据抽选的门店类型创意设计开业海报，画出草图，并标明采用的海报设计尺寸（加上出血线）。

没有出血线的图片，如有裁切偏差，四边容易露出白色。

加了出血线的图片，出血线通常在设计尺寸的四边各加3mm

三折页设计

根据抽选的门店类型创意设计开业三折页，画出三折页单面（有封面的那面）草图，并标明采用的三折页的设计尺寸（加上出血线）。

名片设计和会员卡

根据抽选的门店类型创意设计名片和会员卡，画出草图，要有与众不同的亮点。

试营业与正式营业

1、试营业和正式营业有区别吗？请阐述理由。

2、根据抽选的门店类型制订一个开业方案，包括如何宣传？邀请的嘉宾名单、开业仪式现场如何布置？如何迎宾接待？如何揭幕等。（如本页位置不够，可写在作业本上）。

学习心得

任务可团队分工完成，也可个人独立完成；可直接写在任务纸上，也可在自行准备的练习本上完成（注明任务名称）。

实体经营（二）

实体门店业绩提升

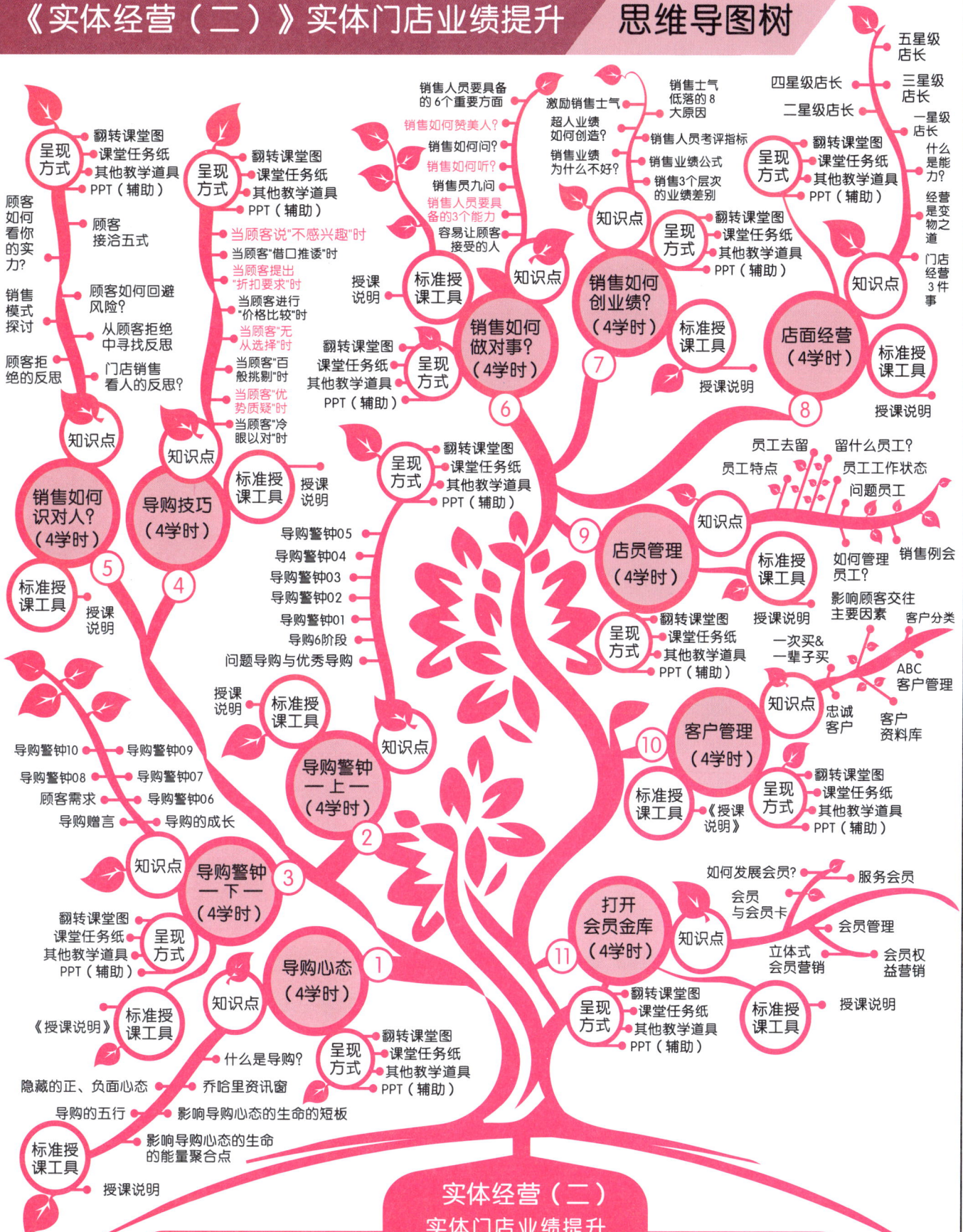

《实体经营（二）》实体门店业绩提升　思维导图树

1 导购心态（4学时）
- 呈现方式
  - 翻转课堂图
  - 课堂任务纸
  - 其他教学道具
  - PPT（辅助）
- 知识点
  - 什么是导购？
  - 乔哈里资讯窗
  - 影响导购心态的生命的短板
  - 影响导购心态的生命的能量聚合点
  - 导购的五行
  - 隐藏的正、负面心态
- 标准授课工具
- 授课说明

2 导购警钟 —上—（4学时）
- 呈现方式
  - 翻转课堂图
  - 课堂任务纸
  - 其他教学道具
  - PPT（辅助）
- 知识点
  - 问题导购与优秀导购
  - 导购6阶段
  - 导购警钟01
  - 导购警钟02
  - 导购警钟03
  - 导购警钟04
  - 导购警钟05
- 标准授课工具
- 授课说明

3 导购警钟 —下—（4学时）
- 呈现方式
  - 翻转课堂图
  - 课堂任务纸
  - 其他教学道具
  - PPT（辅助）
- 知识点
  - 导购的成长
  - 导购赠言
  - 顾客需求
  - 导购警钟06
  - 导购警钟07
  - 导购警钟08
  - 导购警钟09
  - 导购警钟10
- 标准授课工具
- 《授课说明》

4 导购技巧（4学时）
- 呈现方式
  - 翻转课堂图
  - 课堂任务纸
  - 其他教学道具
  - PPT（辅助）
  - 当顾客说"不感兴趣"时
  - 当顾客"借口推诿"时
  - 当顾客提出"折扣要求"时
  - 当顾客进行"价格比较"时
  - 当顾客"无从选择"时
  - 当顾客"百般挑剔"时
  - 当顾客"优势质疑"时
  - 当顾客"冷眼以对"时
- 知识点
- 标准授课工具
- 授课说明

5 销售如何识对人？（4学时）
- 呈现方式
  - 翻转课堂图
  - 课堂任务纸
  - 其他教学道具
  - PPT（辅助）
  - 顾客接洽五式
  - 顾客如何回避风险？
  - 从顾客拒绝中寻找反思
  - 门店销售看人的反思？
  - 顾客拒绝的反思
  - 销售模式探讨
  - 顾客如何看你的实力？
- 知识点
- 标准授课工具
- 授课说明

6 销售如何做对事？（4学时）
- 呈现方式
  - 翻转课堂图
  - 课堂任务纸
  - 其他教学道具
  - PPT（辅助）
- 知识点
  - 容易让顾客接受的人
  - 销售人员要具备的3个能力
  - 销售员九问
  - 销售如何听？
  - 销售如何问？
  - 销售如何赞美人？
  - 销售人员要具备的6个重要方面
- 标准授课工具
- 授课说明

7 销售如何创业绩？（4学时）
- 呈现方式
  - 翻转课堂图
  - 课堂任务纸
  - 其他教学道具
  - PPT（辅助）
- 知识点
  - 销售3个层次的业绩差别
  - 销售业绩公式
  - 销售人员考评指标
  - 销售士气低落的8大原因
  - 激励销售士气
  - 超人业绩如何创造？
  - 销售业绩为什么不好？
- 标准授课工具
- 授课说明

8 店面经营（4学时）
- 呈现方式
  - 翻转课堂图
  - 课堂任务纸
  - 其他教学道具
  - PPT（辅助）
- 知识点
  - 门店经营3件事
  - 经营是变物之道
  - 什么是能力？
  - 一星级店长
  - 二星级店长
  - 三星级店长
  - 四星级店长
  - 五星级店长
- 标准授课工具
- 授课说明

9 店员管理（4学时）
- 呈现方式
  - 翻转课堂图
  - 课堂任务纸
  - 其他教学道具
  - PPT（辅助）
- 知识点
  - 员工特点
  - 员工去留
  - 留什么员工？
  - 员工工作状态
  - 问题员工
  - 如何管理员工？
  - 销售例会
- 标准授课工具
- 授课说明

10 客户管理（4学时）
- 呈现方式
  - 翻转课堂图
  - 课堂任务纸
  - 其他教学道具
  - PPT（辅助）
- 知识点
  - 影响顾客交往主要因素
  - 客户分类
  - 一次买&一辈子买
  - ABC客户管理
  - 忠诚客户
  - 客户资料库
- 标准授课工具
- 《授课说明》

11 打开会员金库（4学时）
- 呈现方式
  - 翻转课堂图
  - 课堂任务纸
  - 其他教学道具
  - PPT（辅助）
- 知识点
  - 如何发展会员？
  - 服务会员
  - 会员与会员卡
  - 会员管理
  - 立体式会员营销
  - 会员权益营销
- 标准授课工具
- 授课说明

实体经营（二）
实体门店业绩提升

48学时　如何提升已建有的实体店业绩？　**45分钟/学时**

本思维导图供老师授课前备课参考和学生进行实体企业经营学习前预习使用。4个学时的课程可一次4节课连上，也可分为二次课上（每次2节课）。本思维导图也可用于"实体经营"辅助教学或自学者梳理学习思维使用。

提升门店业绩
锻造终端精英导购情景图

导购心态

赢在心态

心态决定行为，行为决定结果。

A

危机意识 Time
亡：危机意识。要有强烈的时间观念，抓住时机，必须随时了解和掌握环境的变化，熟知生干优患，关于安乐的道理。

取之有道 Strategy
贝：取财有道。财富是物质基础，但不义之财不可取。

善于沟通 Communicate
口：沟通能力。善于在任何机会宣传自己的形象和密旨、目标和决心。成功的沟通是双向，即要有好的表达能力，也要有好的倾听能力。

空杯心态
凡：心态平和。从是环起者努力，问是好好努力。争取目标成功，但结果不一定如意。度量要大，眼界要宽，心态要好，手段要硬。
State

健康体魄
月：月在古汉语中指肉，这里的月指强身健体。成大事者需要强健的身体，身体是革命的本钱。
Healthy

赢

C

I CAN SEE YOU

ROOM 2 ROOM 3 ROOM 1 ROOM 4

OTHERS

YOU

看图了解生命中的短板

信用卡透支负债累累、生活的压力、盲点……

B1
B2
逃
自大、保守、懒惰、无奈猜疑、逃避、懦弱、迷茫心理障碍、疾病、面具失去保障、家庭矛盾自我设限、亲人的离去……
人家不要起床嘛 B3

B4
B5 我怀疑你勾引我老婆！
B6

B

B7
B8
B9
B10

B11 我从来都不会错！
B12
B13
B14 刷太多了…

抑郁症
B15
B16
B17
有时候已经很努力了，但结果却是个屁！ B18

看图了解能量聚合点

自信、成材、开放、信任、幸福
自由、规划、团队、合作、荣誉

A1
A2
A3
A4
A5
A8
A6
A7
A9
A10

你认为导购象什么？

金 D1
木 D2
水 D3
火 D4
土 D5

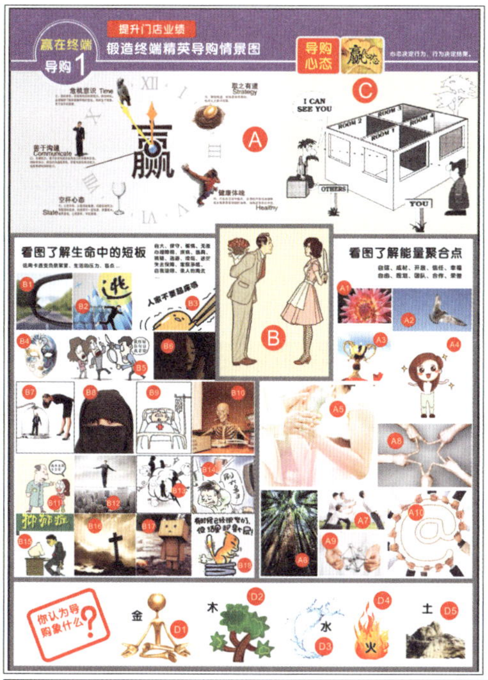

赢在终端 导购1
提升门店业绩
锻造终端精英导购情景图

提升门店业绩之
—— 赢在终端导购篇（1）——
导购心态

翻转课堂

① 面包店

② 水果店

③ 快餐店

④ 眼镜店

⑤ 便利店

⑥ 服装店

1、为保证"实体企业运营"学习和训练的连贯性，请尽量选择右边的六类门店。

2、"实体企业运营"是一个团队相互协作、相互配合的过程，请尽量采用团队的方式进行训练，每个团队建议5-7人。用于个人学习和训练时，请预先植入这样的观念：一个人可能会走得更快，但一群人（团队）可能会走得更远。

3、翻转课堂时使用的必备工具为：翻转课堂情景图和与之配套的任务纸。完成任务从情景图中找线索，翻转课堂换位思考，提升发现问题和解决问题的能力。老师根据线索和翻转课堂情况探讨式推进，教学相长。

4、"导购心态"设计为4个学时（每学时45分钟），2个学时为一个单位。可4个学时连贯学习，也可分2次，每次2学时。

团队训练时如何选择门店？

方式一：使用大色子或小色子（自行手工制作或购买）

1、分好团队后，每个团队派出一名代表，掷色子决定拟开的门店。1是面包店，2是水果店，3是快餐店，4是眼镜店，5是便利店，6是服装店。不同团队所选项目可以是同一类门店。

2、同一类门店之间有竞争。在同一个商圈内，同一类门店的数量越多，竞争将会越激烈。

温馨提示：团队训练时，使用大色子来选门店，视觉效果和现场效果更好。

方式二：纸条抓阄

1、裁好6张纸条，每张纸条内对应有1-6个数字，折叠好纸条。

2、团队代表上台抽选数字决定门店类型。

3、超过6个团队，打开的纸条可再次折叠，重复使用。

个人学习时如何选择门店？

1、个人学习时，可参考团队训练时抽选门店的方法。使用大色子、小色子或是写好纸条自己抓阄均可。

2、掷到或抓到1是面包店，掷到或抓到2是水果店，掷到或抓到3是快餐店，掷到或抓到4是眼镜店，掷到或抓到5是便利店，掷到或抓到6是服装店。

3、也可以根据个人自身的实际情况，自定目标门店进行情景式模拟训练和学习。

团队训练时的激励工具：卓启币（卓心启业）

编号	姓名	课名：奖卓启币	扣卓启币	课名：奖卓启币	扣卓启币	课名：奖卓启币	扣卓启币	课名：奖卓启币	扣卓启币	课名：奖卓启币	扣卓启币	小计 奖卓启币	扣卓启币

卓启币（虚拟教学币）使用说明：

1、当次课，成员全部按时到齐的团队获得卓启币奖励资格：团队派代表上台进行翻转课堂分享，翻转课堂表现优秀的上台团队代表获20个卓启币，该团队成员获10个卓启币，登记在此表格上，或另行制作EXCEL表格予以登记。每个团队在2个学时内只拥有一次上台资格。每10个卓启币可获取1分的加分，全部课程结束后进行卓启币累计和加分换算。

2、有成员迟到、早退、旷课的团队取消当次课上台分享资格，以2个学时为一次课计，当次课，该团队迟到成员扣10个卓启币；早退成员扣10个卓启币；旷课成员扣30个卓启币。每-10个卓启币减1分，全部课程结束后进行卓启币累计和扣分换算。

关于课堂任务完成情况的判断标准

1、一张翻转课堂情景图配4个学时的对应课堂任务（分为2次，每次2个学时），课堂任务不设标准答案，全部任务由学生根据预设的任务线索在翻转课堂过程和老师互动中完成，即可由团队分工合作书面完成，也可由个人书面完成。课堂任务见对应的任务纸。

2、根据任务的难度和完成的质量、数量、创新性、相关性、匹配程度等，给予具体评分：90-99、80-89、70-79、60-69、50-59、40-49、30-39、0-29。未做任务者计0分。

参考答案

情景图任务的参考答案线索和思路都隐含在情景图和任务纸中，请灵活掌握。线索和思路不是标准答案，仅起到参考和抛砖引玉的作用。

老师备课使用的《授课说明》和课件PPT等非本书必备配套，没有亦不影响使用。

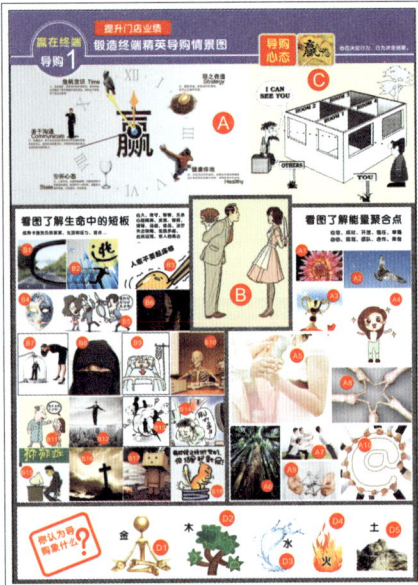

提升门店业绩之 赢在终端导购篇

"门店导购心态" 情景图任务 **A**

个人姓名：　　　　　　团队名称：　　　　　　任务名称：

实到团队成员：

迟到团队成员：

旷课团队成员：　　　　　　　　请假团队成员：

站在导购角度，参照"锻造终端精英导购之导购心态"情景图，回答以下问题：你们对"赢"字的拆解是如何理解的？注：情景图上的字解是参考，不要照搬，要有自己理解和创意。

乔哈里资讯窗　　把握人与人之间信息沟通的重要窗口

你知道乔哈里资讯窗吗？参照"锻造终端精英导购之导购心态"情景图C，完成以下任务（翻转课堂）：

1、站在不同的角度，给四个窗口命名。

	我知道	我不知道	
别人不知道			别人也不知道
我知道			我不知道
	别人也知道	别人知道	

2、人与人之间交往的时候，要扩大什么窗口，减少什么窗口，才能增进信任？

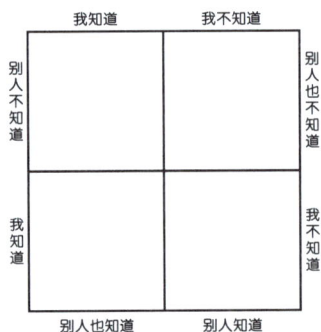

乔哈里资讯窗的应用

参照"锻造终端精英导购之导购心态"情景图B，运用乔哈里资讯窗，预测在四个不同窗口状态下可能出现的结果。（翻转课堂）

门店导购

1、什么是导购？门店导购是要帮有购买意向的顾客扩大选择范围还是缩小选择范围？为什么？

2、参照《锻造终端精英导购之导购心态》情景图D1－D5，你认为导购象什么？结合实际案例来阐述。（翻转课堂）

导购心态

1、门店导购在接受上岗培训时要过三关，请用数字1、2、3，给过这三关的先后排个序，并阐述理由。

☐ 产品知识关　　☐ 心理关（心态关）　　☐ 能力关

阐述理由：

2、对导购而言，心态、行为、结果这三者存在着什么样的关联性？

学习心得

任务可团队分工完成，也可个人独立完成；可直接写在任务纸上，也可在自行准备的练习本上完成（注明任务名称）。

提升门店业绩之 赢在终端导购篇

"门店导购心态" 情景图任务 B

个人姓名：　　　　团队名称：　　　　任务名称：

实到团队成员：

迟到团队成员：

旷课团队成员：　　　　请假团队成员：

参照 "锻造终端精英导购之导购心态" 情景图B1、B2、B3、B4、B5、B6及相关线索，分别联想到了什么？书面描述一下你们是如何理解这些生命中的短板的。（翻转课堂）

图B1	图B2	图B3	图B4	图B5

导购心态之减少生命中的短板

参照 "锻造终端精英导购之导购心态" 情景图B7、B8、B9、B10、B11、B12及相关线索，写出对应的名称。 描述一下你们是如何理解这些生命中的短板的？（翻转课堂）

图B7	图B8	图B9
图B10	图B11	图B12

导购心态之减少生命中的短板

参照 "锻造终端精英导购之导购心态" 情景图 B13、B14、B15、B16、B17、B18及相关线索，写出对应的名称。 描述一下你们是如何理解这些生命中的短板的？（翻转课堂）

图B13	图B14	图B15
图B16	图B17	图B18

导购心态之增加能量聚合点

参照 "锻造终端精英导购之导购心态" 情景图 A1、A2、A3、A4、A5、A6、A7、A8、A9、A10、A5、A6相关线索，写出对应的名称。描述一下你们是如何理解这些能量聚合点的？（翻转课堂）

图A1	图A2	图A3	图A4	图A5
图A6	图A7	图A8	图A9	图A10

生命中的短板与能量聚合点比较

1、你现在有多少个生命中的短板，请一一列举出来。

2、你现在有多少个能量聚合点，请一一列举出来。

3、比较你现有的生命中的短板和能量聚合点，你能做一名有优秀业绩的导购吗？请阐述理由。（翻转课堂）

学习心得

任务可团队分工完成，也可个人独立完成；可直接写在任务纸上，也可在自行准备的练习本上完成（注明任务名称）。

门店导购容易犯的四个错误：否定顾客、敷衍逃避、无力抗争、咄咄逼人。

四大问题导购

优秀导购的三个方法（三个领先）

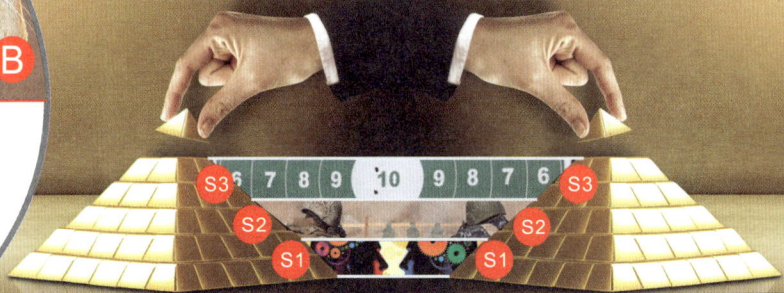

做为门店导购，如果不能发现问题和解决问题，那么自己就是问题的一部分。

导购六个阶段的 **10** 大警钟（1-5）

准备阶段

警钟01
目标缺失

警钟02
没有赢得顾客好感

警钟03
没有引起顾客注意

接触阶段

沟通阶段

警钟04
沉迷于自我表达

警钟05
被顾客牵着鼻子走

H 诉求产品利益阶段

成交阶段 I

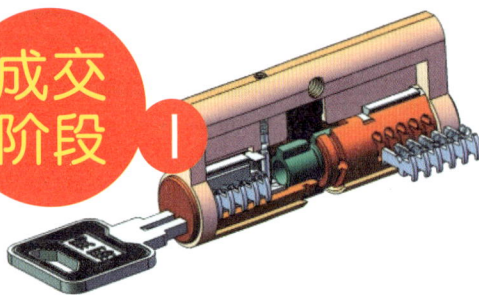

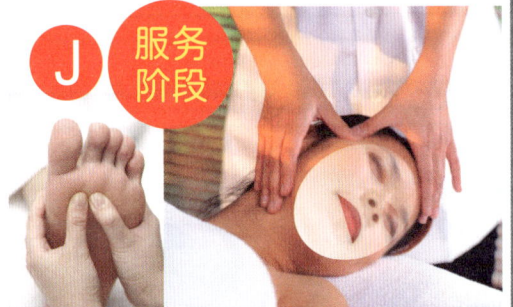

J 服务阶段

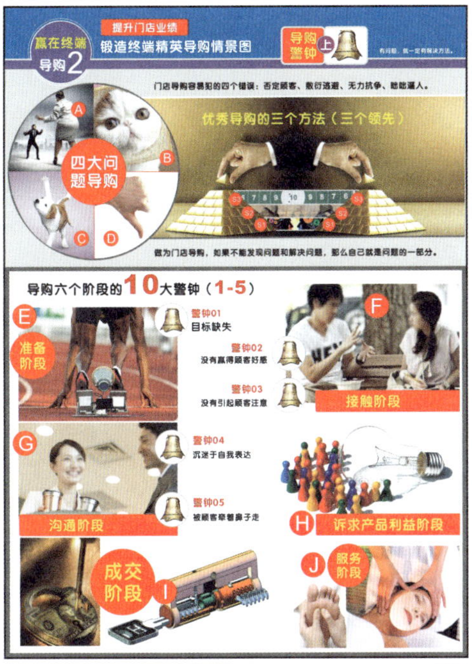

提升门店业绩之
— 赢在终端导购篇（2）—
导购警钟（上）

翻转课堂

1、为保证"实体企业运营"学习和训练的连贯性，请尽量选择右边的六类门店。

2、"实体企业运营"是一个团队相互协作、相互配合的过程，请尽量采用团队的方式进行训练，每个团队建议5-7人。用于个人学习和训练时，请预先植入这样的观念：一个人可能会走得更快，但一群人（团队）可能会走得更远。

3、翻转课堂时使用的必备工具为：翻转课堂情景图与之配套的任务纸。完成任务从情景图中找线索，翻转课堂换位思考，提升发现问题和解决问题的能力。老师根据线索和翻转课堂情况探讨式推进，教学相长。

4、"导购警钟（上）"设计为4个学时（每学时45分钟），2个学时为一个单位。可4个学时连贯学习，也可分2次，每次2学时。

① 面包店 　**②** 水果店 　**③** 快餐店 　**④** 眼镜店 　**⑤** 便利店 　**⑥** 服装店

团队训练时如何选择门店？

方式一：使用大色子或小色子（自行手工制作或购买）

1、分好团队后，每个团队派出一名代表，掷色子决定拟开的门店。1是面包店，2是水果店，3是快餐店，4是眼镜店，5是便利店，6是服装店。不同团队所选项目可以是同一类门店。

2、同一类门店之间有竞争。在同一个商圈内，同一类门店的数量越多，竞争将会越激烈。

温馨提示：团队训练时，使用大色子来选门店，视觉效果和现场效果更好。

方式二：纸条抓阄

1、裁好6张纸条，每张纸条内对应有1-6个数字，折叠好纸条。

2、团队代表上台抽选数字决定门店类型。

3、超过6个团队，打开的纸条可再次折叠，重复使用。

个人学习时如何选择门店？

1、个人学习时，可参考团队训练时抽选门店的方法。使用大色子、小色子或是写好纸条自己抓阄均可。

2、掷到或抓到1是面包店，掷到或抓到2是水果店，掷到或抓到3是快餐店，掷到或抓到4是眼镜店，掷到或抓到5是便利店，掷到或抓到6是服装店。

3、也可以根据个人自身的实际情况，自定目标门店进行情景式模拟训练和学习。

团队训练时的激励工具：卓启币（卓心启业）

编号	姓名	课名：		课名：		课名：		课名：		课名：		小计	
		奖卓启币	扣卓启币	奖卓启币	扣卓启币	奖卓启币	扣卓启币	奖卓启币	扣卓启币	奖卓启币	扣卓启币	奖卓启币	扣卓启币

卓启币（虚拟教学币）使用说明：

1、当次课，成员全部按时到齐的团队获得卓启币奖励资格：团队派代表上台进行翻转课堂分享，翻转课堂表现优秀的上台团队代表获20个卓启币，该团队成员获10个卓启币，登记在此表格上，或另行制作EXCEL表格予以登记。每个团队在2个学时内只拥有一次上台资格。每10个卓启币可获取1分的加分，全部课程结束后进行卓启币累计和加分换算。

2、有成员迟到、早退、旷课的团队取消当次课上台分享资格，以2个学时为一次课计，当次课，该团队迟到成员扣10个卓启币；早退成员扣10个卓启币；旷课成员扣30个卓启币。每-10个卓启币减1分，全部课程结束后进行卓启币累计和扣分换算。

关于课堂任务完成情况的判断标准

1、一张翻转课堂情景图配4个学时的对应课堂任务（分为2次，每次2个学时），课堂任务不设标准答案，全部任务由学生根据预设的任务线索在翻转课堂过程和老师互动中完成，即可由团队分工合作书面完成，也可由个人书面完成。课堂任务见对应的任务纸。

2、根据任务的难度和完成的质量、数量、创新性、相关性、匹配程度等，给予具体评分：90-99、80-89、70-79、60-69、50-59、40-49、30-39、0-29。未做任务者计0分。

参考答案

情景图任务的参考答案线索和思路都隐含在情景图和任务纸中，请灵活掌握。线索和思路不是标准答案，仅起到参考和抛砖引玉的作用。

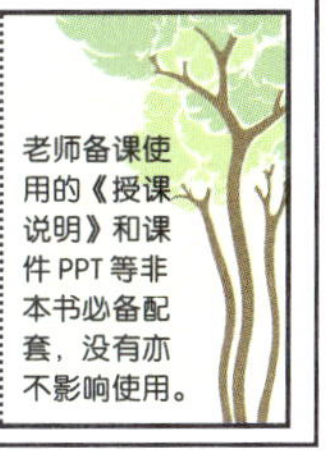

老师备课使用的《授课说明》和课件PPT等非本书必备配套，没有亦不影响使用。

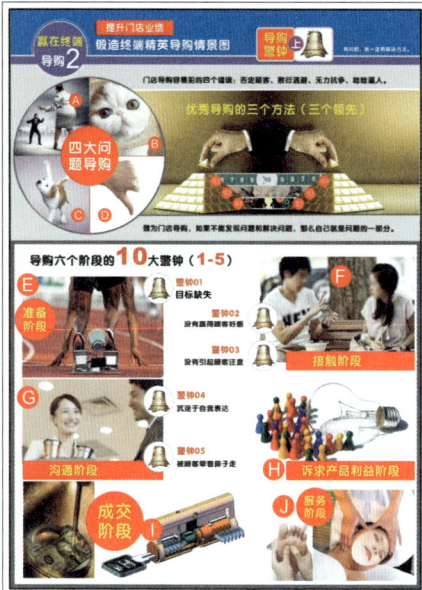

提升门店业绩之 赢在终端导购篇

"门店导购警钟（上）"情景图任务 A

个人姓名： 团队名称： 任务名称：

实到团队成员：

迟到团队成员：

旷课团队成员： 请假团队成员：

对照"锻造终端精英导购之导购警钟（上）"情景图A、B、C、D和相关线索，回答以下问题：

A 导购表现出来的问题是什么（ ） B 导购表现出来的问题是什么（ ）

C 导购表现出来的问题是什么（ ） D 导购表现出来的问题是什么（ ）

对以上四种问题导购，你是如何看待的？结合案例阐述。（翻转课堂）

发现问题和解决问题

"做为门店导购，如果不能发现问题和解决问题，那么自己就是问题的一部分。"
对这句话你是如何理解的？ 请结合实际案例进行阐述。（翻转课堂）

"问题就是你的机会，反映问题只是初级水平，思考并解决问题才是高级水平。"
对这句话你是如何理解的？ 请结合实际案例进行阐述。

优秀导购三个领先

1、对照 "锻造终端精英导购之导购警钟（上）"情景图S1、S2、S3，
优秀导购有三个领先，这三个领先是递进式的，请用数字1、2、3，给
过这三个领先的先后排个序，并结合实际例子阐述理由。

☐ 行为领先 ☐ 结果领先 ☐ 思维领先

阐述理由：

"优秀的导购来自优秀的业绩，从一个导购的生活品质和给孩子买的奶粉就能看
出她是否优秀。"对这句话你认同吗？ 请结合实际案例阐述理由。

导购四阶段划分法

1、以下是导购四阶段划分法，如果导购这四个阶段总计花费100%的
时间和精力，具体的每个阶段你计划花多少百分比的时间和精力才
能做好导购？请将以下划线的部分填写具体数值。

（1）建立关系 （你计划花费 _____% 时间和精力）

（2）了解需求 （你计划花费 _____% 时间和精力）

（3）介绍产品 （你计划花费 _____% 时间和精力）

（4）促进成交 （你计划花费 _____% 时间和精力）

2、根据你填写的导购四个阶段的所花费的时间和精力的比例，你认
为有多少可能创造出优秀的业绩？为什么？（翻转课堂）

导购六阶段划分法

对照"锻造终端精英导购之导购警钟（上）"情景图E、F、G、H、I、J
和相关线索，回答以下问题：

1、按导购六阶段划分法，导购有哪六个阶段？

2、在导购六个阶段中，你认为哪个阶段是最难的？为什么？

学习
心得

任务可团队分工完成，也可个
人独立完成；可直接写在任务
纸上，也可在自行准备的练习
本上完成（注明任务名称）。

"门店导购警钟（上）"情景图任务 B

时间TIME:
年 月 日

2学时

个人姓名：	团队名称：	任务名称：

实到团队成员：

迟到团队成员：

旷课团队成员： 请假团队成员：

导购警钟01：目标缺失。从"导购警钟（上）"情景图和以下文字中寻找启发，回答以下问题：

（1）目标缺失有三大原因：怕被别人笑话、害怕失败、不会设定目标。哪些是心态问题，哪些是方法问题？

（2）用SMART法则简述目标如何设定？

S 清晰的：

M 可衡量的：

A 有一定挑战的：

R 可实现的：

T 有时间限定的：

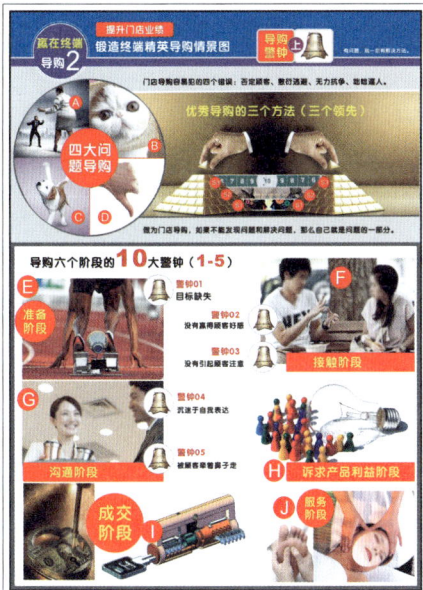

导购警钟02：没有赢得顾客好感

从"导购警钟（上）"情景图和以下文字中寻找启发，回答以下问题：

（1）导购员要具备认同和赞美两把刷子，你是如何理解的?

（2）赞美要恰到好处。男人要赞美（　　　　），女人要赞美（　　　）或（　　　），小孩要赞美（　　　），老人要赞美（　　　），每个群体的需求是不一样的。

（3）你如何理解"山潮海潮不如人来潮"？

（4）最重要的是人脉决定（　　）脉，人气决定（　　）气。

导购警钟03：没有引起顾客的注意

从"导购警钟（上）"情景图和以下文字中寻找启发，回答以下问题：

（1）富比通环保漆的殷总给小猫、小狗喝涂料，引起动物环保协会的反对，于是殷总自己喝涂料，你认为结果会怎么样？你是顾客，你看了会有什么感觉？（翻转课堂）

（2）人是（　　　）动物，要眼见为（　　　　），耳听为（　　　）。

A视觉 B听觉 C嗅觉 D幻觉 E虚 F善 G假 H实 F真

（3）做导购的2条规则：

第一是（　　　），引起顾客的注意，让顾客见到商品和感受到价值。

第二是（　　　），激发顾客兴趣和情绪，用体验式让顾客自己进来。

注：根据线索自我总结和创意，在翻转课堂中激发想象空间。

导购警钟04：沉迷于自我表达

从"导购警钟（上）"情景图和以下文字中寻找启发，回答以下问题：

（1）会说的不如会（　　）的，会听的不如会（　　）的。表达的能力叫（　　　），表达的时候一定要表达出自信，不要自大和自卑。

A问的 B听的 C说的 D笑的 E爱的 F自信力 G创造力

（2）表达叫口才力，倾听叫（　　　　），听弦外之音是一种能力。

A创造力 B想象力 C理解力 D倾听力 E销售力 F导购力

（3）在深秋的一个晚上，一个男孩和一个彼此有些好感但又未深入发展的女孩约会，女孩突然说了一声"好冷"，男孩应该怎么办？这种场景有可能出现四种情况，是哪四种？

导购警钟05：被顾客牵着鼻子走

从"导购警钟（上）"情景图和以下文字中寻找启发，回答以下问题：

（1）导购员面对顾客时，顾客最后要买的2个字永远是（　　　　）。

A金钱 B利益 C价格 D喜欢 E炫富 F相信 G幻想

（2）顾客买的不是那个钻头，顾客要买的是墙上的那个（　　　），钻头只不过是为了打那个洞的工具，如果可以用其他方法打那个洞，钻头可以不要了。 注：答案在题目中隐藏。

（3）化被动为主动的方法：QZT法。结合案例阐述在实际中如何应用？

Q 牵引：

Z 转移：

T 提问：

学习心得

任务可团队分工完成，也可个人独立完成；可直接写在任务纸上，也可在自行准备的练习本上完成（注明任务名称）。

提升门店业绩
锻造终端精英导购情景图

导购警钟（下）

顾客的问题就是导购提供服务的机会

导购成长的三个阶段

A

B

C

将来的你
一定会感激现在拼命的自己

必须记住的三句话

D1
问顾客为什么永远比问顾客要什么更重要

D2
你所知道的必须比顾客更多、更专业、更详细

D3
有的时候顾客想要的未必是他真实的需求

需求是什么？

需求就是问题

发现需求就是发现问题
发现问题，放大问题，问题不严重，顾客不行动。

1瓶普通的纯净水2元如何以20000元成交

导购六个阶段的 **10** 大警钟（6-10）

E 准备阶段

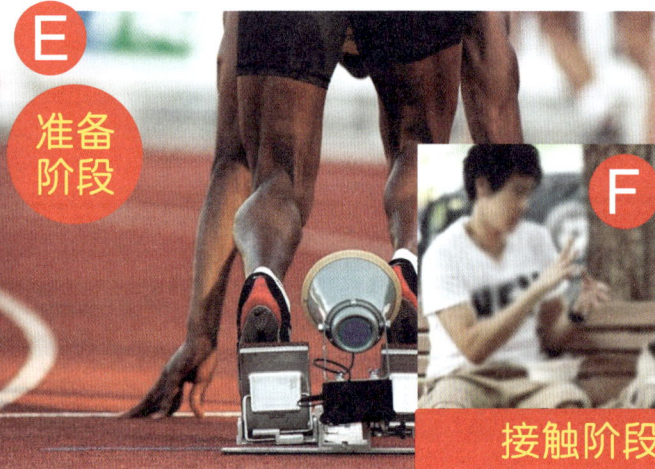

F 接触阶段

G 沟通阶段

成交阶段

I

服务阶段

J

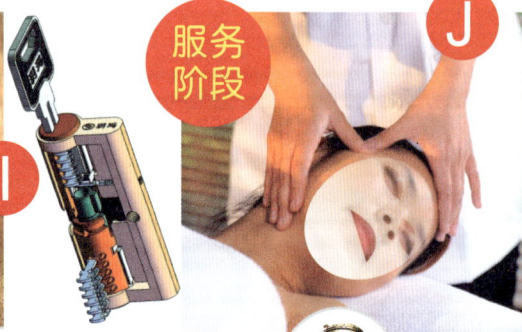

H 诉求产品利益阶段

警钟06
不强调产品的利益点

警钟07
忽视顾客的关注点

警钟08
画蛇添足

警钟09
缺乏成交策略

警钟10
不知道、不愿意、不理智

提升门店业绩之
— 赢在终端导购篇（3）—
导购警钟（下）

翻转课堂

1、面包店
2、水果店
3、快餐店
4、眼镜店
5、便利店
6、服装店

1、为保证"实体企业运营"学习和训练的连贯性，请尽量选择右边的六类门店。

2、"实体企业运营"是一个团队相互协作、相互配合的过程，请尽量采用团队的方式进行训练，每个团队建议5~7人。用于个人学习和训练时，请预先植入这样的观念：一个人可能会走得更快，但一群人（团队）可能会走得更远。

3、翻转课堂时使用的必备工具为：翻转课堂情景图与之配套的任务纸。完成任务从情景图中找线索，翻转课堂换位思考，提升发现问题和解决问题的能力。老师根据线索和翻转课堂情况探讨式推进，教学相长。

4、"导购警钟（下）"设计为4个学时（每学时45分钟），2个学时为一个单位。可4个学时连贯学习，也可分2次，每次2学时。

团队训练时如何选择门店？

方式一：使用大色子或小色子（自行手工制作或购买）

1、分好团队后，每个团队派出一名代表，掷色子决定拟开的门店。1是面包店，2是水果店，3是快餐店，4是眼镜店，5是便利店，6是服装店。不同团队所选项目可以是同一类门店。

2、同一类门店之间有竞争。在同一个商圈内，同一类门店的数量越多，竞争将会越激烈。

温馨提示：团队训练时，使用大色子来选门店，视觉效果和现场效果更好。

方式二：纸条抓阄

1、裁好6张纸条，每张纸条内对应有1~6个数字，折叠好纸条。

2、团队代表上台抽选数字决定门店类型。

3、超过6个团队，打开的纸条可再次折叠，重复使用。

个人学习时如何选择门店？

1、个人学习时，可参考团队训练时抽选门店的方法。使用大色子、小色子或是写好纸条自己抓阄均可。

2、掷到或抓到1是面包店，掷到或抓到2是水果店，掷到或抓到3是快餐店，掷到或抓到4是眼镜店，掷到或抓到5是便利店，掷到或抓到6是服装店。

3、也可以根据个人自身的实际情况，自定目标门店进行情景式模拟训练和学习。

团队训练时的激励工具：卓启币（卓心启业）

编号	姓 名	课名： 奖卓启币	扣卓启币	课名： 奖卓启币	扣卓启币	课名： 奖卓启币	扣卓启币	课名： 奖卓启币	扣卓启币	课名： 奖卓启币	扣卓启币	小 计 奖卓启币	扣卓启币

卓启币（虚拟教学币）使用说明：

1、当次课，成员全部按时到齐的团队获得卓启币奖励资格：团队派代表上台进行翻转课堂分享，翻转课堂表现优秀的上台团队代表获20个卓启币，该团队成员获10个卓启币，登记在此表格上，或另行制作EXCEL表格予以登记。每个团队在2个学时内只拥有一次上台资格。每10个卓启币可获取1分的加分，全部课程结束后进行卓启币累计和加分换算。

2、有成员迟到、早退、旷课的团队取消当次课上台分享资格，以2个学时为一次课计，当次课，该团队迟到成员扣10个卓启币；早退成员扣10个卓启币；旷课成员扣30个卓启币。每-10个卓启币减1分，全部课程结束后进行卓启币累计和扣分换算。

关于课堂任务完成情况的判断标准

1、一张翻转课堂情景图配4个学时的对应课堂任务（分为2次，每次2个学时），课堂任务不设标准答案，全部任务由学生根据预设的任务线索在翻转课堂过程和老师互动中完成，即可由团队分工合作书面完成，也可由个人书面完成。课堂任务见对应的任务纸。

2、根据任务的难度和完成的质量、数量、创新性、相关性、匹配程度等，给予具体评分：90-99、80-89、70-79、60-69、50-59、40-49、30-39、0-29。未做任务者计0分。

参考答案

情景图任务的参考答案线索和思路都隐含在情景图和任务纸中，请灵活掌握。线索和思路不是标准答案，仅起到参考和抛砖引玉的作用。

老师备课使用的《授课说明》和课件PPT等非本书必备配套，没有亦不影响使用。

提升门店业绩之 赢在终端导购篇

"门店导购警钟（下）"情景图任务 A

时间TIME：
年 月 日

2学时

个人姓名： 团队名称： 任务名称：

实到团队成员：

迟到团队成员：

旷课团队成员： 请假团队成员：

参照"门店导购警钟（下）"情景图A、B、C，回答以下问题：

A、导购成长第一个阶段叫"见山是山，见水是水"， 即（ ）阶段；

B、导购成长第二个阶段叫"见山不是山，见水不是水"，即（ ）阶段；

C、导购成长第三个阶段叫"见山还是山，见水还是水"，即（ ）阶段。

此行提示文字的顺序已打乱，请选择适合的填入上面的空格中：1、苦尽甘来；2、游刃有余；3、装模学样

你对以上导购三个阶段是如何理解的？（翻转课堂）

导购赠言

1、参照"门店导购警钟（下）"情景图D1、D2、D3，面对顾客，导购必须记住的3句话是什么？

2、分别描述对以上三句话的理解。（翻转课堂）

顾客需求

1、参照"门店导购警钟（下）"情景图D4，什么是顾客需求？是不是一发现顾客需求就要马上满足？

2、参照"门店导购警钟（下）"情景图D5，一瓶2元的普通纯净水，你能以2万元卖出去吗？如何卖？

五点式需求系统与导购

1、五点式需求系统包括切入点、痛点、尖叫点、转折点和制高点。切入点就是（ ）、痛点就是（ ）、尖叫点就是（ ）、转折点就是（ ）、制高点就是（ ）。

以下提示文字的顺序已打乱，请选择适合的填入上面的空格中：
如何化解危机和如何抓住机会； 解决问题的方案； 目标顾客（目标客户）优势、壁垒、标杆； 解决什么问题？

2、在五点式需求系统中，你认为导购与哪个点关系最密切？请结合实际案例阐述理由。（翻转课堂）

导购十大警钟

参看"门店导购警钟（下）"情景图E、F、G、H、I、J，书面描述导购六个阶段分别对应哪十大警钟？

1、上次学习过的内容：

（1）准备阶段：警钟01是什么？（ ）

（2）接触阶段：警钟02是什么？（ ）

警钟03是什么？（ ）

（3）沟通阶段：警钟04是什么？（ ）

警钟05是什么？（ ）

2、即将要学习的内容：

（4）诉求阶段：警钟06是什么？（ ）

警钟07是什么？（ ）

（5）成交阶段：警钟08是什么？（ ）

警钟09是什么？（ ）

（6）服务阶段：警钟10是什么？（ ）

学习心得

任务可团队分工完成，也可个人独立完成；可直接写在任务纸上，也可在自行准备的练习本上完成（注明任务名称）。

提升门店业绩之 赢在终端导购篇
"门店导购警钟（下）"情景图任务 B

个人姓名：　　　　　团队名称：　　　　　任务名称：

实到团队成员：

迟到团队成员：

旷课团队成员：　　　　　请假团队成员：

导购警钟06： 不强调产品的利益点。从"导购警钟（下）"情景图和以下文字中寻找启发，回答以下问题：

（1）讲利益的时候，要把模糊的事情（　　　　）。大学的教授往往把简单的问题复杂化，算来算去最后原来是个0；营销高手是把复杂的问题（　　　　）。

（2）集中讲产品一个好处，讲透了，讲明白了。通过努力，清晰地传达独特的（　　　　），象层层剥第一样直达事物的内核，让这一主张变得有如刀刃般锋利，顾客往往能够立刻判明它的（　　　　）。

下行提示文字的顺序已打乱，请选择适合的填入上面的空格中：
独特的销售主张（U.S.P）；　简单化；　清晰化、数字化；　价值。

导购警钟07：忽视顾客的关注点
从"导购警钟（下）"情景图和以下文字中寻找启发，回答以下问题：

（1）猫走不走直线要看（　　　）。销售员走不走直线要看（　　　）。

　　A鱼　　B老鼠　　C腊肉　　D商家　　E顾客　　F导购

（2）你卖一个品牌的免检木质衣柜，顾客伸头进去一闻：味道怎么这么大呀？这位顾客比较强调环保，你该如何回答？（翻转课堂）

（3）了解顾客关注点有三条规则：（A）W，望闻问切；（B）H，换位思考；（C）FAB（质材、优点、利益）。你给顾客介绍FAB时的先后顺序是什么？你认为这么讲能不能起到好的效果？为什么？（翻转课堂）

导购警钟08：画蛇添足
从"导购警钟（下）"情景图和以下文字中寻找启发，回答以下问题：

（1）编筐编篓全在（　　　），这口收不好，前面的所有工作都付之东流。

（2）（　　　）是销售追求的目标，每一次成交应该兴奋，每一次成交有一种（　　　），对成交应该有一种崇拜和膜拜。

（3）做销售少说一句话不行，（　　　）也不行，有时候我们多说了不应该说的，少讲了我们应该讲的话，三寸不烂之舌可抵千军万马，这是语言的魅力。

此行提示文字的顺序已打乱，请选择适合的填入上面的空格中：
多说一句；　能量；　成交；　收口

（4）成交的方法YCG法：Y指的是勇敢；C指的是尝试小成交；G指的是干净利落。你是如何理解的？结合实际谈谈如何应用？（翻转课堂）

导购警钟09：缺乏成交策略
从"导购警钟（下）"情景图和以下文字中寻找启发，回答以下问题：

1、世界上有一千把锁就有一千把（　　　），导购是以成交为导向的。

　　A开关　　B锁　　C钥匙　　D密码

2、结合实际阐述导购和销售有哪些异同？（翻转课堂）

3、成交常用的三种方法：（1）步步紧逼法；（2）小狗成交法；（3）签字成交法（订单成交法）。在这三种方法中，哪一种是向犹豫不决的顾客逼单的？《亮剑》当中的李云龙追求小田用的是什么方法？你认为有效果吗？为什么？（翻转课堂）

导购警钟10：不知道、不愿意、不理智
请根据"导购警钟（下）"情景图和本标题的相关文字，回答以下问题：

1、请结合实际阐述导购和服务有什么关联性？（翻转课堂）

2、服务的三重杀手第一是（　　　），第二是（　　　），第三是（　　　）；在服务的三重杀手中，（　　　）和（　　　）是极端行为，（　　　）是常态，服务的概念就是找到常态。

3、做好服务有GDZ法则：G要具备公众的服务意识；D第一时间处理；Z争吵永远没有胜利者。结合实际阐述你们是如何理解的？

学习心得

任务可团队分工完成，也可个人独立完成；可直接写在任务纸上，也可在自行准备的练习本上完成（注明任务名称）。

赢在终端
导购4

提升门店业绩

导购技巧

技巧只是一种工具
唯有爱，才能在顾客心中扎根。

锻造终端精英导购情景图

当顾客冷眼以对时

当顾客优势质疑时

当顾客百般挑剔时

当顾客说无从选择时
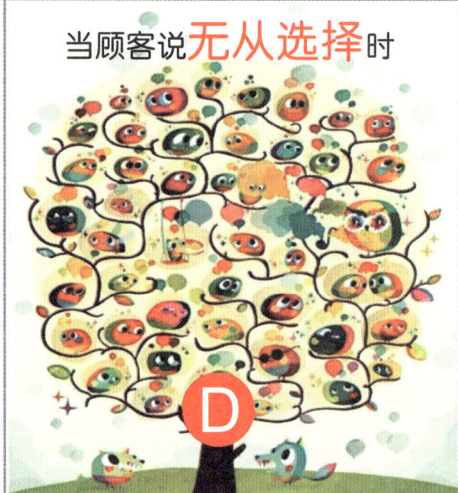

8种顾客状态下的
导购技巧

当顾客进行价格比较时

当顾客提出折扣要求时

当顾客借口推诿时

当顾客说不感兴趣时
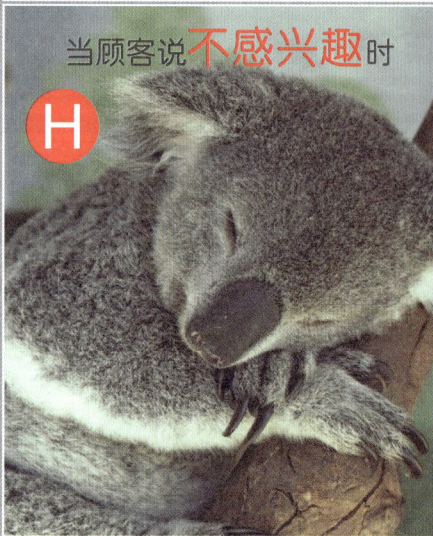

提升门店业绩之
—— 赢在终端导购篇（4）——
导购技巧

翻转课堂

当顾客冷眼以对时
当顾客优势质疑时
当顾客百般挑剔时
当顾客无从选择时
当顾客进行价格比较时
当顾客提出折扣要求时
当顾客借口推诿时
当顾客不感兴趣时

8种顾客状态下的 导购技巧

① 面包店　② 水果店
③ 快餐店　④ 眼镜店
⑤ 便利店　⑥ 服装店

1、为保证"实体企业运营"学习和训练的连贯性，请尽量选择右边的六类门店。

2、"实体企业运营"是一个团队相互协作、相互配合的过程，请尽量采用团队的方式进行训练，每个团队建议5~7人。用于个人学习和训练时，请预先植入这样的观念：一个人可能会走得更快，但一群人（团队）可能会走得更远。

3、翻转课堂时使用的必备工具为：翻转课堂情景图和与之配套的任务纸。完成任务从情景图中找线索，翻转课堂换位思考，提升发现问题和解决问题的能力。老师根据线索和翻转课堂情况探讨式推进，教学相长。

4、"门店导购技巧"设计为4个学时（每学时45分钟），2个学时为一个单位。可4个学时连贯学习，也可分2次，每次2学时。

团队训练时如何选择门店?

方式一：使用大色子或小色子（自行手工制作或购买）

1、分好团队后，每个团队派出一名代表，掷色子决定拟开的门店。1是面包店，2是水果店，3是快餐店，4是眼镜店，5是便利店，6是服装店。不同团队所选项目可以是同一类门店。

2、同一类门店之间有竞争。在同一个商圈内，同一类门店的数量越多，竞争将会越激烈。

温馨提示：团队训练时，使用大色子来选门店，视觉效果和现场效果更好。

方式二：纸条抓阄

1、裁好6张纸条，每张纸条内对应有1~6个数字，折叠好纸条。

2、团队代表上台抽选数字决定门店类型。

3、超过6个团队，打开的纸条可再次折叠，重复使用。

个人学习时如何选择门店?

1、个人学习时，可参考团队训练时抽选门店的方法。使用大色子、小色子或是写好纸条自己抓阄均可。

2、掷到或抓到1是面包店，掷到或抓到2是水果店，掷到或抓到3是快餐店，掷到或抓到4是眼镜店，掷到或抓到5是便利店，掷到或抓到6是服装店。

3、也可以根据个人自身的实际情况，自定目标门店进行情景式模拟训练和学习。

团队训练时的激励工具：卓启币（卓心启业）

编号	姓名	课名：		课名：		课名：		课名：		课名：		小计	
		奖卓启币	扣卓启币	奖卓启币	扣卓启币	奖卓启币	扣卓启币	奖卓启币	扣卓启币	奖卓启币	扣卓启币	奖卓启币	扣卓启币

卓启币（虚拟教学币）使用说明：

1、当次课，成员全部按时到齐的团队获得卓启币奖励资格：团队派代表上台进行翻转课堂分享，翻转课堂表现优秀的上台团队代表获20个卓启币，该团队成员获10个卓启币，登记在此表格上，或另行制作EXCEL表格予以登记。每个团队在2个学时内只拥有一次上台资格。每10个卓启币可获取1分的加分，全部课程结束后进行卓启币累计和加分换算。

2、有成员迟到、早退、旷课的团队取消当次课上台分享资格，以2个学时为一次课计，当次课，该团队迟到成员扣10个卓启币；早退成员扣10个卓启币；旷课成员扣30个卓启币。每-10个卓启币减1分，全部课程结束后进行卓启币累计和扣分换算。

关于课堂任务完成情况的判断标准

1、一张翻转课堂情景图配4个学时的对应课堂任务（分为2次，每次2个学时），课堂任务不设标准答案，全部任务由学生根据预设的任务线索在翻转课堂过程和老师互动中完成，即可由团队分工合作书面完成，也可由个人书面完成。课堂任务见对应的任务纸。

2、根据任务的难度和完成的质量、数量、创新性、相关性、匹配程度等，给予具体评分：90-99、80-89、70-79、60-69、50-59、40-49、30-39、0-29。未做任务者计0分。

参考答案

情景图任务的参考答案线索和思路都隐含在情景图和任务纸中，请灵活掌握。线索和思路不是标准答案，仅起到参考和抛砖引玉的作用。

老师备课使用的《授课说明》和课件PPT等非本书必备配套，没有亦不影响使用。

时间TIME：

年 月 日

2学时

锻造终端精英导购情景图

当顾客冷眼以对时 **A**
当顾客 **优势质疑** 时 **B**
当顾客 **百般挑剔** 时 **C**
当顾客说 **无从选择** 时 **D**
8种顾客状态下的 **导购技巧**
当顾客进行 **价格比较** 时 **E**
当顾客提出折扣要求时 **F**
当顾客 **借口推诿** 时 **G**
当顾客 **不感兴趣** 时 **H**

个人姓名：　　　　　　　团队名称：　　　　　　　任务名称：

实到团队成员：

迟到团队成员：

旷课团队成员：　　　　　　　　请假团队成员：

对照"门店导购技巧"情景图，门店的顾客常会表现出8种问题状况，分别是：
1、第一种状况是：（　　　　　　）；2、第二种状况是：（　　　　　　）；
3、第三种状况是：（　　　　　　）；4、第四种状况是：（　　　　　　）；
5、第五种状况是：（　　　　　　）；6、第六种状况是：（　　　　　　）；
7、第七种状况是：（　　　　　　）；8、第八种状况是：（　　　　　　）；
结合实际阐述，这八种状况当中你认为最难解决的哪一个？为什么？（翻转课堂）

一、当顾客"冷言以对"时

1、当顾客说随便看看的时候，运用公式：铺垫+问话+陈述+互动交流。
2、实战策略：站好位，跑好腿，管好嘴。
3、导购心经：天使还是魔鬼操之在你，主动与被动就在一念之间。
请结合实际情况阐述，做为导购，面对顾客时如何应用以上公式和策略？
（翻转课堂+演练）

二、当顾客"优势质疑"时

1、解决方式：认同+缓和氛围+资质证明。
2、实战策略：（1）同理心：我理解您的心情和想法；（2）资质证明。
3、导购心经：一句认同，犹如清风拂面；一纸证明，胜过千言万语。
请结合实际情况阐述，做为导购，面对顾客时如何应用以上方案和策略？（翻转课堂+演练）

三、当顾客"百般挑剔"时

1、百般挑剔的话术：这款产品的设计样式、颜色我都满意，就是觉得这儿不太满意。背后的心理是：（1）不是不喜欢，是背后要和你砍价；（2）真的对这款产品不喜欢。
2、解决公式：反问+解释+教育客户。
3、实战策略：以问代答，搜寻真实想法，化守为攻，教育客户。
4、导购心经：嫌货人才是买货人，客户异议正是需求的出发点。
请结合实际情况阐述，做为导购，面对顾客时如何应用以上公式和策略？（翻转课堂+演练）

四、当顾客"无从选择"时

（顾客话术举例：隔壁那几家也有类似的产品，到底哪家好呢？顾客讲这话的时候，希望你能讲出你的产品和别的产品不同之处。）
1、容易犯错:（1）缺乏自信，丧失自我；（2）专业缺失，难以取信；（3）损人利己，要付利息。
2、解决方案：过渡+询问（你刚才看过哪几家呀）+解释。（例：请问你刚才看到的是哪个牌子呢？这位先生你说得很有道理，很多顾客在之前也是这样认为的。）
3、实战策略：避开锋芒，借势共赢；强化优势，专业取胜。
4、导购心经：自信展示风采，专业赢得荣誉。
请结合实际情况阐述，做为导购，面对顾客时如何应用以上方案和策略？（翻转课堂+演练）

学习心得

任务可团队分工完成，也可个人独立完成；可直接写在任务纸上，也可在自行准备的练习本上完成（注明任务名称）。

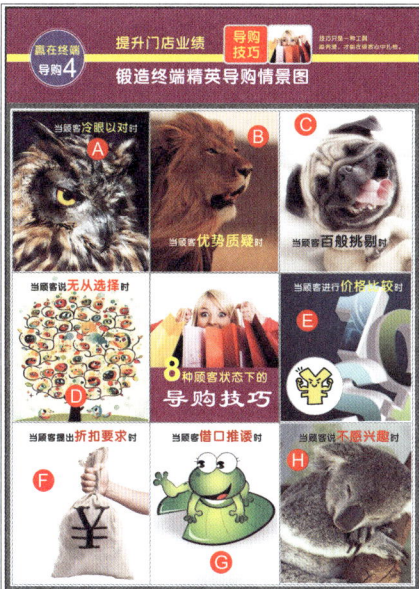

提升门店业绩之 赢在终端导购篇
"门店导购技巧" 情景图任务 **B**

个人姓名：　　　　　团队名称：　　　　　任务名称：

实到团队成员：

迟到团队成员：

旷课团队成员：　　　　　请假团队成员：

"技巧只是一种工具，唯有爱，才能在顾客心中扎根。"你们对这句话是如何理解的？结合实际案例阐述。（翻转课堂）

五、当顾客进行"价格比较"时

（顾客话术举例：**牌子的东西跟你家差不多，但价格比你便宜多了。）
1、容易犯的错误：说辞空洞，缺乏论证；主动踩雷，落入陷阱。
2、解决公式：认同+解释+推进成交
3、实战策略：价值呈现，排除异议；巧妙解答，建立信任。
4、导购心经：将客户对价格的关注转移到对产品本身的关注上来。（由A面转到B面，由左脑转到右脑）
请结合实际情况阐述，做为导购，面对顾客时如何应用以上公式和策略？（翻转课堂+演练）

六、当顾客提出"折扣要求"时

（顾客话术举例：你家东西还行，也来几次了，你再便宜点我就买了），背后的信息：对产品比较认同，想把价格压到最低。
1、容易犯的错误：（1）处理简单，不留余地；对策：要周旋、拉锯、要给自己留余地；（2）消极应对，拿错误当挡箭牌；对策：质量、品牌、服务这些才是挡箭牌，只有你的价值才能反映价格。
2、解决公式：理解+婉转解释+心理补偿
3、实战策略：诚恳告知原因，博得理解；呈现痛苦，暗示价格底线。
4、导购心经：心理补偿，凸现尊贵；婉拒其要求，平和其心态。
请结合实际情况阐述，做为导购，面对顾客时如何应用以上公式和策略？（翻转课堂+演练）

七、当顾客"借口推诿"时

（顾客话术举例：你家产品挺好，下次我带我老公/老婆来，让他/她帮我看看再说吧。）
1、容易犯的错误：轻易放过，丢单风险加大。
2、处理方式：认同+推进+花头（你看我们聊得那么投机，方便留下你的联系方式吗？）
3、实战策略：（1）巧语留客，延长驻店时间；（2）强化价值，占住客户大脑；（3）加深印象，二次光顾。
4、导购心经：不认死理，山不过来我过去。
请结合实际情况阐述，做为导购，面对顾客时如何应用以上方案和策略？（翻转课堂+演练）

八、当顾客借口"未感兴趣"时

（顾客话术举例：你产品还行，不过我再转转、看看。）
1、容易犯的错误：轻易放过，丢单风险加大。
2、处理方式：认同+推进+花头（你看我们聊得那么投机，方便留下你的联系方式吗？）
3、实战策略：（1）巧语留客，延长驻店时间；（2）强化价值，占住客户大脑；（3）加深印象，二次光顾。
4、导购心经：不认死理，山不过来我过去。
请结合实际情况阐述，做为导购，面对顾客时如何应用以上方案和策略？（翻转课堂+演练）

学习心得

任务可团队分工完成，也可个人独立完成；可直接写在任务纸上，也可在自行准备的练习本上完成（注明任务名称）。

我们在销售活动中，大概有 **50**% 以上的顾客识别是错误的。

A

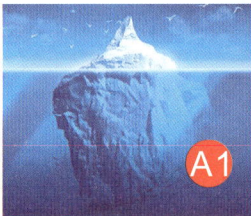 A1
 A2
 A3

顾客为什么会拒绝？

 B1 防卫型
不信任型  B2
无需求型  B3
无帮助型  B4

不急需型  B5

价格反对型  B6
嫌恶感受型 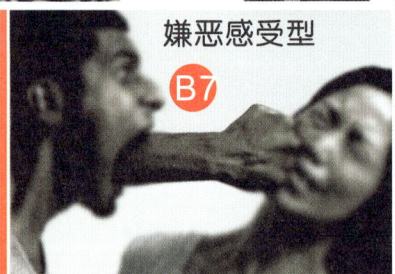 B7

两种不同的销售模式

 C1 效率型
 C2 效能型

顾客如何回避风险？

 BRAND 品牌 D1
 D2 实力
 D3 口碑

 D4 权威证书
 D5 占据制高点
 D6 销售人员的 职业化程度

顾客接洽五式

换位思考  E1
间接说服  E2
学会倾听  E3
用心赞美  E4
投其所好  E5

提升门店业绩之
—— 门店销售管理真经（1）——
销售如何识对人?

翻转课堂

1. 面包店　　2. 水果店

3. 快餐店　　4. 眼镜店

5. 便利店　　6. 服装店

1、为保证"实体企业运营"学习和训练的连贯性，请尽量选择右边的六类门店。

2、"实体企业运营"是一个团队相互协作、相互配合的过程，请尽量采用团队的方式进行训练，每个团队建议5~7人。用于个人学习和训练时，请预先植入这样的观念：一个人可能会走得更快，但一群人（团队）可能会走得更远。

3、翻转课堂时使用的必备工具为：翻转课堂情景图和与之配套的任务纸。完成任务从情景图中找线索，翻转课堂换位思考，提升发现问题和解决问题的能力。老师根据线索和翻转课堂情况探讨式推进，教学相长。

4、"销售如何识对人？"设计为4个学时（每学时45分钟），2个学时为一个单位。可4个学时连贯学习，也可分2次，每次2学时。

团队训练时如何选择门店?

方式一：使用大色子或小色子（自行手工制作或购买）

1、分好团队后，每个团队派出一名代表，掷色子决定拟开的门店。1是面包店，2是水果店，3是快餐店，4是眼镜店，5是便利店，6是服装店。不同团队所选项目可以是同一类门店。

2、同一类门店之间有竞争。在同一个商圈内，同一类门店的数量越多，竞争将会越激烈。

温馨提示： 团队训练时，使用大色子来选门店，视觉效果和现场效果更好。

方式二：纸条抓阄

1、裁好6张纸条，每张纸条内对应有1~6个数字，折叠好纸条。

2、团队代表上台抽选数字决定门店类型。

3、超过6个团队，打开的纸条可再次折叠，重复使用。

个人学习时如何选择门店?

1、个人学习时，可参考团队训练时抽选门店的方法。使用大色子、小色子或是写好纸条自己抓阄均可。

2、掷到或抓到1是面包店，掷到或抓到2是水果店，掷到或抓到3是快餐店，掷到或抓到4是眼镜店，掷到或抓到5是便利店，掷到或抓到6是服装店。

3、也可以根据个人自身的实际情况，自定目标门店进行情景式模拟训练和学习。

团队训练时的激励工具：卓启币（卓心启业）

编号	姓名	课名：		课名：		课名：		课名：		课名：		小计	
		奖卓启币	扣卓启币	奖卓启币	扣卓启币	奖卓启币	扣卓启币	奖卓启币	扣卓启币	奖卓启币	扣卓启币	奖卓启币	扣卓启币

卓启币（虚拟教学币）使用说明：

1、当次课，成员全部按时到齐的团队获得卓启币奖励资格；团队派代表上台进行翻转课堂分享，翻转课堂表现优秀的上台团队代表获20个卓启币，该团队成员获10个卓启币，登记在此表格上，或另行制作EXCEL表格予以登记。每个团队在2个学时内只拥有一次上台资格。每10个卓启币可获取1分的加分，全部课程结束后进行卓启币累计和加分换算。

2、有成员迟到、早退、旷课的团队取消当次课上台分享资格，以2个学时为一次课计，当次课，该团队迟到成员扣10个卓启币；早退成员扣10个卓启币；旷课成员扣30个卓启币。每-10个卓启币减1分，全部课程结束后进行卓启币累计和扣分换算。

关于课堂任务完成情况的判断标准

1、一张翻转课堂情景图配4个学时的对应课堂任务（分为2次，每次2个学时），课堂任务不设标准答案，全部任务由学生根据预设的任务线索在翻转课堂过程和老师互动中完成，即可由团队分工合作书面完成，也可由个人书面完成。课堂任务见对应的任务纸。

2、根据任务的难度和完成的质量、数量、创新性、相关性、匹配程度等，给予具体评分：90-99、80-89、70-79、60-69、50-59、40-49、30-39、0-29。未做任务者计0分。

参考答案

情景图任务的参考答案线索和思路都隐含在情景图和任务纸中，请灵活掌握。线索和思路不是标准答案，仅起到参考和抛砖引玉的作用。

老师备课使用的《授课说明》和课件PPT等非本书必备配套，没有亦不影响使用。

"销售如何识对人？"情景图任务 A

时间TIME:
年 月 日

2学时

个人姓名：　　　　　　团队名称：　　　　　　任务名称：

实到团队成员：

迟到团队成员：

旷课团队成员：　　　　　　　　请假团队成员：

对照"门店销售如何识对人?"情景图A、A1、A2、A3，回答以下问题：

1、我们在销售过程中有 ＿＿＿%以上的顾客识别是错误的。为什么会出现这种情况？（翻转课堂）

2、从人的外表能看出内心是天使还是魔鬼吗?

门店销售看人的反思（翻转课堂）

1、为什么有的人不缺钱，但就是不掏钱?

2、为什么有的人明明是个穷光蛋，但砸锅卖铁都要买某某某手机……

顾客拒绝的反思

1、顾客为什么会拒绝？请结合实际案例阐明不少于7种理由。

2、在你写的顾客拒绝的诸多理由当中，请分别写出排在前3位的拒绝理由，并写明原因。

从顾客拒绝中寻找机会

1、"顾客拒绝不超过5次都不是真的拒绝，超过10次以上都不好意思再拒绝。"你对这句话是如何看待的？请结合实际案例阐述。（翻转课堂）

2、"做销售都是被拒绝出来的，你现在的业绩不好，是因为拒绝你的顾客还不够多。"你对这句话是如何看待的？请结合实际案例阐述。

如何打开顾客的心门

当你出现在顾客面前，顾客"咣当"一下子把心门给关上了，如果你能打开这扇门，你才能登堂入室，你的价值才能够体现。你如何打开顾客心里这扇门？（翻转课堂）

学习心得

任务可团队分工完成，也可个人独立完成；可直接写在任务纸上，也可在自行准备的练习本上完成（注明任务名称）。

个人姓名：　　　　　　团队名称：　　　　　　任务名称：

实到团队成员：

迟到团队成员：

旷课团队成员：　　　　　　请假团队成员：

销售模式探讨

参照"门店销售如何识对人?"情景图C1和C2，回答以下问题：

1、象猎人打猎一样，讲究速度、效率和准确度的是（　　　　　　）；象农夫耕作一样，讲究选种子、选季节、花长时间耕耘，但一到收获季节就是一大片一大片成果的是（　　　　　　）。

A、效能型销售模式　　　　B、效率型销售模式

2、你是倾向于效率型销售还是倾向于效能型销售，为什么？（翻转课堂）

顾客如何回避风险？

参照"门店销售如何识对人?"情景图B1、B2、B3、B4、B5、B6和B7，回答以下问题：

1、请书面阐述不少于6种顾客回避风险的方式。

2、书面描述你作为一名顾客回避风险的亲身案例（翻转课堂）

顾客购物为什么喜欢看品牌？

1、品牌对门店而言是实现高溢价的一种途径，站在商家为什么打造品牌的角度，完成以下填空：

品牌会 _____ ，何必非要用 _____ ；
品牌没 _____ ，低价 _____ 也没劲；
品牌有 _____ ，不用担心做 _____ ；
品牌分 _____ ，容易 _____ 你是谁；
品牌常 _____ ，市场 _____ 莫错过。

> 请将此框内的关于品牌已打乱了的关键词，正确地填写到左边的品牌六十字诀中：机会、假人、传播、竞争、喇叭、个性、灵魂、说话、丑美、记住。

2、"顾客选择品牌是回避购买风险的一种方式，品牌分为自用型品牌和炫耀型品牌。自用型品牌只需要说服自己就行了，无需做给人看，比如你买了盒某某品牌牛奶，你会成天别在腰间说："你看我喝的是某某牛奶吗？"炫耀型品牌则通过高品质、与众不同且难以模仿的制造身份的符号来获得一种满足感，试想你买了一个奢侈品牌的手袋，你会第一时间把LOGO撬掉或磨掉吗？"对这句话你有何看法？请阐述你的观点。（翻转课堂）

顾客如何看你的实力？

"转移成本高的企业和门店容易获得顾客的信任，因为企业和门店的转移成本越高，顾客会认为实力越强；企业和门店的转移成本越低，顾客会认为没有实力，即使购买商品也不会付高的价钱。比如，储户为什么放心把钱存进银行？因为银行转移成本太高了，不是今天在那里，明天就消失了。而街头流动商贩却相反，你买了一个饼吃了肚子痛，再回头找人已经没了，因为转移成本太低了。"对这句话你有何看法？请阐述你的观点。（翻转课堂）

顾客接洽五式

1、请参照"门店销售如何识对人?"情景图E1、E2、E3、E4和E5，请分别写下能让顾客接受你的五种方法。除了五种方法外，你认可有更多的有效方法也可以写下来。

2、在与顾客接洽当中，你认为能让顾客接受你的最有效的方法是什么？请书面描述一个你的亲身经历。（翻转课堂）

学习心得

任务可团队分工完成，也可个人独立完成；可直接写在任务纸上，也可在自行准备的练习本上完成（注明任务名称）。

先弄清楚六个问题

A1 你在卖什么?
青蛙卖泥塘

A2 好处是什么?

A3 卖给谁?

A4 如何卖?

A5 什么人比较容易让顾客接受?

A6 具备什么条件才能卖好?

对的心态和行动是做对事的基础

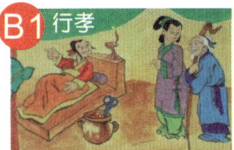
B1 行孝

B2 行善

B3 示爱

B4 感恩

销售人员的3个能力

D1 学习力
D2 行动力
D3 行销力

销售人员的几个重要方面

F1 形象好 多用脑
F2 声音要甜 腰杆要软
F3

F4 多提问 善聆听

F5 多认同 免争辩

F6 多微笑 人缘好

销售人员的3厚

E1
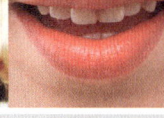
E2
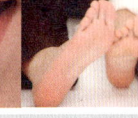
E3

如何将销售做对?

G1 谁是我的顾客?

G2 我的顾客应具备哪些条件

G3 我到底要卖什么?

G4 顾客为什么向我买?

G5 顾客为什么不向我买?

G6 我的顾客会在什么时候、在哪里出现?

G7 我的顾客会在什么时候购买?

G8 我的顾客会在什么时候不买

G9 谁在抢我的顾客?

销售要会 听

事件信息IQ
情绪信息EQ
思维信息SQ

H1 听懂对方说的话

H2 听懂对方想说而又没有说的话

H3 听懂对方想说没有说而要你说的话

H4 听懂对方为什么不愿意说这句话,有时比他/她说什么更重要!

销售要会 问

四种问话模式
1、开放式
2、约束式
3、选择式
4、反问式

J1 问开始
J2 问痛苦
J3 问兴趣
J4 问快乐
J5 问需求
J6 问成交

销售要会 赞人美

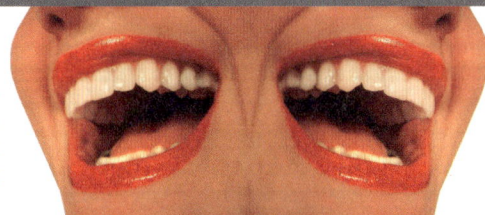

K1 发自内心赞美
K2 赞美人身上的闪光点
K3 赞美一定要具体
K4 学会间接性赞美
K5 运用第三方赞美
K6 赞美一定要及时

经典 赞美人的四句经典的话
1、您真不简单
2、我很欣赏你
3、我很佩服你
4、你很特别

提升门店业绩之
— 门店销售管理真经（2）—
销售如何做对事？

翻转课堂

1、为保证"实体企业运营"学习和训练的连贯性，请尽量选择右边的六类门店。

2、"实体企业运营"是一个团队相互协作、相互配合的过程，请尽量采用团队的方式进行训练，每个团队建议5~7人。用于个人学习和训练时，请预先植入这样的观念：一个人可能会走得更快，但一群人（团队）可能会走得更远。

3、翻转课堂时使用的必备工具为：翻转课堂情景图和与之配套的任务纸。完成任务从情景图中找线索，翻转课堂换位思考，提升发现问题和解决问题的能力。老师根据线索和翻转课堂情况探讨式推进，教学相长。

4、"销售如何做对事？"设计为4个学时（每学时45分钟），2个学时为一个单位。可4个学时连贯学习，也可分2次，每次2学时。

① 面包店　② 水果店　③ 快餐店　④ 眼镜店　⑤ 便利店　⑥ 服装店

团队训练时如何选择门店？

方式一：使用大色子或小色子（自行手工制作或购买）

1、分好团队后，每个团队派出一名代表，掷色子决定拟开的门店。1是面包店，2是水果店，3是快餐店，4是眼镜店，5是便利店，6是服装店。不同团队所选项目可以是同一类门店。

2、同一类门店之间有竞争。在同一个商圈内，同一类门店的数量越多，竞争将会越激烈。

温馨提示：团队训练时，使用大色子来选门店，视觉效果和现场效果更好。

方式二：纸条抓阄

1、裁好6张纸条，每张纸条内对应有1~6个数字，折叠好纸条。

2、团队代表上台抽选数字决定门店类型。

3、超过6个团队，打开的纸条可再次折叠，重复使用。

个人学习时如何选择门店？

1、个人学习时，可参考团队训练时抽选门店的方法。使用大色子、小色子或是写好纸条自己抓阄均可。

2、掷到或抓到1是面包店，掷到或抓到2是水果店，掷到或抓到3是快餐店，掷到或抓到4是眼镜店，掷到或抓到5是便利店，掷到或抓到6是服装店。

3、也可以根据个人自身的实际情况，自定目标门店进行情景式模拟训练和学习。

团队训练时的激励工具：卓启币（卓心启业）

编号	姓名	课名： 奖卓启币	扣卓启币	课名： 奖卓启币	扣卓启币	课名： 奖卓启币	扣卓启币	课名： 奖卓启币	扣卓启币	课名： 奖卓启币	扣卓启币	小计 奖卓启币	扣卓启币

卓启币（虚拟教学币）使用说明：

1、当次课，成员全部按时到齐的团队获得卓启币奖励资格：团队派代表上台进行翻转课堂分享，翻转课堂表现优秀的上台团队代表获20个卓启币，该团队成员获10个卓启币，登记在此表格上，或另行制作EXCEL表格予以登记。每个团队在2个学时内只拥有一次上台资格。每10个卓启币可获取1分的加分，全部课程结束后进行卓启币累计和加分换算。

2、有成员迟到、早退、旷课的团队取消当次课上台分享资格，以2个学时为一次课计，当次课，该团队迟到成员扣10个卓启币；早退成员扣10个卓启币；旷课成员扣30个卓启币。每-10个卓启币减1分，全部课程结束后进行卓启币累计和扣分换算。

关于课堂任务完成情况的判断标准

1、一张翻转课堂情景图配4个学时的对应课堂任务（分为2次，每次2个学时），课堂任务不设标准答案，全部任务由学生根据预设的任务线索在翻转课堂过程和老师互动中完成，即可由团队分工合作书面完成，也可由个人书面完成。课堂任务见对应的任务纸。

2、根据任务的难度和完成的质量、数量、创新性、相关性、匹配程度等，给予具体评分：90-99、80-89、70-79、60-69、50-59、40-49、30-39、0-29。未做任务者计0分。

参考答案

情景图任务的参考答案线索和思路都隐含在情景图和任务纸中，请灵活掌握。线索和思路不是标准答案，仅起到参考和抛砖引玉的作用。

老师备课使用的《授课说明》和课件PPT等非本书必备配套，没有亦不影响使用。

个人姓名：　　　　　团队名称：　　　　　任务名称：

实到团队成员：

迟到团队成员：

旷课团队成员：　　　　　请假团队成员：

根据实际阐述：在门店销售过程中，什么样的销售人员比较容易让顾客接受？（翻转课堂）

门店销售的6个问题（1）

结合抽选的门店项目，回答以下问题：

1、你在卖什么？

2、好处是什么？

3、卖给谁？

门店销售的6个问题（2）

结合抽选的门店项目，回答以下问题：

4、如何卖？

5、什么人比较容易让顾客接受？（如第一个框已回答，此条可以不答）

6、具备什么条件才能卖好？

对的心态和行动是做对事的基础

参照"门店销售如何做对事？"B1、B2、B3、B4，回答以下问题：

1、为什么孝顺的人容易被人接受？

2、"积德无需人见，行善自有天知。日行一善，善有善报。"你对这句话有何看法？

3、"不要羞答答的玫瑰静悄悄地开，心中有爱就要大声说出来，做销售要懂得示爱。"你对这句话是如何理解的？

4、"感恩是一种心灵健康的表现，感恩多了，抱怨就少了。"你对这句话是如何理解的？

销售人员要具备的3个能力

参照"门店销售如何做对事？"D1、D2、D3，回答以下问题：

1、请从"乌龟都学会用滴滴打车了。"这句话阐述销售人员要如何学习？

2、请从"要有想法，更要有做法。"这句话阐述销售人员要如何培养和训练行动力？

3、"行销力是一种结果力，行销没有如果，只有结果和后果。"你对这句话如何理解？

说明：销售和行销没有本质上的区别，销售是正式的名称，台湾地区习惯用"行销"，行销着重的是行动力和结果力。

学习心得

任务可团队分工完成，也可个人独立完成；可直接写在任务纸上，也可在自行准备的练习本上完成（注明任务名称）。

提升门店业绩之 门店销售管理真经

"销售如何做对事？" 情景图任务 B

2学时

个人姓名： 团队名称： 任务名称：

实到团队成员：

迟到团队成员：

旷课团队成员： 请假团队成员：

参照"门店销售如何做对事？"E1、E2、E3，回答以下问题：

1、销售人员应该有哪 **3** 厚？

2、你是如何理解的？（翻转课堂）

销售人员要具备的6个重要方面

参照"门店销售如何识对人？"情景图F1、F2、F3、F4、F5，回答以下问题：

1、销售人员需要具备哪6个重要的方面？

2、你认为以上6个方面中哪一个是最重要的？为什么？

如何将销售做对？

参照"门店销售如何识对人？"情景图G1、G2、G3、G4、G5、G6、G7、G8、G9，回答以下问题：

1、弄清楚了销售人员对自己的"九问"就具备了"将销售做对"的坚实的基础，销售人员对自己的"九问"有哪些？

2、在销售员对自己的"九问"中选出最有共鸣的一个，书面谈谈自己的亲身感受。（翻转课堂）

做销售要会听

从"门店销售如何识对人？"情景图中找线索，回答以下问题：

1、门店销售人员听顾客陈述（　　　　）能看出销售人员的IQ（智商）；
门店销售人员听顾客陈述时的（　　　　）能看出销售人员的EQ（情商）；
门店销售人员听顾客陈述时的（　　　　）能看出销售人员的SQ（灵商）。

2、做销售要会听，主要要会听哪些？结合实际案例阐述你们是如何理解的？（翻转课堂）

做销售要会问、要会赞美人

从"门店销售如何识对人？"情景图中找线索，回答以下问题：

1、销售有哪几种问话模式？销售要会问，主要会问哪些？

2、做销售要会赞美人，赞美人有哪几种方法？

3、赞美人有四句经典的话，是哪四句？

学习心得

任务可团队分工完成，也可个人独立完成；可直接写在任务纸上，也可在自行准备的练习本上完成（注明任务名称）。

A. 哪个能创造更大业绩

围人 / 维人 / 为人

 A1 SALES

 A2 SERVICE

 A3 LOVE

业绩公式

B1 业绩 = 专业知识 × 行动量

B2 业绩 = 购买人数 × 购买金额 × 购买次数

B3 业绩 = 专业知识 × 判断顾客 × 服务顾客频率

B4 如何创造 **超人业绩**

销售员考评指标

C1 销售业绩指标（销售额/销售量/订单数量/新客户开发率/老客户完成率）

C2 销售费用指标

C3 规范化管理类指标

C4 专业知识类指标

C5 客户服务类指标

C6 个人素质类指标

销售士气低落 **8** 大原因

 D1 职业倾向不吻合

 D2 工作标准不合理

 D3 工作评估不到位

 D4 没有工作地位

 D5 对企业缺乏信任

 D7 控制太严

 D6 才与用不匹配

 D8 没有发展空间

激励销售团队的 **8** 大措施

 E1 E2 树立榜样（榜样激励）

 E2 事业激励

 E3 情感激励

 E4 参与管理

 E5 荣誉 表扬与认可

 E6

 E7 分级管理

 E8 物质激励

客户心中永恒不变的 **6** 大问题，如果搞不定这6大问题，接触也都是失败的。

 F1 WHO ARE YOU? 你是谁？

 F2 你要对我讲什么？

 F3 你说的对我有什么好处？

 F4 如何证明你讲的好处？ 见证

 F5 我为什么找你买？

 F6 我为什么现在就买？

G 业绩为什么不好？

? （不相信）

提升门店业绩之
——门店销售管理真经（3）——
销售如何创业绩？

翻转课堂

1、为保证"实体企业运营"学习和训练的连贯性，请尽量选择右边的六类门店。

2、"实体企业运营"是一个团队相互协作、相互配合的过程，请尽量采用团队的方式进行训练，每个团队建议5~7人。用于个人学习和训练时，请预先植入这样的观念：一个人可能会走得更快，但一群人（团队）可能会走得更远。

3、翻转课堂时使用的必备工具为：翻转课堂情景图与之配套的任务纸。完成任务从情景图中找线索，翻转课堂换位思考，提升发现问题和解决问题的能力。老师根据线索和翻转课堂情况探讨式推进，教学相长。

4、"销售如何创业绩？"设计为4个学时（每学时45分钟），2个学时为一个单位。可4个学时连贯学习，也可分2次，每次2学时。

① 面包店

② 水果店

③ 快餐店

④ 眼镜店

⑤ 便利店

⑥ 服装店

团队训练时如何选择门店？

方式一：使用大色子或小色子（自行手工制作或购买）

1、分好团队后，每个团队派出一名代表，掷色子决定拟开的门店。1是面包店，2是水果店，3是快餐店，4是眼镜店，5是便利店，6是服装店。不同团队所选项目可以是同一类门店。

2、同一类门店之间有竞争。在同一个商圈内，同一类门店的数量越多，竞争将会越激烈。

温馨提示：团队训练时，使用大色子来选门店，视觉效果和现场效果更好。

方式二：纸条抓阄

1、裁好6张纸条，每张纸条内对应有1~6个数字，折叠好纸条。

2、团队代表上台抽选数字决定门店类型。

3、超过6个团队，打开的纸条可再次折叠，重复使用。

个人学习时如何选择门店？

1、个人学习时，可参考团队训练时抽选门店的方法。使用大色子、小色子或是写好纸条自己抓阄均可。

2、掷到或抓到1是面包店，掷到或抓到2是水果店，掷到或抓到3是快餐店，掷到或抓到4是眼镜店，掷到或抓到5是便利店，掷到或抓到6是服装店。

3、也可以根据个人自身的实际情况，自定目标门店进行情景式模拟训练和学习。

团队训练时的激励工具：卓启币（卓心启业）

编号	姓名	课名：		课名：		课名：		课名：		课名：		小计	
		奖卓启币	扣卓启币	奖卓启币	扣卓启币	奖卓启币	扣卓启币	奖卓启币	扣卓启币	奖卓启币	扣卓启币	奖卓启币	扣卓启币

卓启币（虚拟教学币）使用说明：

1、当次课，成员全部按时到齐的团队获得卓启币奖励资格：团队派代表上台进行翻转课堂分享，翻转课堂表现优秀的上台团队代表获20个卓启币，该团队成员获10个卓启币，登记在此表格上，或另行制作EXCEL表格予以登记。每个团队在2个学时内只拥有一次上台资格。每10个卓启币可获取1分的加分，全部课程结束后进行卓启币累计和加分换算。

2、有成员迟到、早退、旷课的团队取消当次课上台分享资格，以2个学时为一次课计，当次课，该团队迟到成员扣10个卓启币；早退成员扣10个卓启币；旷课成员扣30个卓启币。每-10个卓启币减1分，全部课程结束后进行卓启币累计和扣分换算。

关于课堂任务完成情况的判断标准

1、一张翻转课堂情景图配4个学时的对应课堂任务（分为2次，每次2个学时），课堂任务不设标准答案，全部任务由学生根据预设的任务线索在翻转课堂过程和老师互动中完成，即可由团队分工合作书面完成，也可由个人书面完成。课堂任务见对应的任务纸。

2、根据任务的难度和完成的质量、数量、创新性、相关性、匹配程度等，给予具体评分：90-99、80-89、70-79、60-69、50-59、40-49、30-39、0-29。未做任务者计0分。

参考答案

情景图任务的参考答案线索和思路都隐含在情景图和任务纸中，请灵活掌握。线索和思路不是标准答案，仅起到参考和抛砖引玉的作用。

老师备课使用的《授课说明》和课件PPT等非本书必备配套，没有亦不影响使用。

个人姓名： 团队名称： 任务名称：

实到团队成员：

迟到团队成员：

旷课团队成员： 请假团队成员：

抽选项目后，对照"门店销售如何创业绩？"情景图A1、A2、A3，回答以下问题：

1、A1代表什么？A2代表什么？A3代表什么？哪个的能量更大能带来更大更长久的业绩？为什么？结合实际分享自己的分享心得和感受。（翻转课堂）

2、把"围人、维人、为人"分别放入以下对应的空格内：
SALES（   ） SERVICE（   ） LOVE（   ）

业绩公式

参照"门店销售如何创业绩？"情景图B1、B2、B3，回答以下问题：

1、业绩 = 专业知识 × 行动量
当专业知识分别是0、50、100，行动量分别是100、50、0的时候，套入业绩公式，结果会有什么变化？为什么？（翻转课堂）

2、参照以上方法，分别将相关数字套入以下公式，看看结果如何？

业绩 = 购买人数 × 购买金额 × 购买次数

业绩 = 专业知识 × 判断顾客准确度 × 服务顾客频率

超人业绩如何创造出来？

参照"门店销售如何创业绩？"情景图B4，回答以下问题：

1、什么是连带销售（简称"连单"）？

2、以下是创造超人业绩的方法，把顺序打乱了，请将数字1、2、3、4按照创造超人业绩的正确步骤顺序填入以下空格：

□ 做大连单　□ 做超特大连单　□ 做连单　□ 做特大连单

3、"同样的公司、同样的产品、同样的老板、同样的薪酬，不同的人去卖，结果有千差万别：有的人卖不动，有些人不够卖"，你对这句话的看法如何？（翻转课堂）

相信的力量

以下是两类销售人员的思维方式，你认为在创造业绩方面，分别会产生什么样的结果？

1、第一类销售人员思维方式：真的能做那么高的业绩？你让我看到我才相信，即使我看到了，谁知道里面有没有什么猫腻呢！

2、第二类销售人员思维方式：我相信。因为相信，所以我做到了。

销售人员考评指标

参照"门店销售如何创业绩？"情景图C1、C2、C3、C4、C5、C6，回答以下问题：

1、销售人员考评指标有哪些？

2、你认为在销售人员考评6大指标中，最重要的考评指标是哪一个？为什么？请结合实际阐述理由。（翻转课堂）

学习心得

任务可团队分工完成，也可个人独立完成；可直接写在任务纸上，也可在自行准备的练习本上完成（注明任务名称）。

个人姓名：　　　　　　团队名称：　　　　　　任务名称：

实到团队成员：

迟到团队成员：

旷课团队成员：　　　　　　请假团队成员：

"士气比武器更重要"这句话运用在门店销售上对创造业绩有什么作用？请结合实际进行阐述。

销售士气为什么低落？

参照"门店销售如何创业绩？"情景图D1、D2、D3、D4、D5、D6、D7、D8，回答以下问题：

1、销售士气低落的8大原因是什么？结合实际案例阐述。（翻转课堂）

3、在造成销售士气低落的8大原因中，你认为影响最大的前3位原因分别是什么？为什么？

如何激励销售士气？

参照"门店销售如何创业绩？"情景图 E1、E2、E3、E4、E5、E6、E7、E8，回答以下问题：

1、激励销售团队的8大措施是什么？结合实际案例阐述。（翻转课堂）

3、在激励销售团队士气的8大措施中，你认为最有效的前3个激励措施分别是什么？为什么？

如何解决顾客心中的6大问题？

参照"门店销售如何创业绩？"情景图F1、F2、F3、F4、F5、F6回答以下问题：

1、在与顾客接触过程中，顾客心中永恒不变的6大问题是什么？

2、只有解决了顾客心中的6大问题，才能大大提高顾客买单率。请结合抽选的门店项目，谈谈你们该如何解决？

业绩治百病

1、"只要门店有良好的业绩，门店管理水平不高也是可以的；没有业绩，门店管理水平再高也是不可持续的"。请结合实际案例，谈谈你对这句话的看法。（翻转课堂）

2、"只关注业绩的企业，员工眼中往往只有利益没有道义"。请结合实际案例谈谈"业绩治百病"这个观点有何利弊？（翻转课堂）

学习心得

任务可团队分工完成，也可个人独立完成；可直接写在任务纸上，也可在自行准备的练习本上完成（注明任务名称）。

A 经营 **3** 件事

A1 卖什么？
产品模式

A2 怎么卖？ 销售模式

A3 怎么算？
利润模式

B 经营与 什么相关？

管理 C **3** 件事

C1 人怎么用？
人？

C2 事怎么做？
事？

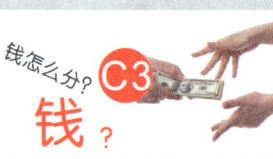

C3 钱怎么分？
钱？

五星级店长经营管理能力

D 什么是能力？

★ 一星级店长需要具备的能力是什么？ ★★ 二星级店长需要具备的能力是什么？ ★★★ 三星级店长需要具备的能力是什么？

★★★★ 四星级店长需要具备的能力是什么？ ★★★★★ 五星级店长需要具备的能力是什么？

五星级店长测试KEY：一星级店长1234题完全做到；二星级店长1-6题完全做到；三星级店长1-11题完全做到；四星级店长1-17题完全做到；五星级店长1-20题完全做到。

D1 店务管理能力
对店员进行排班、出勤考核，对店内设备实施管理。

D2 目标管理能力
对制订门店业绩目标，并对目标进行细化与分派，店员能接受目标管理。

D3 晨会组织能力
能组织召开生动、有感染力、有启发性的晨会，调动店员们的激情。

D4 库存管理能力
能对库存的清理与货品的存放管理提出实操性的建议。

D5 协调沟通能力
通过店长的沟通使店员间相互协作、和谐相处。

D6 员工激励能力
店长能激励不同店员的干劲，使店员在工作中随时保持激情。

D7 店员辅导能力
店长能辅导店员业绩增长，提升店员销售技巧、陈列技巧与VIP管理成果。

D8 客户关系管理
店长带领店员定期为VIP顾客发送信息，提供增值服务，保持VIP顾客与店内的互动。

D9 促销活动组织
店长带领店员实施促销或特卖活动，达成销售目标。

D10 像老板一样思考问题
店长学会抓核心问题，会选址、能开店、懂选人、擅用人，掌握辅导店员业绩成长的能力。

经营是一种变物之道

E1 善变结构者

E2 去 取
善变成分者

E3 善变效能者
人尽其
物尽其
器尽其

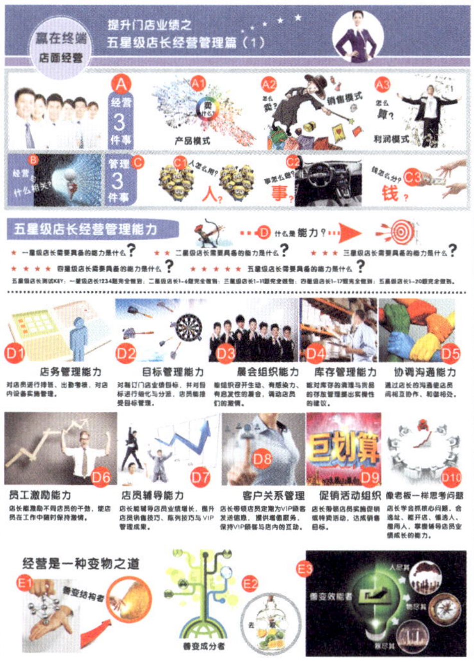

提升门店业绩之 五星级店长经营管理篇（1）

提升门店业绩之
五星级店长经营管理篇（1）
店面经营

翻转课堂

① 面包店

② 水果店

③ 快餐店

④ 眼镜店

⑤ 便利店

⑥ 服装店

1、为保证"实体企业运营"学习和训练的连贯性，请尽量选择右边的六类门店。

2、"实体企业运营"是一个团队相互协作、相互配合的过程，请尽量采用团队的方式进行训练，每个团队建议5-7人。用于个人学习和训练时，请预先植入这样的观念：一个人可能会走得更快，但一群人（团队）可能会走得更远。

3、翻转课堂时使用的必备工具为：翻转课堂情景图和与之配套的任务纸。完成任务从情景图中找线索，翻转课堂换位思考，提升发现问题和解决问题的能力。老师根据线索和翻转课堂情况探讨式推进，教学相长。

4、"店面经营"设计为4个学时（每学时45分钟），2个学时为一个单位。可4个学时连贯学习，也可分2次，每次2学时。

团队训练时如何选择门店？

方式一：使用大色子或小色子（自行手工制作或购买）

1、分好团队后，每个团队派出一名代表，掷色子决定拟开的门店。1是面包店，2是水果店，3是快餐店，4是眼镜店，5是便利店，6是服装店。不同团队所选项目可以是同一类门店。

2、同一类门店之间有竞争。在同一个商圈内，同一类门店的数量越多，竞争将会越激烈。

温馨提示：团队训练时，使用大色子来选门店，视觉效果和现场效果更好。

方式二：纸条抓阄

1、裁好6张纸条，每张纸条内对应有1-6个数字，折叠好纸条。

2、团队代表上台抽选数字决定门店类型。

3、超过6个团队，打开的纸条可再次折叠，重复使用。

个人学习时如何选择门店？

1、个人学习时，可参考团队训练时抽选门店的方法。使用大色子、小色子或是写好纸条自己抓阄均可。

2、掷到或抓到1是面包店，掷到或抓到2是水果店，掷到或抓到3是快餐店，掷到或抓到4是眼镜店，掷到或抓到5是便利店，掷到或抓到6是服装店。

3、也可以根据个人自身的实际情况，自定目标门店进行情景式模拟训练和学习。

团队训练时的激励工具：卓启币（卓心启业）

编号	姓名	课名：		课名：		课名：		课名：		课名：		小计	
		奖卓启币	扣卓启币	奖卓启币	扣卓启币	奖卓启币	扣卓启币	奖卓启币	扣卓启币	奖卓启币	扣卓启币	奖卓启币	扣卓启币

卓启币（虚拟教学币）使用说明：

1、当次课，成员全部按时到齐的团队获得卓启币奖励资格；团队派代表上台进行翻转课堂分享，翻转课堂表现优秀的上台团队代表获20个卓启币，该团队成员获10个卓启币，登记在此表格上，或另行制作EXCEL表格予以登记。每个团队在2个学时内只拥有一次上台资格。每10个卓启币可获取1分的加分，全部课程结束后进行卓启币累计和加分换算。

2、有成员迟到、早退、旷课的团队取消当次课上台分享资格，以2个学时为一次课计，当次课，该团队迟到成员扣10个卓启币；早退成员扣10个卓启币；旷课成员扣30个卓启币。每-10个卓启币减1分，全部课程结束后进行卓启币累计和扣分换算。

关于课堂任务完成情况的判断标准

1、一张翻转课堂情景图配4个学时的对应课堂任务（分为2次，每次2学时），课堂任务不设标准答案，全部任务由学生根据预设的任务线索在翻转课堂过程和老师互动中完成，即可由团队分工合作书面完成，也可由个人书面完成。课堂任务见对应的任务纸。

2、根据任务的难度和完成的质量、数量、创新性、相关性、匹配程度等，给予具体评分：90-99、80-89、70-79、60-69、50-59、40-49、30-39、0-29。未做任务者计0分。

参考答案

情景图任务的参考答案线索和思路都隐含在情景图和任务纸中，请灵活掌握。线索和思路不是标准答案，仅起到参考和抛砖引玉的作用。

老师备课使用的《授课说明》和课件PPT等非本书必备配套，没有亦不影响使用。

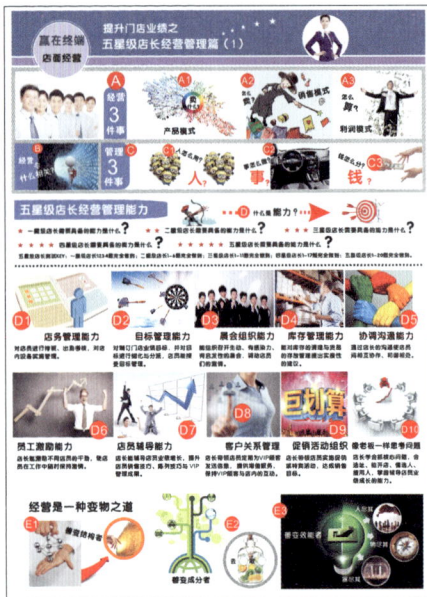

"店面经营" 情景图任务 A

2学时

个人姓名： 团队名称： 任务名称：

实到团队成员：

迟到团队成员：

旷课团队成员： 请假团队成员：

参照"五星级店长经营管理篇（1）店面经营"情景图E1、E2、E3，回答以下问题：

1、经营是一种变物之道：善变结构者，点石成（ ）；善变成分者，去粗取（ ）；善变效能者，人尽其（ ），物尽其（ ），器尽其（ ）。

请将此行打乱了顺序的字正确填入以上空格中：用、精、才、能、金。

2、将上段话填写完整后，结合实际阐述你们的看法。（翻转课堂）

门店经营3件事

参照"五星级店长经营管理篇（1）店面经营"情景图A1、A2、A3，回答以下问题：

1、门店经营必须涉及的3件事是什么？

2、结合实际阐述你对门店经营3件事是如何理解的？（翻转课堂）

门店管理3件事

参照"五星级店长经营管理篇（1）店面经营"情景图C1、C2、C3，回答以下问题：

1、门店管理必须涉及的3件事是什么？

2、结合实际阐述你对门店管理3件事是如何理解的？（翻转课堂）

五星级店长测试 以下我完全能做到的是 _____

不完全能做到的是 _____ 完全做不到的是 _____

01、我能对门店的销售目标制订提出合理建议，并能将目标有效分配与下达。
02、对于店内的业绩下滑，我能和店员们一起分析出原因，有针对性地改进。
03、我能发现店内的安全隐患，杜绝发生安全事故。
04、对于店内的现金管理，我能做到安全与准确。
05、我在召开晨会的时候总是激情四射，能调动大家的积极性。
06、对于店内货品的进货，我能提出合理化的建议。
07、我明白店长就是矛盾的聚集者，所以我会主动协调店员之间的矛盾。
08、在发现店员有情绪问题或工作困惑的时候，我能有意识地与店员进行沟通，帮助他们调整情绪并辅导他们成长。
09、我能做好自我压力缓解，并能自我激励。
10、我能组织店内员工进行头脑风暴，解决店里的问题。
11、我能对自己的职业生涯进行规划，知道自己的下一个职业目标在哪里。
12、我会有计划地在工作中辅导店员的销售技巧、陈列技巧和其他技能。
13、当门店的事宜需要对外接洽时，我总能找到最好的方法对外沟通，有效应对。
14、我能有效地组织店里的促销活动，并推进销售目标的达成。
15、我能对店里的VIP顾客进行有效的管理，并促进店员增加VIP顾客的销售量。
16、我能组织店里的员工派单，能有效地分配派单的位置，培训店员派单技巧。
17、我能组织VIP顾客参加活动，提升VIP顾客的回头率与满意度。
18、我把自己当成店铺的经营者看待，会抓门店的核心问题，并觉得经营是管理的前提。
19、我明白老板更看重的是结果，而非过程。
20、我明白店长就是要主动承担责任的人，所以，如果店内出现任何过失，我会第一个站出来承担责任。

什么是能力？

参照"五星级店长经营管理篇（1）店面经营"情景图D，回答以下问题：

1、"能力就是体现出来能让人看见结果的那个东西。"对这句话你有何看法，请结合实际案例进行阐述。

2、"带领团队实现门店业绩目标是店长的基本能力。"对这句话你有何看法，请结合实际案例进行阐述。（翻转课堂）

学习心得

任务可团队分工完成，也可个人独立完成；可直接写在任务纸上，也可在自行准备的练习本上完成（注明任务名称）。

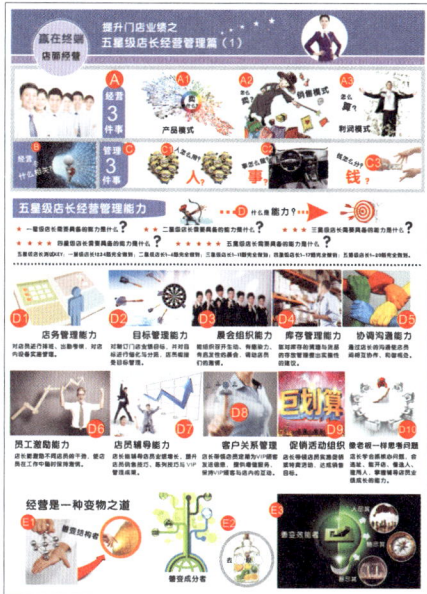

提升门店业绩之 五星级店长经营管理篇（1）

《店面经营》情景图任务 B

时间TIME：
年 月 日

2学时

个人姓名：　　　　　　团队名称：　　　　　　任务名称：

实到团队成员：

迟到团队成员：

旷课团队成员：　　　　　　请假团队成员：

在以下所列举的12项能力中，你评估下自己排前3位的能力分别是什么？请结合实际情况进行阐述。（翻转课堂）

（1）自制力；　（2）工作能力；　（3）情绪控制力；　（4）专注力；（5）行动力；（6）计划能力；
（7）组织能力；（8）时间管理能力；（9）实现目标的能力；（10）灵活性；（11）观察能力；（12）抗压力。

一星级和二星级店长管理能力

参照"五星级店长经营管理篇（1）店面经营"情景图D1、D2、D3、D4，回答以下问题：

1、一星级店长要具备"店务管理能力"和"目标管理能力"，请结合实际案例进行阐述。

2、二星级店长除了要具备"店务管理能力"和"目标管理能力"外，还要具备"晨会组织能力"和"库存管理能力"，请结合实际案例进行阐述。（翻转课堂）

三星级店长管理能力

参照"五星级店长经营管理篇（1）店面经营"情景图 D1、D2、D3、D4、D5、D6，回答以下问题：

三星级店长除了要具备"店务管理能力"、"目标管理能力"、"晨会组织能力"和"库存管理能力"外，还要具备"协调沟通能力"和"员工激励能力"，请结合实际案例进行阐述。（翻转课堂）

四星级店长管理能力

参照"五星级店长经营管理篇（1）店面经营"情景图D1、D2、D3、D4、D5、D6、D7、D8、D9，回答以下问题：

四星级店长除了要具备"店务管理能力"、"目标管理能力"、"晨会组织能力"、"库存管理能力"、"协调沟通能力"和"员工激励能力"外，还要具备"店员辅导能力"、"客户关系管理能力"和"促销活动组织能力"，请结合实际案例进行阐述。

四星级店长管理能力

参照"五星级店长经营管理篇（1）店面经营"情景图 D1、D2、D3、D4、D5、D6、D7、D8、D9、D10，回答以下问题：

四星级店长除了要具备"店务管理能力"、"目标管理能力"、"晨会组织能力"、"库存管理能力"、"协调沟通能力"、"员工激励能力"、"店员辅导能力"、"客户关系管理能力"和"促销活动组织能力"外，还要具备"象老板一样思考的能力"，请结合实际案例进行阐述。（翻转课堂）

学习心得

任务可团队分工完成，也可个人独立完成；可直接写在任务纸上，也可在自行准备的练习本上完成（注明任务名称）。

提升门店业绩之
五星级店长经营管理篇（2）

寺庙的和尚
PK
门店的员工
A

门店
要留什么人？
B

个人目标
PK 组织目标 **C**
潜能

员工流动
2 大指标

C1 主动流失
PK
被动流失 **C2**

留住核心员工基本思维方式与员工
的四种状态

工作满意度

	高	低
大	**D1**	**D3**
小	**D2**	**D4**

环境压力状况

工作满意度 干得开心吗？
干得满意吗？
干得有成就感吗？

比如
待遇非常
好舍不得

环境压力状况

再比如，老板对他恩重如山，
走了了良心受谴责；期权年薪走了不划算等。

E1 为什么"90后"店员这么难管？

E2 "老油条"员工居功自傲，
怎么办？

E4 对职业迷茫型店员该如何引导？

E3 怎么让新店员快速融入团队？

F1
对能力强但态度差的
店员该如何辅导？

F2
对能力差但态度好的
店员该如何辅导？

G2 怎样应对斤斤计较型店员？

对刺头型店员该如何引导？
G1

没有监督一定会出现各种问题。只有在有效监督的前提下，你才能考虑如何重用一个人。

为什么要开销售例会？

H2 批评店员要掌握哪些技巧？

S

表彰先进
群策群力
沟通信息
警示强调
解决问题
培训研讨

10个店长
带10个队伍
有着天壤之别，
有的带多少死多
少，有的带多少
茁壮成长多少。关
键是团队带头人。

销售例会要避免开成：
诉苦会 逼宫会
批斗会 报销会
聊天会 旅游度假讨论会

H1 怎样赞美店员才有效？

提升门店业绩之
五星级店长经营管理篇（2）
店员管理

翻转课堂

1 面包店

2 水果店

3 快餐店

4 眼镜店

5 便利店

6 服装店

1、为保证"实体企业运营"学习和训练的连贯性，请尽量选择右边的六类门店。

2、"实体企业运营"是一个团队相互协作、相互配合的过程，请尽量采用团队的方式进行训练，每个团队建议5~7人。用于个人学习和训练时，请预先植入这样的观念：一个人可能会走得更快，但一群人（团队）可能会走得更远。

3、翻转课堂时使用的必备工具为：翻转课堂情景图与之配套的任务纸。完成任务从情景图中找线索，翻转课堂换位思考，提升发现问题和解决问题的能力。老师根据线索和翻转课堂情况探讨式推进，教学相长。

4、"店员管理"设计为4个学时（每学时45分钟），2个学时为一个单位。可4个学时连贯学习，也可分2次，每次2学时。

团队训练时如何选择门店?

方式一：使用大色子或小色子（自行手工制作或购买）

1、分好团队后，每个团队派出一名代表，掷色子决定拟开的门店。1是面包店，2是水果店，3是快餐店，4是眼镜店，5是便利店，6是服装店。不同团队所选项目可以是同一类门店。

2、同一类门店之间有竞争。在同一个商圈内，同一类门店的数量越多，竞争将会越激烈。

温馨提示：团队训练时，使用大色子来选门店，视觉效果和现场效果更好。

方式二：纸条抓阄

1、裁好6张纸条，每张纸条内对应有1-6个数字，折叠好纸条。

2、团队代表上台抽选数字决定门店类型。

3、超过6个团队，打开的纸条可再次折叠，重复使用。

个人学习时如何选择门店?

1、个人学习时，可参考团队训练时抽选门店的方法。使用大色子、小色子或是写好纸条自己抓阄均可。

2、掷到或抓到1是面包店，掷到或抓到2是水果店，掷到或抓到3是快餐店，掷到或抓到4是眼镜店，掷到或抓到5是便利店，掷到或抓到6是服装店。

3、也可以根据个人自身的实际情况，自定目标门店进行情景式模拟训练和学习。

团队训练时的激励工具：卓启币（卓心启业）

编号	姓名	课名：奖卓启币	扣卓启币	课名：奖卓启币	扣卓启币	课名：奖卓启币	扣卓启币	课名：奖卓启币	扣卓启币	课名：奖卓启币	扣卓启币	小计 奖卓启币	扣卓启币

卓启币（虚拟教学币）使用说明：

1、当次课，成员全部按时到齐的团队获得卓启币奖励资格：团队派代表上台进行翻转课堂分享，翻转课堂表现优秀的上台团队代表获20个卓启币，该团队成员获10个卓启币，登记在此表格上，或另行制作EXCEL表格予以登记。每个团队在2个学时内只拥有一次上台资格。每10个卓启币可获取1分的加分，全部课程结束后进行卓启币累计和加分换算。

2、有成员迟到、早退、旷课的团队取消当次课上台分享资格，以2个学时为一次课计，当次课，该团队迟到成员扣10个卓启币；早退成员扣10个卓启币；旷课成员扣30个卓启币。每-10个卓启币减1分，全部课程结束后进行卓启币累计和扣分换算。

关于课堂任务完成情况的判断标准

1、一张翻转课堂情景图配4个学时的对应课堂任务（分为2次，每次2个学时），课堂任务不设标准答案，全部任务由学生根据预设的任务线索在翻转课堂过程和老师互动中完成，即可由团队分工合作书面完成，也可由个人书面完成。课堂任务见对应的任务纸。

2、根据任务的难度和完成的质量、数量、创新性、相关性、匹配程度等，给予具体评分：90-99、80-89、70-79、60-69、50-59、40-49、30-39、0-29。未做任务者计0分。

参考答案

情景图任务的参考答案线索和思路都隐含在情景图和任务纸中，请灵活掌握。线索和思路不是标准答案，仅起到参考和抛砖引玉的作用。

老师备课使用的《授课说明》和课件PPT等非本书必备配套，没有亦不影响使用。

"店员管理" 情景图任务 A

时间TIME:
年 月 日

2学时

个人姓名：　　　　团队名称：　　　　任务名称：

实到团队成员：

迟到团队成员：

旷课团队成员：　　　　请假团队成员：

你认为现在和以后的门店员工是越来越容易管理，还是越来越难管理？为什么？请结合实际案例进行阐述。（翻转课堂）

80后与90后员工比较（1）

参照"五星级店长经营管理篇（2）店员管理"情景图，回答以下问题：

1、"80后的员工不愿意加班，90后的员工不愿意上班。"你对这句话有何看法？请结合身边的例子予以阐述。（翻转课堂）

2、"80后崇尚上下平等，90后认为天上地下，唯我独尊。"你对这句话有何看法？请结合身边的例子予以阐述。

80后与90后员工比较（2）

参照"五星级店长经营管理篇（2）店员管理"情景图，回答以下问题：

1、"80后能做到一般就认为自己做得很好，90后什么都不会做却认为自己做得最好。"你对这句话有何看法？请结合身边例子予以阐述。

2、"80后找工作，'钱多、事少、离家近'3项当中有1个就可以去了。90后找工作，'钱多、事少、离家近'3项当中通常要有2个或3个全有才去。"你对这句话有何看法？请结合身边的例子予以阐述。

寺庙的和尚与门店的员工

参照"五星级店长经营管理篇（2）店员管理"情景图A，回答以下问题：

1、"千年寺庙易找，百年企业难寻。"你对这句话是如何理解的？请结合实际案例予以阐述。（翻转课堂）

2、"有不走的和尚，却有留不住的员工。"你对这句话是如何理解的？请结合实际案例予以阐述。（翻转课堂）

门店员工的留与失

参照"五星级店长经营管理篇（2）店员管理"情景图B、C、C1、C2，回答以下问题：

1、你经营一家门店要留什么人？如果让你在唐僧、孙悟空、猪八戒、沙僧中选一个，你会选哪个？为什么？（翻转课堂）

2、当门店员工个人目标和组织目标发生矛盾的时候怎么办？

3、员工为什么会流失？主动流失和被动流失哪个对门店经营影响更大？为什么？（翻转课堂）

学习心得

任务可团队分工完成，也可个人独立完成；可直接写在任务纸上，也可在自行准备的练习本上完成（注明任务名称）。

"店员管理" 情景图任务 B

时间TIME：
年　月　日

2学时

个人姓名：　　　　　团队名称：　　　　　任务名称：

实到团队成员：

迟到团队成员：

旷课团队成员：　　　　　请假团队成员：

参照"五星级店长经营管理篇（2）店员管理"情景图 D1、D2、D3、D4，回答以下问题：

1、处于D1条件下的员工是什么样的一个工作状态？　　　3、处于D3条件下的员工是什么样的一个工作状态？

2、处于D2条件下的员工是什么样的一个工作状态？　　　4、处于D4条件下的员工是什么样的一个工作状态？

店长对店员的辅导与管理（1）

参照"五星级店长经营管理篇（2）店员管理"情景图E1-E4，回答以下问题：

1、为什么90后店员这么难管？结合实际进行阐述。

2、"老油条"员工居功自傲，怎么办？结合实际进行阐述。（翻转课堂）

3、怎么让新店员快速融入团队？结合实际进行阐述。（翻转课堂）

4、对职业迷茫型店员该如何引导？

店长对店员的辅导与管理（2）

参照"五星级店长经营管理篇（2）店员管理"情景图G1、G2、F1、F2，回答以下问题：

1、对刺头型店员该如何引导？结合实际进行阐述。（翻转课堂）

2、怎样应对斤斤计较型店员？结合实际进行阐述。（翻转课堂）

3、对能力强但态度差的店员该如何辅导？

4、对能力差但态度好的店员该如何辅导？

对店员的赞美与批评

参照"五星级店长经营管理篇（2）店员管理"情景图H1-H4，回答以下问题：

1、怎样赞美店员才有效？结合实际进行阐述。（翻转课堂）

2、批评店员要掌握哪些技巧？结合实际进行阐述。（翻转课堂）

销售例会

参照"五星级店长经营管理篇（2）店员管理"情景图S，回答以下问题：

1、为什么要开销售例会？

2、开好销售例会和提升业绩有什么关联性？

3、销售例会走样变形的主要表现形式有哪些？

学习心得

任务可团队分工完成，也可个人独立完成；可直接写在任务纸上，也可在自行准备的练习本上完成（注明任务名称）。

A 什么是忠诚客户？

第一类是因为喜欢而逐渐依赖铸就的忠诚。

第二类是，如果我不同你合作，我不买你的东西，我背叛你，我的内心会受到谴责。

每个人的内心有个天平，它会准确地对人际关系进行衡量，他欠了你的就会想方设法在适合的机会用适合的方式去回报，拖的时间越长，会付出更高的利息。所以真正的销售人员，会让客户欠你的，你先给客户提供机会，不断给客户友善，然后慢慢地客户就会对你越来越友善。

B 一次买 PK 一辈子买

C 影响客户关系因素分析

C1 空间距离　C2 交往频率　C3 需求互补　C4 人品　C5 相似性

客户管理是建立在客户资料库的基础上的

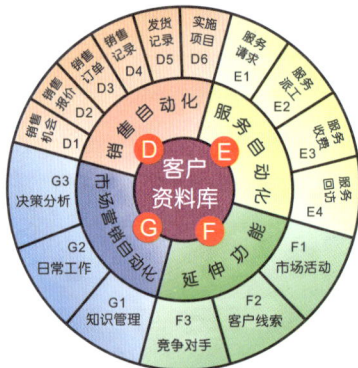

客户资料库

D1 销售机会　D2 销售报价
D3 销售订单　D4 销售记录
D5 发货记录　D6 实施项目

E1 服务请求　E2 服务派工
E3 服务收费　E4 服务回访

F1 决策分析　F2 日常工作　F3 知识管理
G1 竞争对手　G2 客户线索　G3 市场活动

四种客户的分类管理

表达型　　分析型　　支配型　　亲切型

1、对表达型的人一定要注重关系，适当地去做刺激，适当地去做推动。
2、对分析型的人一定要有所准备，一定要准确，不要忽悠他，如果你忽悠了他，你再说一次，他再也不会相信你了。
3、对支配型的人，业务人员最失落，一见面就给问产品优势是什么，为什么要买你的，你们做过哪些客户呀？等等。
4、对亲切型的老好人要培养感情，花足够的时间创造氛围。

客户管理要衡量什么？

客户分类

A 类
B 类
C 类

客户分类

需求度　需求量　购买力　决策权

客户管理结构表
（资源和精力要投在哪？）

顾客类别	数量比例	业绩贡献比例	资源和精力倾斜比例
A 类	10%	70%	?
B 类	20%	20%	?
C 类	70%	10%	?

顾客是上帝吗？

优质的客户是上帝，一定要服务好。

172法则：

前面10%的顾客是上帝，中间70%你要成为他们的上帝，剩下的20%拿10%提升到70%中去，剩下的10%就不要浪费时间了，有的地方是271法则，有的要运用253法则。

262法则　253法则　271法则　172法则

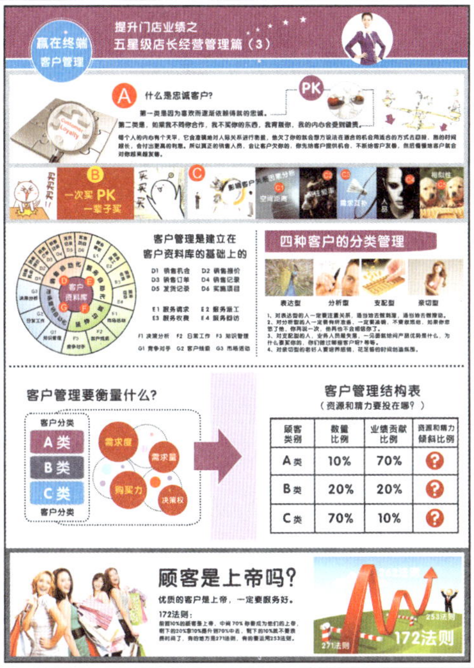

提升门店业绩之
五星级店长经营管理篇（3）
客户管理

翻转课堂

① 面包店　② 水果店
③ 快餐店　④ 眼镜店
⑤ 便利店　⑥ 服装店

1、为保证"实体企业运营"学习和训练的连贯性，请尽量选择右边的六类门店。

2、"实体企业运营"是一个团队相互协作、相互配合的过程，请尽量采用团队的方式进行训练，每个团队建议5~7人。用于个人学习和训练时，请预先植入这样的观念：一个人可能会走得更快，但一群人（团队）可能会走得更远。

3、翻转课堂时使用的必备工具为：翻转课堂情景图和与之配套的任务纸。完成任务从情景图中找线索，翻转课堂换位思考，提升发现问题和解决问题的能力。老师根据线索和翻转课堂情况探讨式推进，教学相长。

4、"客户管理"设计为4个学时（每学时45分钟），2个学时为一个单位。可4个学时连贯学习，也可分2次，每次2学时。

团队训练时如何选择门店？

方式一：使用大色子或小色子（自行手工制作或购买）

1、分好团队后，每个团队派出一名代表，掷色子决定拟开的门店。1是面包店，2是水果店，3是快餐店，4是眼镜店，5是便利店，6是服装店。不同团队所选项目可以是同一类门店。

2、同一类门店之间有竞争。在同一个商圈内，同一类门店的数量越多，竞争将会越激烈。

温馨提示：团队训练时，使用大色子来选门店，视觉效果和现场效果更好。

方式二：纸条抓阄

1、裁好6张纸条，每张纸条内对应有1~6个数字，折叠好纸条。

2、团队代表上台抽选数字定门店类型。

3、超过6个团队，打开的纸条可再次折叠，重复使用。

个人学习时如何选择门店？

1、个人学习时，可参考团队训练时抽选门店的方法。使用大色子、小色子或是写好纸条自己抓阄均可。

2、掷到或抓到1是面包店，掷到或抓到2是水果店，掷到或抓到3是快餐店，掷到或抓到4是眼镜店，掷到或抓到5是便利店，掷到或抓到6是服装店。

3、也可以根据个人自身的实际情况，自定目标门店进行情景式模拟训练和学习。

团队训练时的激励工具：卓启币（卓心启业）

编号	姓名	课名：奖卓启币	扣卓启币	课名：奖卓启币	扣卓启币	课名：奖卓启币	扣卓启币	课名：奖卓启币	扣卓启币	课名：奖卓启币	扣卓启币	小计 奖卓启币	扣卓启币

卓启币（虚拟教学币）使用说明：

1、当次课，成员全部按时到齐的团队获得卓启币奖励资格：团队派代表上台进行翻转课堂分享，翻转课堂表现优秀的上台团队代表获20个卓启币，该团队成员获10个卓启币，登记在此表格上，或另行制作EXCEL表格予以登记。每个团队在2个学时内只拥有一次上台资格。每10个卓启币可获取1分的加分，全部课程结束后进行卓启币累计和加分换算。

2、有成员迟到、早退、旷课的团队取消当次课上台分享资格，以2个学时为一次课计，当次课，该团队迟到成员扣10个卓启币；早退成员扣10个卓启币；旷课成员扣30个卓启币。每-10个卓启币减1分，全部课程结束后进行卓启币累计和扣分换算。

关于课堂任务完成情况的判断标准

1、一张翻转课堂情景图配4个学时的对应课堂任务（分为2次，每次2个学时），课堂任务不设标准答案，全部任务由学生根据预设的任务线索在翻转课堂过程和老师互动中完成，即可由团队分工合作书面完成，也可由个人书面完成。课堂任务见对应的任务纸。

2、根据任务的难度和完成的质量、数量、创新性、相关性、匹配程度等，给予具体评分：90-99、80-89、70-79、60-69、50-59、40-49、30-39、0-29。未做任务者计0分。

参考答案

情景图任务的参考答案线索和思路都隐含在情景图和任务纸中，请灵活掌握。线索和思路不是标准答案，仅起到参考和抛砖引玉的作用。

老师备课使用的《授课说明》和课件PPT等非本书必备配套，没有亦不影响使用。

时间TIME: 年 月 日	2学时

提升门店业绩之 五星级店长经营管理篇（3）
“客户管理”情景图任务 A

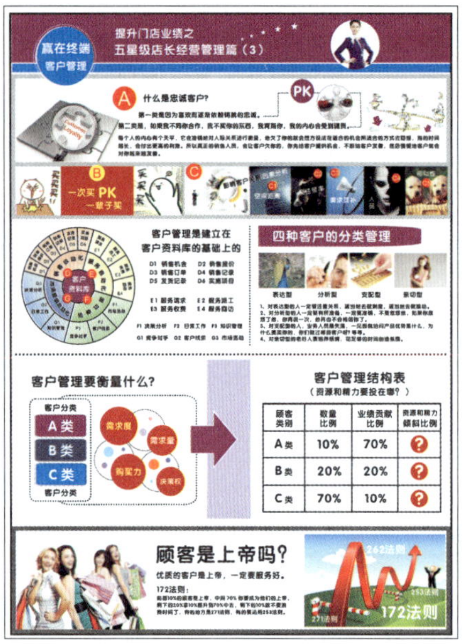

个人姓名： 团队名称： 任务名称：

实到团队成员：

迟到团队成员：

旷课团队成员： 请假团队成员：

参照“五星级店长经营管理篇（3）客户管理”情景图A，回答以下问题：

1、“顾客主要是到门店购物的个体，我们通常把到门店团购的组织叫客户，在门店业绩实现过程中，也有把客户和顾客称呼互换的。”你认同这句话吗？如果不认同，请阐述你的观点。

2、什么是忠诚客户？请结合实际案例阐述你的观点。（翻转课堂）

忠诚客户如何形成？（翻转课堂）

请将提示的相关词组按正确顺序放入到以下倒金字塔中：客户注意并喜欢、客户形成习惯、客户形成偏好、忠诚客户、个性化产品和品牌。

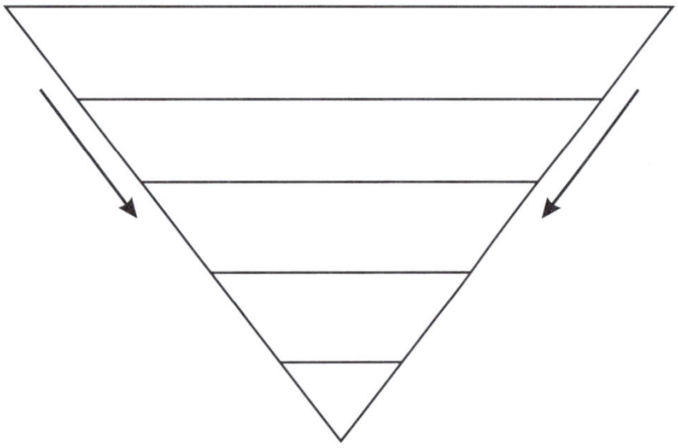

门店犯错越少，竞争力越强。

6个西格玛管理不仅仅用于质量管理，更可以用于客户管理。请根据以下图形结合实际案例回答以下问题：

			不同出错数状态下有哪些门店?
6个西格玛	100万个机会当中只犯3.4个错误	卓越的管理、强大的竞争力、高度忠诚的客户	
5个西格玛	100万个机会当中犯230个错误	优秀的管理、强的竞争力、比较忠诚的客户	
4个西格玛	100万个机会当中犯6210个错误	良好管理、有一定竞争力、忠诚客户开始形成	
3个西格玛	100万个机会当中犯6.68万个错误	平庸的管理、缺少竞争力、没有忠诚客户	
2个西格玛	100万个机会当中犯30.8万个错误	每天做的事有1/3是在浪费资源	
1个西格玛	100万个机会当中犯69万个错误	每天 2/3 时间是在做错事	

一次买与一辈子买（翻转课堂）

参照“五星级店长经营管理篇（3）客户管理”情景图B，回答以下问题：

1、站在顾客角度看“一次买和一辈子买”：结合实际案例阐述。

2、站在商家角度看“顾客一次买和一辈子买”：结合实际案例阐述。

3、顾客和商家想法不一致时怎么办？

客户交往

对照“五星级店长经营管理篇（3）客户管理”情景图 C1－C5，回答以下问题：

1、影响客户交往关系的主要因素有哪些？

2、在影响客户交往因素中，找出一个你认为影响最大的因素结合亲身经历进行详细描述。

学习心得

任务可团队分工完成，也可个人独立完成；可直接写在任务纸上，也可在自行准备的练习本上完成（注明任务名称）。

"客户管理" 情景图任务 B

时间TIME：
年　月　日

2学时

个人姓名：　　　　　　　团队名称：　　　　　　　任务名称：

实到团队成员：

迟到团队成员：

旷课团队成员：　　　　　　　请假团队成员：

对照"五星级店长经营管理篇（3）客户管理"情景图，回答以下问题：

1、有四种类型的客户需要分类管理，分别是（　　　　　　）、（　　　　　　）、
（　　　　　　）和（　　　　　　）。

2、以上四类客户有哪些特征？如何管理才有效？请结合实际案例进行阐述。（翻转课堂）

电脑化、网络化客户管理

参照"五星级店长经营管理篇（3）客户管理"情景图 D、E、F、G，回答以下问题：

1、客户管理是建立在（　　　　　　　　　　）的基础上的。

2、建立有效的客户资料库是为了借助电脑和网络实现（　　　　）、
（　　　　）、（　　　　）、（　　　　）。

3、客户资料库的销售功能有哪些？

4、客户资料库的服务功能有哪些？

5、客户资料库的市场营销功能有哪些？

6、客户资料库的延伸功能有哪些？

客户分类

参照"五星级店长经营管理篇（3）客户管理"情景图，回答以下问题：

1、按客户对门店的贡献大小，可分为（　　　　）、（　　　　）、
（　　　　）三类。

A（付）现（金）大　B（付）现（金）小　C赊（欠）大　D赊（欠）小

2、衡量客户重要程度的四个要素有（　　　　）、（　　　　）、
（　　　　）、（　　　　）。

3、结合实际案例，阐述你对衡量客户重要程度的4个要素有何看法？
（翻转课堂）

不同的客户投入不同资源和精力

参照"五星级店长经营管理篇（3）客户管理"情景图，回答以下问题：

1、对A类客户要倾注的资源和精力比例为（　　　）%。

2、对B类客户要倾注的资源和精力比例为（　　　）%。

3、对C类客户要倾注的资源和精力比例为（　　　）%。

4、"势利是人格的一种缺陷，但却是用于客户管理的一个很重要的方法，叫势利法则。"你对这句话有何看法？请结合实际案例进行阐述。（翻转课堂）

顾客是上帝吗？

参照"五星级店长经营管理篇（3）客户管理"情景图，回答以下问题：

1、对照"优质的顾客才是上帝"和"顾客在中国不是上帝，是准丈母娘，因为她不一定会促成什么，但一定有能力破坏什么"这两句话，结合实际案例阐述你是如何看待"顾客是上帝"的？（翻转课堂）

2、什么是172法则？请尝试用172法则去阐述262法则、253法则和271法则。

学习心得

任务可团队分工完成，也可个人独立完成；可直接写在任务纸上，也可在自行准备的练习本上完成（注明任务名称）。

会员等级

A1 A2 A2 A1 A2 A2 A3 A3 A4

普通会员： 指首次消费、购买能力低下，以及频繁购买特价商品，对门店营业额贡献不大的人群，这类会员只享受会员日的价格优惠。但首次消费可能会成为潜在 VIP，要刺激或激励潜在VIP的消费欲望。

银卡会员： 在门店重复消费、有购买欲望的顾客，此类会员日常购物可享受小幅度折扣，会员日可享受会员折扣。此类顾客也具备潜在 VIP 条件，要增加银卡会员的消费欲望。

金卡会员： 潜在 VIP 顾客，以及习惯性消费人群。此类会员基本上可以定义为"忠实粉丝"要让此类人群看到实惠，从而激励此类人员的潜在消费意识。

钻石卡会员： 对日常营业额贡献较大，对门店信任感较强，并且购买欲较强的顾客。

门店会员从哪里来

在门店潜在顾客中：

B1 3%是最早领先购买的

B2 8%是消费者中的意见领袖

B3 12%是早期购买的

B4 30%是中早期购买，另外30%是中后期购买的。

B5 剩下的17%是你无论怎么说怎么做都不会购买的。

意见领袖舞台

B2 **B2**

门店会员管理

一种通过提供差别化服务和精准营销，获取忠诚客户，长期持续增加门店利润的商业模式。

谁能解决客户的 **D1** 谁就是真正的利润来源者。

C1
建立客户资料库

数据分析 **C3**

C2
会员积分管理

C5 会员储值

C4
余额管理

C6
会员关怀

会员问题的大小主要来自解决问题的：

D2

D3

服务高端会员秘诀

D4

会员管理，是门店顾客忠诚度建设有效工具

会员管理是在通过特别权益维护顾客关系的同时逐步建立会员数据库，通过数据库展开精准的会员立体营销并为品类发展提供规划依据和客类资源。

会员数据库的价值主要通过两个指标来衡量：

E1

E2

数据库的规模即有效会员的数量

数据库的信息维度，即数据库中有多少种有价值的会员信息，可以供我们进行区隔分析和分众营销。

E3

会员开发是为了累积会员建立起会员数据库，以展开立体会员营销稳固顾客关系并增加交易次数。

用系统完整的会员营销来管理数据库

用全面快速的会员开发来建立数据库

会员立体营销

E4

专案管理

权益营销
提高会员权益认同度，增加黏性。

回馈营销
破冰激活，与会员建立或重启关系。

分众营销
挖掘顾客细分需求，促进单品/品类销售。

定期通讯
建立与会员的持续定期沟通，维护关系。

E5
回馈营销

新会员激活
生日祝福
沉睡会员唤醒……

E6
权益营销
会员日营销
感恩回馈换积分

F
真正的客户都是用内心做出来的，很多公司的客户人员做得又温柔又细腻又好又按程序来办事，可就是很难打动人，因为太假，不是发自内心的。

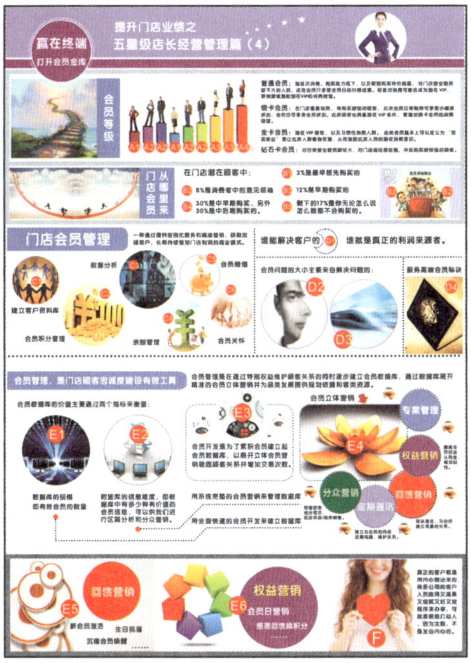

提升门店业绩之
五星级店长经营管理篇（4）
打开会员金库

翻转课堂

① 面包店　　② 水果店
③ 快餐店　　④ 眼镜店
⑤ 便利店　　⑥ 服装店

1、为保证"实体企业运营"学习和训练的连贯性，请尽量选择右边的六类门店。

2、"实体企业运营"是一个团队相互协作、相互配合的过程，请尽量采用团队的方式进行训练，每个团队建议5-7人。用于个人学习和训练时，请预先植入这样的观念：一个人可能会走得更快，但一群人（团队）可能会走得更远。

3、翻转课堂时使用的必备工具为：翻转课堂情景图和与之配套的任务纸。完成任务从情景图中找线索，翻转课堂换位思考，提升发现问题和解决问题的能力。老师根据线索和翻转课堂情况探讨式推进，教学相长。

4、"打开会员金库"设计为4个学时（每学时45分钟），2个学时为一个单位。可4个学时连贯学习，也可分2次，每次2学时。

团队训练时如何选择门店？

方式一：使用大色子或小色子（自行手工制作或购买）

1、分好团队后，每个团队派出一名代表，掷色子决定拟开的门店。1是面包店，2是水果店，3是快餐店，4是眼镜店，5是便利店，6是服装店。不同团队所选项目可以是同一类门店。

2、同一类门店之间有竞争。在同一个商圈内，同一类门店的数量越多，竞争将会越激烈。

温馨提示：团队训练时，使用大色子来选门店，视觉效果和现场效果更好。

方式二：纸条抓阄

1、裁好6张纸条，每张纸条内对应有1-6个数字，折叠好纸条。

2、团队代表上台抽选数字决定门店类型。

3、超过6个团队，打开的纸条可再次折叠，重复使用。

个人学习时如何选择门店？

1、个人学习时，可参考团队训练时抽选门店的方法。使用大色子、小色子或是写好纸条自己抓阄均可。

2、掷到或抓到1是面包店，掷到或抓到2是水果店，掷到或抓到3是快餐店，掷到或抓到4是眼镜店，掷到或抓到5是便利店，掷到或抓到6是服装店。

3、也可以根据个人自身的实际情况，自定目标门店进行情景式模拟训练和学习。

团队训练时的激励工具：卓启币（卓心启业）

编号	姓名	课名：奖卓启币	扣卓启币	课名：奖卓启币	扣卓启币	课名：奖卓启币	扣卓启币	课名：奖卓启币	扣卓启币	课名：奖卓启币	扣卓启币	小计 奖卓启币	扣卓启币

卓启币（虚拟教学币）使用说明：

1、当次课，成员全部按时到齐的团队获得卓启币奖励资格：团队派代表上台进行翻转课堂分享，翻转课堂表现优秀的上台团队代表获20个卓启币，该团队成员获10个卓启币，登记在此表格上，或另行制作EXCEL表格予以登记。每个团队在2个学时内只拥有一次上台资格。每10个卓启币可获取1分的加分，全部课程结束后进行卓启币累计和加分换算。

2、有成员迟到、早退、旷课的团队取消当次课上台分享资格，以2个学时为一次课计，当次课，该团队迟到成员扣10个卓启币；早退成员扣10个卓启币；旷课成员扣30个卓启币。每-10个卓启币减1分，全部课程结束后进行卓启币累计和扣分换算。

关于课堂任务完成情况的判断标准

1、一张翻转课堂情景图配4个学时的对应课堂任务（分为2次，每次2个学时），课堂任务不设标准答案，全部任务由学生根据预设的任务线索在翻转课堂过程和老师互动中完成，即可由团队分工合作书面完成，也可由个人书面完成。课堂任务见对应的任务纸。

2、根据任务的难度和完成的质量、数量、创新性、相关性、匹配程度等，给予具体评分：90-99、80-89、70-79、60-69、50-59、40-49、30-39、0-29。未做任务者计0分。

参考答案

情景图任务的参考答案线索和思路都隐含在情景图和任务纸中，请灵活掌握。线索和思路不是标准答案，仅起到参考和抛砖引玉的作用。

老师备课使用的《授课说明》和课件PPT等非本书必备配套，没有亦不影响使用。

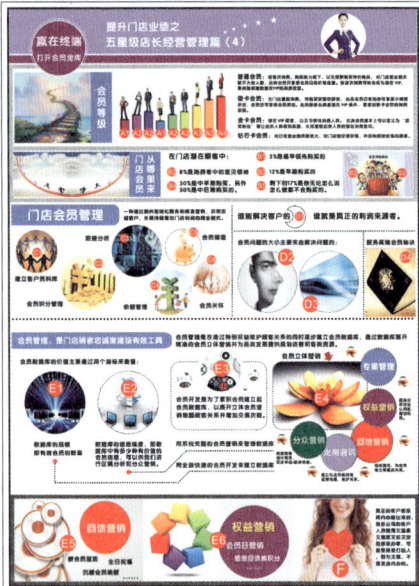

提升门店业绩之 五星级店长经营管理篇（4）

"打开会员金库" 情景图任务 A

个人姓名： 团队名称： 任务名称：

实到团队成员：

迟到团队成员：

旷课团队成员： 请假团队成员：

门店会员分类（1）：参照"五星级店长经营管理篇（4）打开会员金库"情景图A1–A2，回答以下问题：

1、A1属于（ ）会员，请结合实际案例进行该类会员的特点描述：

2、A2属于（ ）会员，请结合实际案例进行该类会员的特点描述：

门店会员分类（2）（翻转课堂）

参照"五星级店长经营管理篇（4）打开会员金库"情景图A3–A4，回答以下问题：

1、A3属于（ ）会员，请结合实际案例进行该类会员的特点描述：

2、A4属于（ ）会员，请结合实际案例进行该类会员的特点描述：

3、钻石卡会员属于VIP卡会员，为什么现在一些大品牌商家不在卡上印制VIP字样？请结合实际进行阐述。

个人办会员卡案例分享

参照"五星级店长经营管理篇（4）打开会员金库"情景图A1–A4，回答以下问题：

1、你办理的是什么行业的门店、什么类型的会员卡？

2、描述你办理会员卡经过或故事。

3、办理会员卡后你有经常使用吗？为什么？

什么人最有可能成为门店会员？（1）

参照"五星级店长经营管理篇（4）打开会员金库"情景图B1–B4，回答以下问题：

1、在B1–B4当中，哪些是有可能成为门店会员的？写出具体的名称，并结合实际案例进行阐述。

2、在B1–B4当中，哪些是可以最早成为门店会员的？写出具体的名称，并结合实际案例进行阐述。（翻转课堂）

什么人最有可能成为门店会员？（2）

参照"五星级店长经营管理篇（4）打开会员金库"情景图B1–B4，回答以下问题：

1、在B1–B4当中，哪些是可以成为A类（现大）会员的？写出具体的名称，并结合实际案例进行阐述。（翻转课堂）

2、在B1–B4当中，哪些是可以成为B类（现小）会员的？写出具体的名称，并结合实际案例进行阐述。

3、什么是意见领袖？

学习心得

任务可团队分工完成，也可个人独立完成；可直接写在任务纸上，也可在自行准备的练习本上完成（注明任务名称）。

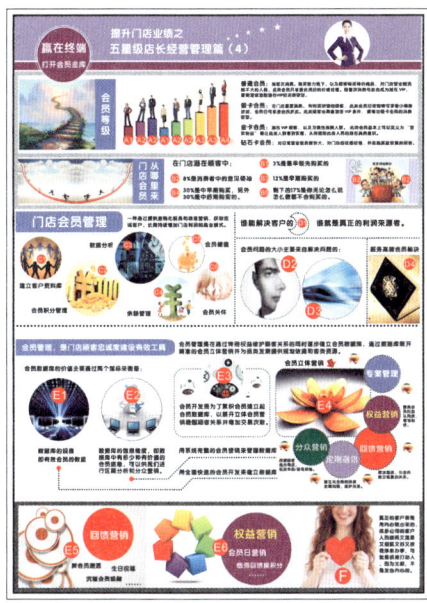

"打开会员金库" 情景图任务 B

个人姓名：　　　　　团队名称：　　　　　任务名称：

实到团队成员：

迟到团队成员：

旷课团队成员：　　　　　请假团队成员：

参照"五星级店长经营管理篇（4）打开会员金库"情景图D1-D4，回答以下问题：

1、谁能解决客户的（　　　　　　），谁就是真正的利润来源获取者。
　A饥渴　　B抱怨　　C想象　　D未来　　E钱袋　　F欲望

2、会员问题的大小来自客服人员解决问题的（　　　　）和（　　　　），
　A当面一套背后一套　　B态度　　C高度　　D速度　　E数量　　F质量

会员管理

对照"五星级店长经营管理篇（4）打开会员金库"情景图E1、E2，回答以下问题：

1、什么是会员管理？

2、会员管理是门店顾客（　　　　　　）建设的有效工具。

3、会员数据库的价值主要通过（　　　　）和（　　　　）两个指标来衡量。你是如何理解的？

4、会员数据库的价值主要通过（　　　　）和（　　　　）两个指标来衡量。你们是如何理解的？（翻转课堂）

客户开发与立体营销（1）

对照"五星级店长经营管理篇（4）打开会员金库"情景图E3、E4，回答以下问题：

1、你是如何理解客户开发的？请讲出一段开发客户案例。（翻转课堂）

2、立体式营销由哪几大部分构成？

3、对立体式营销几大部分的关联性你们是如何理解的？（翻转课堂）

客户开发与立体营销（2）

对照"五星级店长经营管理篇（4）打开会员金库"情景图E3、E4、E5，回答以下问题：

1、会员权益营销是为了提高会员的（　　　　　　），增强粘性。

2、分众营销主要是为了挖掘客户（　　　　　　），促进单品/品类销售。

3、定期通信是为了与会员维持（　　　　　　），维护关系。

4、回馈营销是为了（　　　　　　），与会员建立或重启关系。

5、会员回馈营销有哪几种方式？分享一个回馈营销案例。（翻转课堂）

会员权益营销（翻转课堂）

参照"五星级店长经营管理篇（4）打开会员金库"情景图E6、F，回答以下问题：

1、会员权益营销有哪几种方式？请书面分享一个权益营销案例。

2、"真正的客户都是用内心做出来的，很多公司的客户人员做得又温柔又细腻又好又按程序来办事，可就是很难打动人，因为太假，不是发自内心的"。结合实际案例阐述如何服务高端会员？并提炼出服务高端会员的秘诀。

学习心得

任务可团队分工完成，也可个人独立完成；可直接写在任务纸上，也可在自行准备的练习本上完成（注明任务名称）。

实体经营（三）

实体企业连锁经营

连锁功夫 之 连锁经营基础

连锁功夫 之 特许经营总部篇

《实体经营（三）》实体企业连锁经营　思维导图树

督导方法
督导基本功 — 督导标准
督导权限
督导沟通
呈现方式 — 翻转课堂图 / 课堂任务纸 / 其他教学道具 / PPT（辅助）
督导职责
督导组织结构
知识点
督导定义

特许利润结构设计
特许经营发展途径
如何加盟？
受许人
特许人
特许模式
特许体系基础模型

特许总部治理
"连锁三化"与流程制订
总部职能与战略规划

SMILE 原则
总部目标管理
总部经营与管理
特许总部构建

呈现方式 — 翻转课堂图 / 课堂任务纸 / 其他教学道具 / PPT（辅助）

授课说明 — 标准授课工具

知识点

特许经营（4学时）6

知识点

特许总部"连锁三化"（4学时）7

呈现方式 — 翻转课堂图 / 课堂任务纸 / 其他教学道具 / PPT（辅助）

标准授课工具

授课说明

特许经营总部督导（4学时）8

知识点

标准授课工具

授课说明

呈现方式 — 翻转课堂图 / 课堂任务纸 / 其他教学道具 / PPT（辅助）

翻转课堂图 / 课堂任务纸 / 其他教学道具 / PPT（辅助）

呈现方式 — 翻转课堂图 / 课堂任务纸 / 其他教学道具 / PPT（辅助）

呈现方式

流程与企业文化
流程与管理模式
流程与业绩
流程与系统

流程为王
流程与制度
连锁企业持续发展5要素

知识点

利润家
利润屏障
利润杠杆
利润点
利润源
特许体系
连锁系统
连锁商业模式

知识点

连锁流程为王（4学时）5

标准授课工具　授课说明

连锁商业模式（4学时）4

标准授课工具　授课说明

连锁类型比对
中国连锁发展
连锁做大规模3个路径
大小规模连锁的差异
连锁经营8要素
世界连锁发展四阶段
连锁的产生

执行力七要素
什么是执行力？

个人执行力
团队执行力
执行力打造

知识点

标准授课工具

特许总部执行力（4学时）9

目标构成　PDCA（戴明环）

授课说明

呈现方式 — 翻转课堂图 / 课堂任务纸 / 其他教学道具 / PPT（辅助）

授课说明 — 标准授课工具

知识点

连锁历程与定位（4学时）2

连锁5问 — 量化阶段
规范阶段 — 发展阶段
连锁企业五流 — 生存阶段
市场营销口诀 — 市场营销关系导图

知识点

连锁市场关系（4学时）3

翻转课堂图 / 课堂任务纸 / 其他教学道具 / PPT（辅助） — 呈现方式

《授课说明》 — 标准授课工具

连锁内功心法（4学时）1

知识点 — 呈现方式 — 翻转课堂图 / 课堂任务纸 / 其他教学道具 / PPT（辅助）

什么是连锁？
连锁企业基因
连锁模式复制
连锁核动能如何引爆"钱"能？

连锁类型
连锁核动能理论

标准授课工具　授课说明

实体经营（三）
实体企业连锁经营

36学时　如何以连锁方式发展壮大企业？　**45分钟/学时**

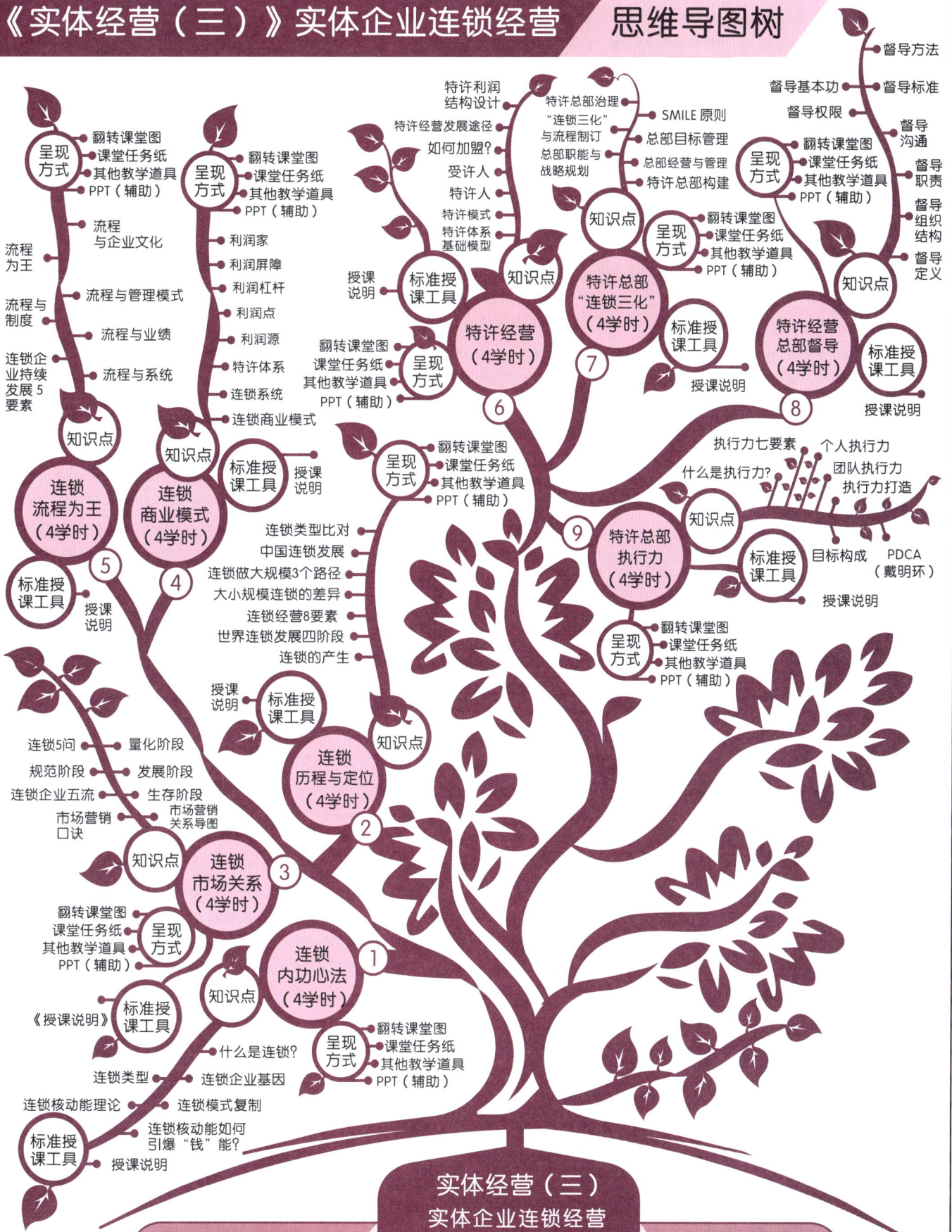

本思维导图供老师授课前备课参考和学生进行实体企业连锁学习前预习使用。4个学时的课程可一次4节课连上，也可分为二次课上（每次2节课）。本思维导图也可用于《实体经营》辅助教学或自学者梳理学习思维使用。

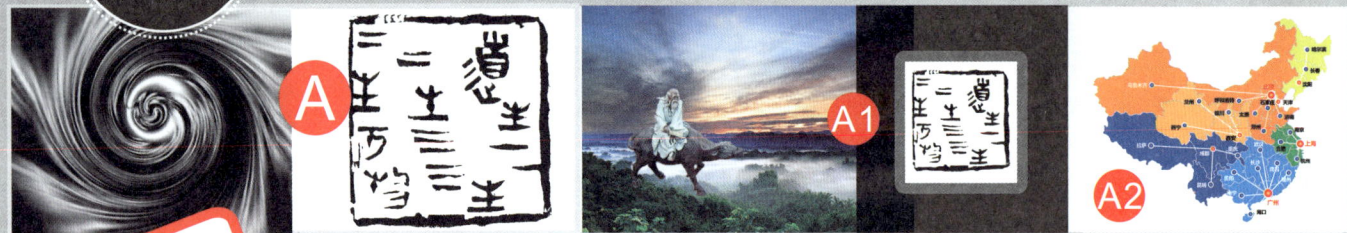

A　A1　A2

什么是连锁？

连 B1 锁

什么？　什么？

B2　B3

形象　管理　技术　文化　培训　专利

特色　品牌　运营　创新　秘方　标准化

传递价值　设置壁垒
设置壁垒　设置壁垒　传递价值

连锁类型有哪些？ C

| 直营连锁? | 特许经营? | 连锁加盟? | 自由连锁? | 产权连锁? | SPAR? | IGA? |

D

目标　结构　流程
梦想　标准　结果　制度
奖罚　战略　检查

成功的连锁企业基因结构

（请按字号大小排列10个环节，以实现连锁企业基因最优组合，入口是梦想，出口是结果。）

E

实体经营 = 单一实体（店）经营 + 连锁实体（店）经营

经营实体通常是指实体经济，公司或经济组织、个人以经营为目的从事制造、加工、运输、贸易、服务、店铺经营等业务且可持续经营的经济实体统称为经营实体。一般可分为法人经营实体和非法人经营实体。

经营实体主要特征有：1. 有符合规定的名称。2. 有固定的经营场所和设施。3. 有相应的管理机构和负责人。4. 有开展经营活动所需要的资金和人员。5. 有符合规定的经营范围。6. 有相应的财产核算制度等。

E1　商业特许经营管理条例　商务部

什么是成功的可复制的连锁模式？ F

G

爱因斯坦能量公式（质能互变公式）

$$E=MC^2$$

当运动速度达到光速时，即使很小的质量也能转换为非常大的能量。

注：相对论确定了光的运动速度是一个常数，即每秒299，792，458米（约每秒30万公里），没有任何物体和信息的速度可以超过光速。

连锁核动能，引爆"钱"能

$$E=M \times C^2$$

Chain 连锁 Competition 核心竞争力

Market 目标市场

Energy 企业核动能

连锁核动能理论创建者：**陈宏**

2005年10月创建《连锁核动能理论》

H

连锁核动能的产生是一个动态的连续不断的过程。从连锁裂变到动能激增，资金在无数个点连成不同面的立体空间里从产生到聚集，在增大基数基础上再产生再聚集、不断循环，资金和能量激增数倍、数十倍数百倍甚至更大，以小搏大，实现质的飞跃。

连锁核动能理论如何引爆"钱"能?

第一步：确定目标市场（适度细分、差异化、连锁资源、资源整合）。

第二步：选择适合的连锁经营模式（见本图）。

第三步：提升连锁企业核心竞争力（连锁企业竞争力包括成本控制力、产品品质力、品牌影响力、团队执行力、文化凝聚力、持续发展力、风险承受力等）。

第四步：连锁核动能，引爆"钱"能（通过连锁裂变、动能激增、以小搏大、质的飞跃等四个环节来实现）。

通常核能的产生必须具备两个条件：一是要有铀或钍等核原料；二是要有一个核反应装置，即核反应堆。当一个企业选准了正确的目标市场，以连锁方式经营并不断提升核心竞争力，那就同时具备了以上两个条件。

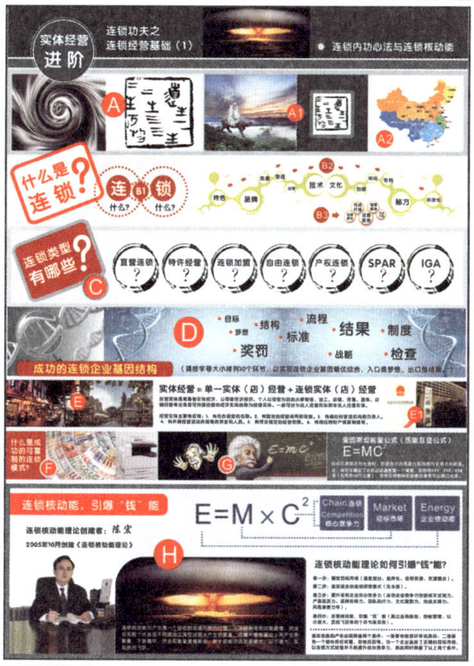

连锁功夫之
—— 连锁经营基础（1）——
连锁内功心法与连锁核动能

翻转课堂

① 面包店	**②** 水果店
③ 快餐店	**④** 眼镜店
⑤ 便利店	**⑥** 服装店

1、为保证"实体企业连锁"学习和训练的连贯性，请尽量选择右边的六类门店。

2、"实体企业连锁"是一个团队相互协作、相互配合的过程，请尽量采用团队的方式进行训练，每个团队建议5~7人。用于个人学习和训练时，请预先植入这样的观念：一个人可能会走得更快，但一群人（团队）可能会走得更远。

3、翻转课堂时使用的必备工具为：翻转课堂情景图和与之配套的任务纸。完成任务从情景图中找线索，翻转课堂换位思考，提升发现问题和解决问题的能力。老师根据线索和翻转课堂情况探讨式推进，教学相长。

4、"连锁内功心法与连锁核动能"设计为4个学时（每学时45分钟），2个学时为一次。可4个学时连贯学习，也可分2次，每次2学时。

团队训练时如何选择门店？

方式一：使用大色子或小色子（自行手工制作或购买）

1、分好团队后，每个团队派出一名代表，掷色子决定拟开的门店。1是面包店，2是水果店，3是快餐店，4是眼镜店，5是便利店，6是服装店。不同团队所选项目可以是同一类门店。

2、同一类门店之间有竞争。在同一个商圈内，同一类门店的数量越多，竞争将会越激烈。

温馨提示：团队训练时，使用大色子来选门店，视觉效果和现场效果更好。

方式二：纸条抓阄

1、裁好6张纸条，每张纸条内对应有1~6个数字，折叠好纸条。

2、团队代表上台抽选数字决定门店类型。

3、超过6个团队，打开的纸条可再次折叠，重复使用。

个人学习时如何选择门店？

1、个人学习时，可参考团队训练时抽选门店的方法。使用大色子、小色子或是写好纸条自己抓阄均可。

2、掷到或抓到1是面包店，掷到或抓到2是水果店，掷到或抓到3是快餐店，掷到或抓到4是眼镜店，掷到或抓到5是便利店，掷到或抓到6是服装店。

3、也可以根据个人自身的实际情况，自定目标门店进行情景式模拟训练和学习。

团队训练时的激励工具：卓启币（卓心启业）

编号	姓名	课名：		课名：		课名：		课名：		课名：		小 计	
		奖卓启币	扣卓启币	奖卓启币	扣卓启币	奖卓启币	扣卓启币	奖卓启币	扣卓启币	奖卓启币	扣卓启币	奖卓启币	扣卓启币

卓启币（虚拟教学币）使用说明：

1、当次课，成员全部按时到齐的团队获得卓启币奖励资格：团队派代表上台进行翻转课堂分享，翻转课堂表现优秀的上台团队代表获20个卓启币，该团队成员获10个卓启币，登记在此表格上，或另行制作EXCEL表格予以登记。每个团队在2个学时内只拥有一次上台资格。每10个卓启币可获取1分的加分，全部课程结束后进行卓启币累计和加分换算。

2、有成员迟到、早退、旷课的团队取消当次课上台分享资格，以2个学时为一次课计，当次课，该团队迟到成员扣10个卓启币；早退成员扣10个卓启币；旷课成员扣30个卓启币。每-10个卓启币减1分，全部课程结束后进行卓启币累计和扣分换算。

关于课堂任务完成情况的判断标准

1、一张翻转课堂情景图配4个学时的对应课堂任务（分为2次，每次2个学时），课堂任务不设标准答案，全部任务由学生根据预设的任务线索在翻转课堂过程和老师互动中完成，即可由团队分工合作书面完成，也可由个人书面完成。课堂任务见对应的任务纸。

2、根据任务的难度和完成的质量、数量、创新性、相关性、匹配程度等，给予具体评分：90-99、80-89、70-79、60-69、50-59、40-49、30-39、0-29。未做任务者计0分。

参考答案

情景图任务的参考答案线索和思路都隐含在情景图和任务纸中，请灵活掌握。线索和思路不是标准答案，仅起到参考和抛砖引玉的作用。

老师备课使用的《授课说明》和课件PPT等非本书必备配套，没有亦不影响使用。

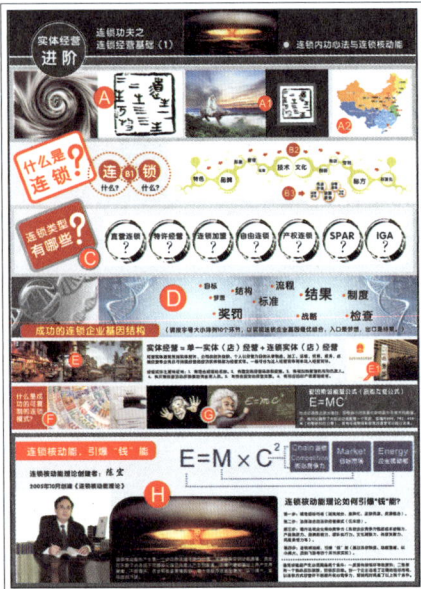

连锁功夫之 连锁经营基础（1）　A
"连锁内功心法与连锁核动能" 情景图任务

2学时

| 个人姓名： | | 团队名称： | | 任务名称： | |

实到团队成员：

迟到团队成员：

旷课团队成员：　　　　　　　　　　请假团队成员：

参照"连锁内功心法与连锁核动能"情景图A1，回答以下问题：

1、情景图A1这个骑牛的老人是谁？他写了本什么书？

2、情景图A1的图描述了什么情景？请结合"紫气东来"的故事予以描述。（翻转课堂）

连锁模式初探

参照"连锁内功心法与连锁核动能"情景图A、A2，回答以下问题：

1、情景图A写了些什么字？请写下来：

2、从情景图A2入手，结合连锁模式阐述：如何将情景堂图A的文字应用在连锁上？（翻转课堂）

什么是连锁？

参照"连锁内功心法与连锁核动能"情景图A、A2，回答以下问题：

1、连就是连（　　　　）、连（　　　　）、连（　　　　）、连（　　　　）、连（　　　　）、连（　　　　）、连（　　　　）、连（　　　　）。

2、连是传递价值还是设置壁垒？（　　　　　　　　　　）。

3、锁就是锁（　　　　　　　）、锁（　　　　　　　）、锁（　　　　）、锁（　　　　　　　）。

4、锁是传递价值还是设置壁垒？（　　　　　　　）。

5、结合连锁概念和实际案例，阐述加盟者如何选择连锁加盟总部？（翻转课堂）

连锁类型

参照"连锁内功心法与连锁核动能"情景图C，回答以下问题：

1、连锁类型主要有：（　　　　　　　）、（　　　　　　　）、（　　　　　　　）、（　　　　　　　）这四种。

2、在以上四种连锁类型中，最常见的两种是：（　　　　　　　）和（　　　　　　　）。

3、世界上两个自由连锁组织一个是（　　　　　），其全球总部在（　　　　　　　），中国总部在（　　　　　　　）；另一个是（　　　　），其全球总部在（　　　　）中国总部在（　　　　）。

自由连锁（Voluntary & Free Chain）。自由连锁也称自愿连锁，它由若干个门店或企业自愿组合起来，在不改变各自资产所有权关系的情况下，以共同进货为纽带开展经营。

美国最大的自愿连锁集团IGA（国际独立零售商联盟）是1926年依美国特拉华州法律成立的，IGA总部在美国芝加哥，IGA中国总部在武汉，并在武汉有国内首家专为零售业培养人才的零售学院。全球最大的超市自愿连锁组织SPAR成立于1932年，全球总部在荷兰的阿姆斯特丹，其中国总部在上海。

成功的连锁企业基因

参照"连锁内功心法与连锁核动能"情景图D，回答以下问题：

1、请对成功的连锁企业基因结构顺序进行排序：
（1）入口是（　　　　　　　）；（2）是（　　　　　　　）；
（3）是（　　　　　　　）；（4）是（　　　　　　　）；
（5）是（　　　　　　　）；（6）是（　　　　　　　）；
（7）是（　　　　　　　）；（8）是（　　　　　　　）；
（9）是（　　　　　　　）；（10）出口是（　　　　　　　）。

2、连锁企业按以上结构进行运营，出口处没有产生良好的预期结果怎么办？（翻转课堂）

3、连锁企业基因结构从10到1，越往上走成本是越高还是越低？（　　　　　　　），在这10个环节中，成本最高的是（　　　　　　　）。

学习心得

任务可团队分工完成，也可个人独立完成；可直接写在任务纸上，也可在自行准备的练习本上完成（注明任务名称）。

连锁功夫之 连锁经营基础（1）
"连锁内功心法与连锁核动能" 情景图任务

B

时间TIME：
年　月　日

2学时

个人姓名：　　　　　团队名称：　　　　　任务名称：

实到团队成员：

迟到团队成员：

旷课团队成员：　　　　　请假团队成员：

参照"连锁内功心法与连锁核动能"情景图C，回答以下问题：

1、特许经营是常见的连锁类型之一，结合实际案例阐述你们对特许经营的理解。

2、你们知道哪些特许经营的品牌？请写出不少于15个特许经营的品牌。

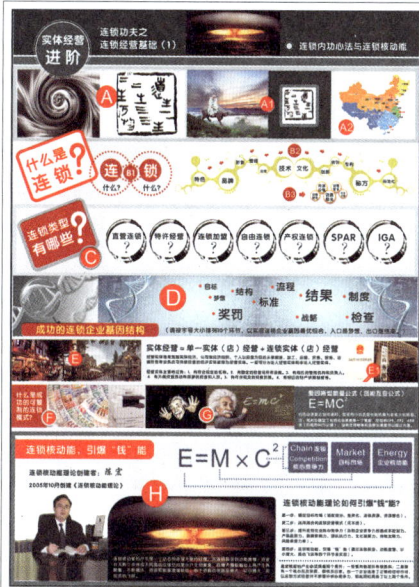

连锁经营与实体经营

参照"连锁内功心法与连锁核动能"情景图E、E1，回答以下问题：

1、什么是实体经营？连锁经营和实体经营那个概念的内涵更大？

2、结合实际案例阐述"做为经营实体要具备哪些特征?"（翻转课堂）

3、情景图E的左图是国内哪个著名旅游区的街景吗？（　　　　　）
　　A 阳朔西街　　B 云南丽江　　C 广州番禺渔人码头　　D 广州西关

4、从图E的右图中有一个全球连锁企业，它的名字叫（　　　　　）

5、特许经营是连锁经营中的一种，《中华人民共和国商业特许经营管理条例》是国家（　　　　　）部于（　）年（　）月（　）日颁布，于（　　）年（　）月（　）日正式实施的。在中国做商业特许经营需要具备的基本条件是：＿＿＿＿＿＿＿＿＿＿＿＿

连锁模式与连锁核动能理论

参照"连锁内功心法与连锁核动能"情景图F、G，回答以下问题：

1、将有效的方法上升到理论高度就是"模式"。请将钞票和复印机结合起来阐述什么是"成功的可复制的连锁模式"？（翻转课堂）

2、情景图G上的这个人是（　　　　　），他一生当中最伟大的成就就是创建和发布了（　　　　　），那一年他（　　　）岁。

3、请写下爱因斯坦的能量公式，并对能量公式做简要的阐述。

3、陈宏老师在爱因斯坦能量公式基础上创建了连锁核动能理论，连锁核动能公式中的E、M和2个C分别指的是什么？请对连锁核动能公式做简要的阐述。

连锁核动能引爆"钱能"（1）

参照"连锁内功心法与连锁核动能"情景图H，回答以下问题：

1、连锁核动能理论引爆"钱"能的第一步是：

连锁目标市场

2、连锁核动能理论引爆"钱"能的第二步是：

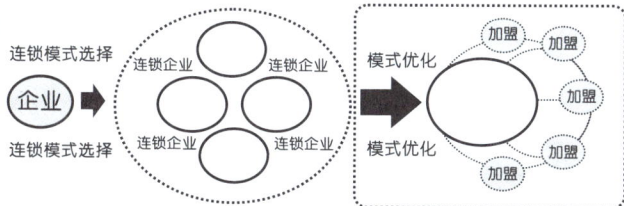

连锁模式选择　　企业　连锁企业　连锁企业　连锁企业　连锁企业　模式优化　加盟　模式优化　加盟

连锁核动能引爆"钱能"（2）

参照"连锁内功心法与连锁核动能"情景图H，回答以下问题：

3、连锁核动能理论引爆"钱"能的第三步是：

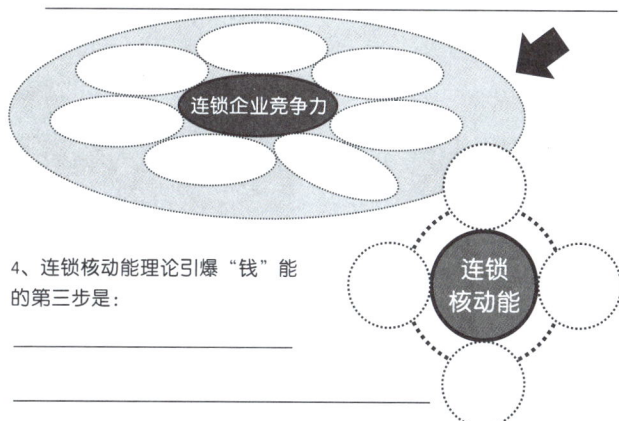

连锁企业竞争力

连锁核动能

4、连锁核动能理论引爆"钱"能的第三步是：
＿＿＿＿＿＿＿＿＿＿＿＿
＿＿＿＿＿＿＿＿＿＿＿＿

学习心得

任务可团队分工完成，也可个人独立完成；可直接写在任务纸上，也可在自行准备的练习本上完成（注明任务名称）。

美国大西洋与太平洋茶叶公司成立于1859年
Great Atlantic Pacific Tea Co., 简称A&P
是美国一家连锁超市和酒类专卖店，总部位于新泽西州蒙特维尔。在1878年，增长扩大到70家门店，到19世纪后期，成为美国第一家百货连锁经营的公司。1930年，它是世界上最大的零售商，销售额为10亿美元，店铺数为16000家。1936年，公司采用自助式超市概念，并在1950年拥有大型商场4000家。该公司是在沃尔玛（成立于1962年，总部位于美国阿肯色州的本顿维尔）之前的最大连锁超市。 **A1**

 **A2**

 **A3**

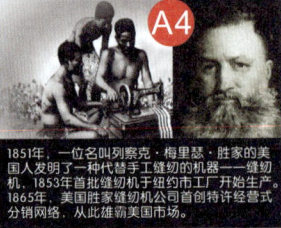
1851年，一位名叫列察克·梅里瑟·胜家的美国人发明了一种代替手工缝纫的机器——缝纫机，1853年首批缝纫机于纽约市工厂开始生产。1865年，美国胜家缝纫机公司首创特许经营式分销网络，从此征服美国市场。 **A4**

 **A5**
道光三年（1823年），山西平遥县商人创办了中国第一家连锁票号：日升昌。

 **A6**
世界连锁发展四个阶段
◉ 第一阶段从诞生到二十世纪20年代
◉ 第二阶段从二十世纪20年代到50年代
◉ 第三阶段从二十世纪50年代到80年代
◉ 第四阶段从二十世纪80年代到现在

 **A7**
1987年11月12日，肯德基在中国大陆餐厅在北京前门繁华地带正式开业。

肯德基创始人：赫兰·山德士上校
1935年，肯塔基州的长官Ruby Laffoon授予赫兰·山德士上校的荣誉。

 **A8**
一九八七年十月八日北京肯德基公司前门展所试营业第一天，第一位顾客排队购买到第一份食品。

 **A9**
截至2016年5月底，肯德基已在超过950个城市和乡镇开设了超过5000家连锁餐厅，遍及中国大陆除西藏以外的所有省、自治区和直辖市，是中国目前规模最大、发展最快的快餐连锁企业。未来，肯德基将以每年不少于500家的数量扩张。

 **B1**
1978年冬，皮尔·卡丹第一次来到中国。

 **B2**
1979年春，皮尔·卡丹举办了中国首会以来第一个国外品牌的时装展示会。1984年8月，首家以商标专卖形式在北京落户的皮尔·卡丹专卖店开业，被视为中国现代连锁经营的开端。

中国本土连锁企业
发展历程 **C1**
◉ 1986年，天津利达集团公司创办了天津利达国际商场，并在国内率先组建连锁店，拉开了我国本土连锁经营的序幕。
◉ 1987年，木兰集团旗下的"沈阳木兰家电连锁"可能是国内最早的家电连锁销售企业（1987年1月1日，国美电器在北京立了第一家以经营各类家用电器为主收不足一百平米的小店，那时还不是连锁店）（苏宁于1989年12月26日创建）。
◉ 1990年，东莞市糖酒集团美佳超市在虎门开设了第一家"美佳食品连锁店"。
◉ 1991年5月，上海联华商业公司成立，成为上海连锁超市的"领头羊"。
◉ 1992年9月，上海华联超市公司成立，第一年门店数量就达到11家。

成功从事连锁经营
8大要素 **C2**
◉ 市场容量　◉ 赢利模式
◉ 经营团队　◉ 连锁模式
◉ 市场地位　◉ 业绩指标
◉ 扩张能力　◉ 控制能力

 **D1**
连锁企业是先做强再做大？
连锁企业是先做大再做强？

连锁企业要做大规模的三个路径
◉ 进入资本市场　◉ 卖给上市公司　◉ 倒闭
排行前10的创业失败原因：
合作伙伴关系破裂；　　资金资源投错了方向；
自己包办所有事情；　　公司扩大过快瓶颈公司；
炫耀性挥霍无度；　　　过度承诺，不可交现；
增长过快战场太宽；　　CEO未能亲自参与销售；
供应商关系管理不善；　搞坏客户关系。 **D2**

连锁企业做行业老大的2个路径：
◉ 规模　◉ 现金流量
一个企业从赚钱部门，是可怕的是赔儿都想赚钱。
如果行业老大在做价格，你也在做价格，你是最难做的，你不要同老大在同一个方向。 **D3**

大规模连锁企业与小规模连锁企业的导向差异 **D4**
追求市场美誉度、职业化管理　　　追求市场认知、家庭式职能管理

E1 连锁企业如何清晰地找到适合自己的 **定位**
◉ 我是谁？
◉ 我给谁服务？
◉ 我所服务的人群最重要的特点是什么？
◉ 我提供哪个环节的服务？满足哪些需求？

E2 连锁企业如何处理资源和机会的关系？

E3 连锁企业如何处理利润率和周转率的关系？

F 直营连锁与特许经营之比较

连锁类型	产权构成	管理模式	经营领域	资金要求	法律关系
?	各连锁店的所有者或控股者只有一个，即连锁企业总部。 单一	总部对分店日常经营管理有决定权，分店完全按总部意志行事。 直接	仅限于商业或服务业。 窄	扩大连锁规模需要足够的资金，其发展易受资金和人员限制。 高	总部和分店之间的关系由公司内部的管理制度进行调整。 弱
?	产权所有者可能是总部（直营店）、加盟店或区域加盟店，也可能是三者的参股组合。 多样	总部不干涉加盟店的日常经营，只能通过支持和督导来间接管理加盟店。 间接	除商业、服务业外，还广泛用于制造业。此外，政府、教育、文化、宗教、民间组织及个人之间都可能产生特许经营关系。 宽	利用他人资源扩大市场占有率，所需要资金较少，有更大的发展空间和更快的发展速度。 较低	在特许经营中，特许人和受许人为合同当事人关系，双方权利和义务在合同条款中均有明确规定。 强

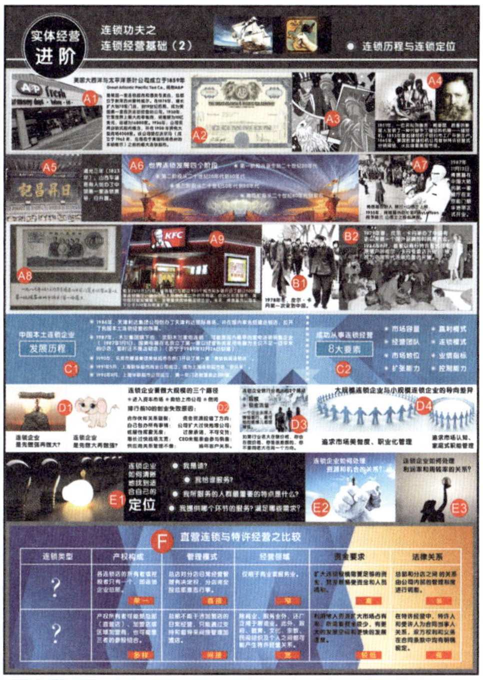

连锁功夫之
—— 连锁经营基础（2）——
连锁历程与连锁定位

翻转课堂

① 面包店
② 水果店
③ 快餐店
④ 眼镜店
⑤ 便利店
⑥ 服装店

1、为保证"实体企业连锁"学习和训练的连贯性，请尽量选择右边的六类门店。

2、"实体企业连锁"是一个团队相互协作、相互配合的过程，请尽量采用团队的方式进行训练，每个团队建议5-7人。用于个人学习和训练时，请预先植入这样的观念：一个人可能会走得更快，但一群人（团队）可能会走得更远。

3、翻转课堂时使用的必备工具为：翻转课堂情景图和与之配套的任务纸。完成任务从情景图中找线索，翻转课堂换位思考，提升发现问题和解决问题的能力。老师根据线索和翻转课堂情况探讨式推进，教学相长。

4、"连锁历程与连锁定位"设计为4个学时（每学时45分钟），2个学时为一次。可4个学时连贯学习，也可分2次，每次2学时。

团队训练时如何选择门店?

方式一：使用大色子或小色子（自行手工制作或购买）

1、分好团队后，每个团队派出一名代表，掷色子决定拟开的门店。1是面包店，2是水果店，3是快餐店，4是眼镜店，5是便利店，6是服装店。不同团队所选项目可以是同一类门店。

2、同一类门店之间有竞争。在同一个商圈内，同一类门店的数量越多，竞争将会越激烈。

温馨提示：团队训练时，使用大色子来选门店，视觉效果和现场效果更好。

方式二：纸条抓阄

1、裁好6张纸条，每张纸条内对应有1-6个数字，折叠好纸条。

2、团队代表上台抽选数字决定门店类型。

3、超过6个团队，打开的纸条可再次折叠，重复使用。

个人学习时如何选择门店?

1、个人学习时，可参考团队训练时抽选门店的方法。使用大色子、小色子或是写好纸条自己抓阄均可。

2、掷到或抓到1是面包店，掷到或抓到2是水果店，掷到或抓到3是快餐店，掷到或抓到4是眼镜店，掷到或抓到5是便利店，掷到或抓到6是服装店。

3、也可以根据个人自身的实际情况，自定目标门店进行情景式模拟训练和学习。

团队训练时的激励工具：卓启币（卓心启业）

编号	姓 名	课名：		课名：		课名：		课名：		课名：		小 计	
		奖卓启币	扣卓启币	奖卓启币	扣卓启币	奖卓启币	扣卓启币	奖卓启币	扣卓启币	奖卓启币	扣卓启币	奖卓启币	扣卓启币

卓启币（虚拟教学币）使用说明：

1、当次课，成员全部按时到齐的团队获得卓启币奖励资格：团队派代表上台进行翻转课堂分享，翻转课堂表现优秀的上台团队代表获20个卓启币，该团队成员获10个卓启币，登记在此表格上，或另行制作EXCEL表格予以登记。每个团队在2个学时内只拥有一次上台资格。每10个卓启币可获取1分的加分，全部课程结束后进行卓启币累计和加分换算。

2、有成员迟到、早退、旷课的团队取消当次课上台分享资格，以2个学时为一次课计，当次课，该团队迟到成员扣10个卓启币；早退成员扣10个卓启币；旷课成员扣30个卓启币。每-10个卓启币减1分，全部课程结束后进行卓启币累计和扣分换算。

关于课堂任务完成情况的判断标准

1、一张翻转课堂情景图配4个学时的对应课堂任务（分为2次，每次2个学时），课堂任务不设标准答案，全部任务由学生根据预设的任务线索在翻转课堂过程和老师互动中完成，即可由团队分工合作书面完成，也可由个人书面完成。课堂任务见对应的任务纸。

2、根据任务的难度和完成的质量、数量、创新性、相关性、匹配程度等，给予具体评分：90-99、80-89、70-79、60-69、50-59、40-49、30-39、0-29。未做任务者计0分。

参考答案

情景图任务的参考答案线索和思路都隐含在情景图和任务纸中，请灵活掌握。线索和思路不是标准答案，仅起到参考和抛砖引玉的作用。

老师备课使用的《授课说明》和课件PPT等非本书必备配套，没有亦不影响使用。

连锁功夫之 连锁经营基础（2） A
"连锁历程与连锁定位" 情景图任务

时间TIME：
年 月 日

2学时

个人姓名： 团队名称： 任务名称：

实到团队成员：

迟到团队成员：

旷课团队成员： 请假团队成员：

连锁经营起源（1）参照"连锁历程与连锁定位"情景图A1，回答以下问题：

1、近代连锁经营产生于（ ）的美国，到现在已有（ ）多年历史。

2、世界上公认的第一家近代连锁企业是（ ），成立于（ ）年，连锁类别为（ ），行业类别为（ ）连锁店标志为（ ），这是当时世界上最初的正规连锁公司。

连锁经营起源（2）

参照"连锁历程与连锁定位"情景图A2、A3、A4，回答以下问题：

1、情景图A2的图片是"美国大西洋与太平洋茶叶公司"证书，"美国大西洋与太平洋茶叶公司"至今仍是世界500强之一，对此，你们连锁企业的生命力有何看法？请结合实际案例进行阐述。（翻转课堂）

2、世界上公认的第一家近代从事特许经营的企业是成立于（ ）年的（ ）。

3、请结合连锁起源（1）（2）阐述，世界上公认第一家直营连锁企业和特许经营企业为什么都诞生在美国？

连锁经营起源（3）

参照"连锁历程与连锁定位"情景图A5-A9，回答以下问题：

1、道光三年（1823年）， 山西平遥县商人创办了中国第一家连锁票号（ ），是中国近代最早的连锁经营雏形，比美国第一家近代连锁企业（ ）早了（ ）年，但为什么得不到世界的公认？ _____

_____

2、世界连锁发展经历了四个阶段：（ ）、（ ）、（ ）、（ ）。

3、结合翻转课堂图A7、A8、A9，阐述肯德基为什么能成为中国跑得最快的"鸡"？（翻转课堂）

中国连锁发展历程（1）

参照"连锁历程与连锁定位"情景图A7、B1、B2，回答以下问题：

1、第一家进入中国的全球连锁餐饮企业是（ ）。

2、情景图B1图片上的这个人的名字叫（ ），他创建的服装品牌叫（ ），是中国改革开放后第一个进入中国的国际品牌。

3、情景图B1描述的是什么场景？你看了有何感想和联想？（翻转课堂）

4、1984年8月，首家以商标特许形式在北京落户的（ ）专卖店开业， 被视为中国现代连锁经营的开端。

中国连锁发展历程（2）

参照"连锁历程与连锁定位"情景图C1，回答以下问题：

1、结合相关案例阐述中国本土连锁企业的发展历程。

2、中国改革开放后的本土连锁企业的发展处于世界连锁发展的哪个阶段？情景图C1中描述的中国改革开放后最早出现的一些本土连锁企业如今还存在的有哪些？

学习心得

任务可团队分工完成，也可个人独立完成；可直接写在任务纸上，也可在自行准备的练习本上完成（注明任务名称）。

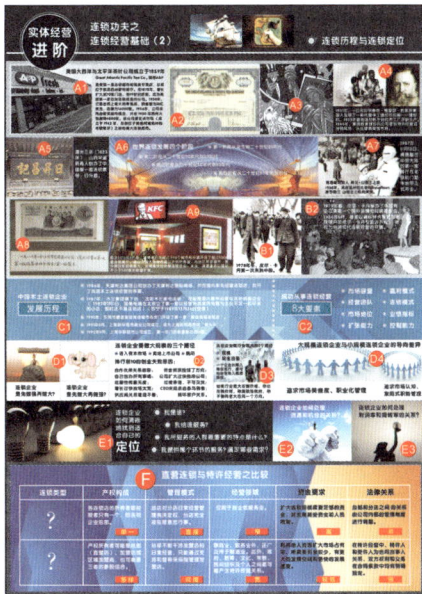

个人姓名：　　　　　团队名称：　　　　　任务名称：

实到团队成员：

迟到团队成员：

旷课团队成员：　　　　　请假团队成员：

连锁经营8大要素 参照"连锁历程与连锁定位"情景图C2、D1，回答以下问题：

1、成功从事连锁经营的8大要素是：（　　　　）、（　　　　）、（　　　　）、
（　　　　）、（　　　　）、（　　　　）、（　　　　）、（　　　　）。

2、结合实际案例阐述阐述连锁企业先做大再做强？还是先做强再做大？（翻转课堂）

连锁做规模的路径和创业失败主要原因

参照"连锁历程与连锁定位"情景图D2，回答以下问题：

1、连锁企业要做大规模有哪三个路径？
（　　　　）、（　　　　）、（　　　　）。

2、创业失败主要有哪10个原因？
（　　　　）、（　　　　）、
（　　　　）、（　　　　）、
（　　　　）、（　　　　）、
（　　　　）、（　　　　）、
（　　　　）、（　　　　）。

3、结合各自团队所选项目阐述：在创业失败的10大原因中，你们最有可能犯的前3个错误是什么？曾经有过什么经验教训？（翻转课堂）

大规模连锁企业与小规模连锁企业

参照"连锁历程与连锁定位"情景图D3、D4，回答以下问题：

1、连锁企业要做行业老大有哪2个路径？（　　　　）、
（　　　　）。

2、"企业从哪赚钱都行，最怕的是哪儿都想赚钱。"结合实际案例阐述你们对这句话有何看法？（翻转课堂）

3、大规模连锁企业和小规模连锁企业有哪些导向差异？
大规模连锁企业（　　　　　　　　　　）
小规模连锁企业（　　　　　　　　　　）

连锁定位模型

参照"连锁历程与连锁定位"情景图E1、E2、E3，回答以下问题：

1、用连锁企业定位的四问模型来给团队所选项目定位：

我是谁？	我给谁服务？
我服务的人群最大的特点是什么？	我提供哪个环节的服务？满足哪些需求？

2、书面阐述一下"连锁企业如何处理资源和机会的关系？"
有资源有机会时：_____　有机会没资源时：_____
有资源没机会时：_____　没资源没机会时：_____

3、连锁企业如何处理利润率和周转率的关系？

直营连锁与特许经营比较

参照"连锁历程与连锁定位"情景图F（阅读理解），回答以下问题：

连锁类型	产权构成	管理模式	经营领域	资金要求	法律关系
特许经营					
直营连锁					

学习心得

任务可团队分工完成，也可个人独立完成；可直接写在任务纸上，也可在自行准备的练习本上完成（注明任务名称）。

连锁企业发展阶段与市场关系确定

连锁企业发展5个阶段

A · A1 · A2 · A3 · A4 · A5

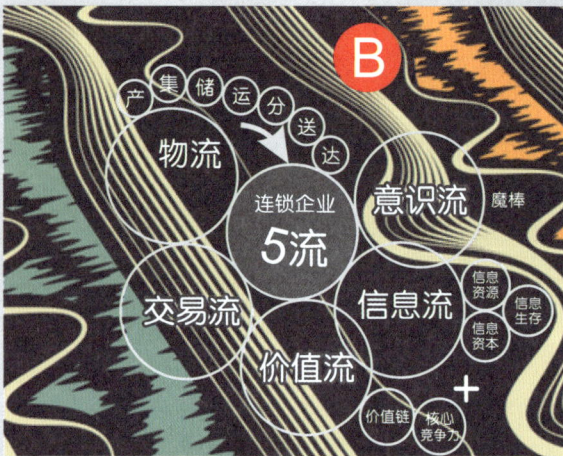

B 连锁企业 5流

物流（产·集·储·运·分·送·达）· 意识流 魔棒 · 交易流 · 信息流（信息资源·信息生存·信息资本）· 价值流 + · 价值链·核心竞争力

市场三家村 营销两重门

出入破玄机 全凭有心人

C 连锁市场关系导图

连锁总部 特许人 — 供 产 服

连锁分店 受许人（加盟店）— 销 卖 · 连锁门店（门店…）

法制·规则·信用·契约·价值链·利益面·利益面·资源

消 买 — 人口·需要·需求·欲望

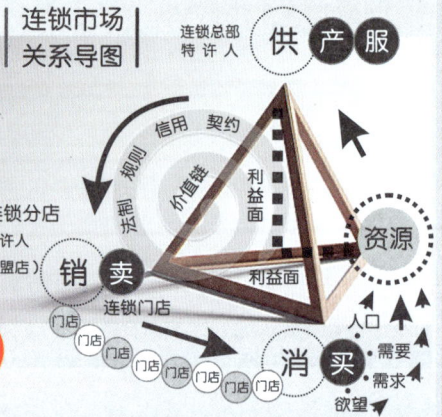

看看你的企业走在 **哪条路上？**

生存 企业在生存阶段是属于原罪的过程，乱一点是可以的，日行一善，每天都有一点变化，每个后面开的店都比前面的店标准化程度高（人为操作要弱，机械化程度要高，如若各怀心思，最靠不住的就是人。越能奉献的人越有价值也越有成就感）。
连锁企业初期采取的大多是业主式做法，以市场为导向，以卖出商品的多少来考量结果。

一个可持续发展的企业要满足：（1）独特而统一的形象；（2）有高管退出机制；（3）建立人才复制系统。
一个可持续发展的连锁企业要有清晰的发展战略、独特的商业模式、有符合企业发展阶段的管理系统或管理结构。 **发展**

连锁企业发展阶段追求的是效率，开始有职能部门，这个时候是以利润为中心的。

规范 连锁企业到了规范阶段，追求的是市场占有率和现金流，企业职能部门越来越细，运营、供应、物流等部门健全而规范。

量化 企业到了量化阶段，开始建立行业标准，开始有直线职能部门，控制系统当中主要是系统管理（通常达到10亿以上规模后），企业这个阶段往往遇到的主要问题是人。规范管理的是以数字为基础的，对关键的决策点及操作流程，以求对事物存在和发展的规模、程度等做出精确的数字描述和科学控制，实行标准化操作的管理模式。

D1 什么是 直线职能制？ 直线制结构+职能制结构：直线制结构保证目标实现，职能制结构有专业分工设置，在直线职能结构下，既有参谋又有集中统一。直线职能制比较适合中型企业，对产业多元化、品种多样化、各有独立市场且市场环境变化较快的大型企业，更适合采用事业部制。

多元化 D2 多元化分为跨界多元化（春兰集团）、非跨界多元化（平安集团）和混合多元化（中粮集团）。多元化阶段的企业同时经营两种以上基本经济用途不同的产品或服务。多元化战略是相对企业专业化经营而言的，其内容包括：产品的多元化、市场的多元化、投资区域的多元化和资本的多元化。多元化是把双刃剑，运用得当能成为超大型企业，运用不当企业经营风险极大。

连锁企业在不同的阶段都缺三样东西 D3

品德·态度·才能·素件 · 人才复制系统

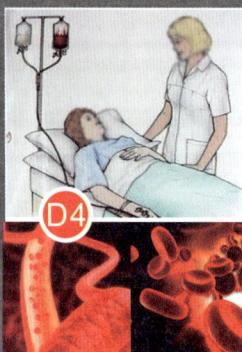

输血 人才复制 造血 **D4**

E 连锁企业新来的人要会什么？就象孩子一样饿的时候会叫会吃饭。连锁企业新来的人要学会操作系统。陈宏老师的儿子浩浩

连锁企业在发展过程中要思考的几个 **问题**

F 我的企业现在处于哪个阶段？
我的企业到底要做多大？
我的企业要做直营还是特许经营？
我的企业所在行业的龙头企业在做什么？
自己的关键资源是什么？市场机会点在哪里？

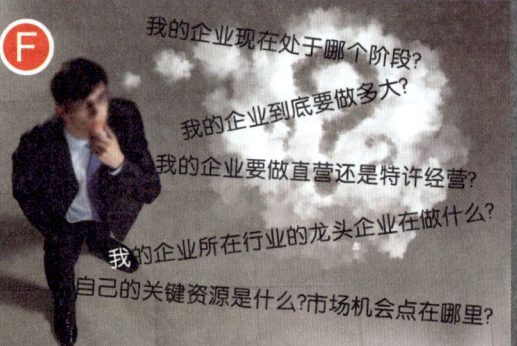

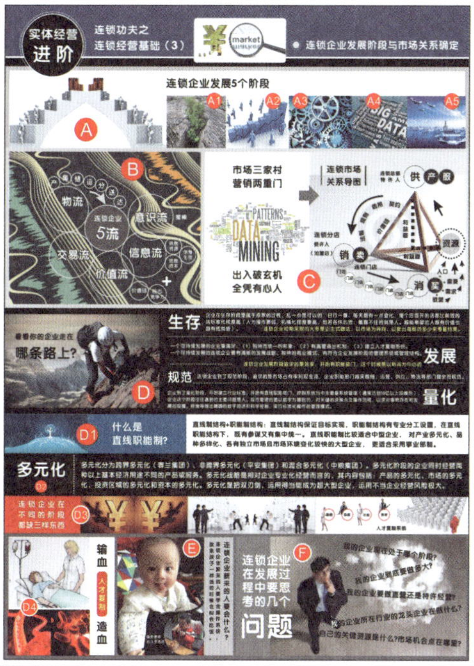

连锁功夫之
连锁经营基础（3）
连锁企业发展阶段与市场关系确定

翻转课堂

① 面包店　② 水果店　③ 快餐店　④ 眼镜店　⑤ 便利店　⑥ 服装店

1、为保证"实体企业连锁"学习和训练的连贯性，请尽量选择右边的六类门店。

2、"实体企业连锁"是一个团队相互协作、相互配合的过程，请尽量采用团队的方式进行训练，每个团队建议5–7人。用于个人学习和训练时，请预先植入这样的观念：一个人可能会走得更快，但一群人（团队）可能会走得更远。

3、翻转课堂时使用的必备工具为：翻转课堂情景图和与之配套的任务纸。完成任务从情景图中找线索，翻转课堂换位思考，提升发现问题和解决问题的能力。老师根据线索和翻转课堂情况探讨式推进，教学相长。

4、"连锁企业发展阶段与市场关系确定"设计为4个学时（每学时45分钟），2个学时为一次。可4个学时连贯学习，也可分2次。

团队训练时如何选择门店？

方式一：使用大色子或小色子（自行手工制作或购买）

1、分好团队后，每个团队派出一名代表，掷色子决定拟开的门店。1是面包店，2是水果店，3是快餐店，4是眼镜店，5是便利店，6是服装店。不同团队所选项目可以是同一类门店。

2、同一类门店之间有竞争。在同一个商圈内，同一类门店的数量越多，竞争将会越激烈。

温馨提示：团队训练时，使用大色子来选门店，视觉效果和现场效果更好。

方式二：纸条抓阄

1、裁好6张纸条，每张纸条内对应有1–6个数字，折叠好纸条。

2、团队代表上台抽选数字决定门店类型。

3、超过6个团队，打开的纸条可再次折叠，重复使用。

个人学习时如何选择门店？

1、个人学习时，可参考团队训练时抽选门店的方法。使用大色子、小色子或是写好纸条自己抓阄均可。

2、掷到或抓到1是面包店，掷到或抓到2是水果店，掷到或抓到3是快餐店，掷到或抓到4是眼镜店，掷到或抓到5是便利店，掷到或抓到6是服装店。

3、也可以根据个人自身的实际情况，自定目标门店进行情景式模拟训练和学习。

团队训练时的激励工具：卓启币（卓心启业）

编号	姓名	课名：		课名：		课名：		课名：		课名：		小计	
		奖卓启币	扣卓启币	奖卓启币	扣卓启币	奖卓启币	扣卓启币	奖卓启币	扣卓启币	奖卓启币	扣卓启币	奖卓启币	扣卓启币

卓启币（虚拟教学币）使用说明：

1、当次课，成员全部按时到齐的团队获得卓启币奖励资格：团队派代表上台进行翻转课堂分享，翻转课堂表现优秀的上台团队代表获20个卓启币，该团队成员获10个卓启币，登记在此表格上，或另行制作EXCEL表格予以登记。每个团队在2个学时内只拥有一次上台资格。每10个卓启币可获取1分的加分，全部课程结束后进行卓启币累计和加分换算。

2、有成员迟到、早退、旷课的团队取消当次课上台分享资格，以2个学时为一次课计，当次课，该团队迟到成员扣10个卓启币；早退成员扣10个卓启币；旷课成员扣30个卓启币。每–10个卓启币减1分，全部课程结束后进行卓启币累计和扣分换算。

关于课堂任务完成情况的判断标准

1、一张翻转课堂情景图配4个学时的对应课堂任务（分为2次，每次2个学时），课堂任务不设标准答案，全部任务由学生根据预设的任务线索在翻转课堂过程和老师互动中完成，即可由团队分工合作书面完成，也可由个人书面完成。课堂任务见对应的任务纸。

2、根据任务的难度和完成的质量、数量、创新性、相关性、匹配程度等，给予具体评分：90–99、80–89、70–79、60–69、50–59、40–49、30–39、0–29。未做任务者计0分。

参考答案

情景图任务的参考答案线索和思路都隐含在情景图和任务纸中，请灵活掌握。线索和思路不是标准答案，仅起到参考和抛砖引玉的作用。

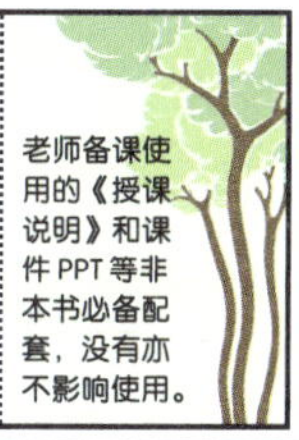

老师备课使用的《授课说明》和课件PPT等非本书必备配套，没有亦不影响使用。

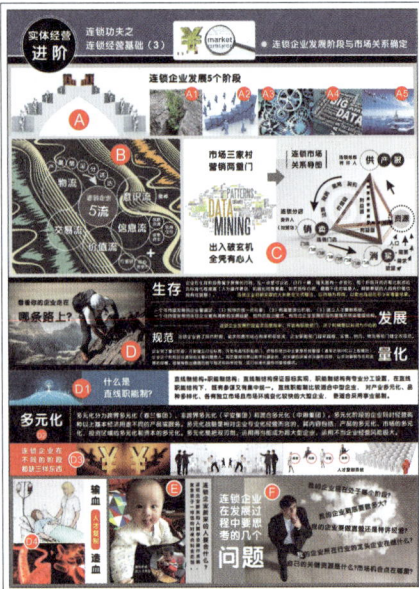

"连锁企业发展阶段与市场关系确定" 情景图任务

个人姓名：　　　　　团队名称：　　　　　任务名称：

实到团队成员：

迟到团队成员：

旷课团队成员：　　　　　请假团队成员：

连锁企业发展阶段（1）

参照"连锁企业发展阶段与市场关系确定"情景图A1-A5、D、D2，回答以下问题：

1、连锁企业发展的五个阶段是什么？

A1（　　　　　　　　　）、A2（　　　　　　　　　）、
A3（　　　　　　　　　）、A4（　　　　　　　　　）、A5（　　　　　　　　　）。

2、自拟2个你知道的连锁企业，阐述一下它们现在处于什么阶段，依据是什么？（翻转课堂）

市场营销关系

参照"连锁企业发展阶段与市场关系确定"情景图C，回答以下问题：

1、在市场营销关系口诀"市场三家村，营销两重门；出入破玄机，全凭有心人"中：

市场三家村指的是（　　　　　　　　　）、
（　　　　　　　　　）、（　　　　　　　　　）；
营销两重门指的是（　　　　　　　　　）、（　　　　　　　　　）。

2、结合实际案例阐述情景图C《连锁市场关系导图》。（翻转课堂）

连锁企业的五流（1）

参照"连锁企业发展阶段与市场关系确定"情景图B，回答以下问题：

1、连锁企业是生存在5流的环境中的，5流指的是：（　　　　　　）、
（　　　　　　　　　）、（　　　　　　　　　）、
（　　　　　　　　　）、（　　　　　　　　　）。

2、连锁企业5流中的物流有七个环节，分别是（　　　）、（　　　）、
（　　　）、（　　　）、（　　　）、（　　　）、（　　　）。

3、请结合实际案例阐述以上物流七个环节之间的关联性？（翻转课堂）

连锁企业的五流（2）

参照"连锁企业发展阶段与市场关系确定"情景图B，回答以下问题：

1、连锁企业5流中的价值流主要包括：
（　　　　　　　　　）、（　　　　　　　　　）。

2、连锁企业5流中的信息流主要包括：
（　　　　　　）、（　　　　　　）、（　　　　　　）。

3、"有连锁意识流才能善用信息流，善用信息流才能形成价值流，价值流推动交易流，交易流持续实现产品、供应商、消费者之间的循环不息。"请结合实际案例阐述你对这个话有何看法？（翻转课堂）

连锁企业发展阶段（1）

参照"连锁企业发展阶段与市场关系确定"情景图D，回答以下问题：

1、结合实际案例，阐述连锁企业处于生存阶段的主要特点是什么？

2、结合实际案例，阐述连锁企业处于发展阶段的主要特点是什么？

学习心得

任务可团队分工完成，也可个人独立完成；可直接写在任务纸上，也可在自行准备的练习本上完成（注明任务名称）。

连锁功夫之 连锁经营基础（3） B

"连锁企业发展阶段与市场关系确定" 情景图任务

个人姓名：　　　　　　团队名称：　　　　　　任务名称：

实到团队成员：

迟到团队成员：

旷课团队成员：　　　　　　请假团队成员：

连锁企业发展阶段（2）

参照"连锁企业发展阶段与市场关系确定"情景图D，回答以下问题：

结合实际案例，阐述连锁企业处于规范阶段的主要特点是什么？

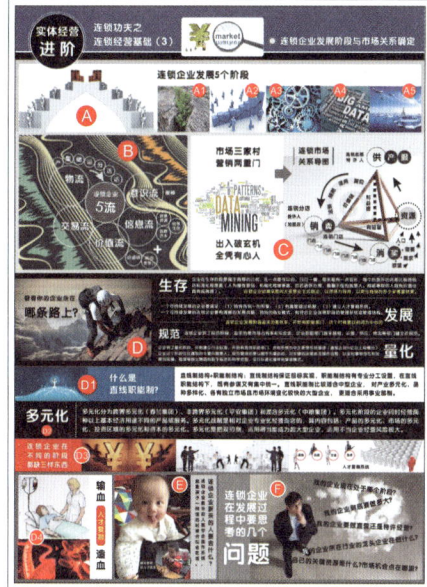

连锁企业发展阶段（3）

参照"连锁企业发展阶段与市场关系确定"情景图D，回答以下问题：

1、结合实际案例，连锁企业处于量化阶段的主要特点是什么？

2、连锁企业处于多元化阶段的主要特点是什么？分别举出一个多元化成功和多元化失败的企业例子。

连锁组织结构探讨

参照"连锁企业发展阶段与市场关系确定"情景图D，回答以下问题：

1、直线职能制和事业部制在组织结构上各有什么特点？

2、一个可持续发展的连锁企业，要有（　　　　　　）、（　　　　　　）、有（　　　　　　）。

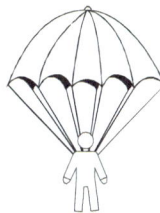

3、结合实际案例，阐述为什么一些企业引进的空降兵十有八九是"阵亡"的？（翻转课堂）

连锁人才复制系统

参照"连锁企业发展阶段与市场关系确定"情景图D3、D4、E，回答以下问题：

1、企业在不同的发展阶段都缺那三样东西？
（　　　　　　）、（　　　　　　）、（　　　　　　）。

2、对企业人才系统复制一般有两种方式：一种是输血，一种是造血。结合实际案例阐述哪种方式更适合连锁企业发展？（翻转课堂）

3、结合实际案例阐述：连锁企业新来的人要会什么？

连锁发展问题思考

参照"连锁企业发展阶段与市场关系确定"情景图F，回答以下问题：

结合团队所选项目阐述：连锁企业在发展过程中如何解决以下5个问题：

我的企业现在处于哪个阶段？	
我的企业到底要做多大？	我的企业要做直营连锁还是特许经营？
我的企业的龙头老大在做什么？	我的企业的关键资源是什么？市场机会点在哪里？

学习心得

任务可团队分工完成，也可个人独立完成；可直接写在任务纸上，也可在自行准备的练习本上完成（注明任务名称）。

A 什么是系统？

系统就是按序列排列的运行规则

系统就是按

连锁系统

- 符合行业特色的 → 连锁门店品牌形象系统
- 高效的 → 连锁招商系统
- 稳定通畅的 → 供应链系统
- 易操作的 → 连锁标准化系统
- 量身制订客观的 → 连锁门店评估系统
- 综合全面及时的 → 连锁信息化系统

商业模式决定企业的利润

特许经营体系

截止2016年底，我国特许经营体系已超过5500个，加盟店总数150万以上，覆盖的行业超过70个，特许企业直接创造的就业岗位超过2000万个。

资本模式为企业的发展插上翅膀

商业模式 → 管理模式 → 资本模式

管理模式决定企业的规模

B 互联网+ 连锁经营管理系统

外部合作：下游客户　供应商　零售顾客

分公司：进货　销售　仓库配送　财务管理　其它
直营店+加盟店　连锁门店：进货　销售　仓库配送　财务管理　其它

信息共享　业务处理　数据中心　资料单据　数据交换　数据管理

连锁总部：仓库配送　业务管理　财务管理　人力资源　协同办公　决策分析

C 实体与连锁经营问题多多 怎么办？

自己做了，想做成连锁企业怎么办？
招商广告出去了，无人响应怎么办？
加盟者招进来了，不听话、不服管怎么办？
加盟店越来越多，要规范、要标准化管理怎么办？

摊子做大，单店利润却越薄，怎么办？
事业做大了，竞争对手来砸品牌怎么办？
人才已短缺，还被对手挖墙脚怎么办？
是快速圈钱，还是做百年老店，高层决策不一致怎么办？

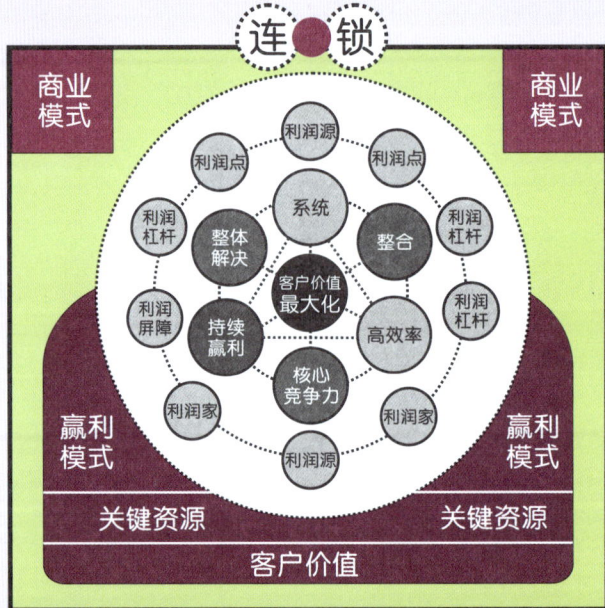

连●锁

商业模式　　　　　商业模式

利润源　利润点　利润点
利润杠杆　系统　利润杠杆
整体解决　整合
客户价值最大化
利润屏障　持续赢利　高效率　利润杠杆
核心竞争力
利润家　利润家
利润源

赢利模式　　　　　赢利模式

关键资源　　　　　关键资源

客户价值

D 连锁基础系统构成

| 组织机构图 | 工作分析表和职责分工 | 目标 | 薪酬管理 |
| 绩效管理 | 培训管理 | 招聘管理 | 生涯规划 |

连锁企业"伪系统"10大特征：
（1）经验主义的标准，没有理论支持；（2）以老板的主观意志而非市场的意志；（3）让员工把企业当成老板的，而非个人的一部分；（4）以利润为前提，而不是以法律为前提；（5）以维护股东及亲人利益而非公司全体员工利益；（6）以利润为导向，而不是以管理成熟度为导向；（7）感性用人而非用数字化量化；（8）没有伦理标准，迷失行为标准；（9）公司上上下下对制度没有敬畏感；（10）根据自己的喜好管理公司而非科学的管理系统。

连锁企业"真系统"10大特征：
（1）能持续提高利润；（2）具有法律指导与法律基础；（3）能激活员工的能力与拼搏精神；（4）团队运作与分工合作；（5）有理论指导并有理论基础，结果反映客观；（6）简单，能成功复制和稳定运行；（7）能规避企业风险并能抗风险；（8）让有能力的员工有机会并获得高回报；（9）最高决策者能离场管理；（10）管理成熟度高，政策具有稳定性、控制性和预算性。

E1 商业模式

$ 商业模式是将一种产品或服务实现商业化的过程，这个过程包括价值创造、价值传递和利润获取三个模块和环节。

商业模式创新的5种形态： （1）开发出满足目标市场需求的新产品；（2）推出新的生产方法；（3）开辟新市场；（4）获得新原料来源；（5）采用新的产业组织形态。

E2 赢利模式

赢利模式就是企业赚钱的渠道，通过怎样的模式和渠道来赚钱。如何打造成功的赢利模式？（1）成功的赢利模式要能提供独特的价值，有时候这个价值可能是新的思想；而更多的时候，它往往是产品和服务独特性的组合。好的组合要么让使客户能用更低的价格获得同样的利益，或者用同样的价格获得更多的利益。（2）胜人一筹的赢利模式是难以模仿的。（3）成功的赢利模式是脚踏实地的。实事求是，就是把赢利模式建立在对客户行为的准确理解和假定上。

赢利模式分为自发的赢利模式和自觉的赢利模式两种，由五个要素构成：（1）利润源；（2）利润点；（3）利润杠杆；（4）利润屏障；（5）利润家。

E3

（1）**利润源**。是指企业提供的商品或服务的购买者和使用者群体，他们是企业利润的唯一源泉。利润源分为主要利润源、辅助利润源和潜在利润源，好的企业有足够的规模，二是企业要对利润源的需求和偏好有比较深的认识和了解，三是企业在挖掘利润源时与竞争者比较而言有一定的竞争优势。

（2）**利润点**。是指企业可以获取利润的产品或服务，好的利润点一要针对明确客户的清晰的需求偏好，二要为构成利润源的客户可造价值，三要为企业创造价值，有些企业有些产品服务或者缺乏利润源的针对性，或者根本不创造利润，利润点反映的是企业的产出。

（3）**利润杠杆**。是指企业生产产品或服务及以吸引客户购买和使用企业产品或服务的一系列业务活动，利润杠杆反映的是企业的一部分投入。

（4）**利润屏障**。是指企业为防止竞争者掠夺本企业的利润而采取的防范措施，它与利润杠杆同样表现为企业投入，但利润杠杆是撬动"奶酪"为我所有，利润屏障是保护"奶酪"不为他人所动。

（5）**利润家**。利润家是企业内对企业如何赢利，具有极强的敏感和预见性的人，他往往是企业家本人，也可以是企业家的盟友或合伙人或职业经理人。

F1 十大暴利行业
（以下仅供参考，随着时代变化而变化）
01、能源
02、药品与医疗
03、中小学教育
04、婴童
05、教材出版
06、美容整形
07、高速公路
08、有线电视
09、房地产
10、网络游戏

F2 十大微利行业
（以下仅供参考，随着时代变化而变化）
01、啤酒行业；02、纺织行业；03、家电行业
04、汽车行业；05、摩托车行业；06、旅游行业；
07、钢铁行业；08、网吧行业；09、普通手机行业
10、冷饮行业

F3 十大黄金行业
（以下仅供参考，随着时代变化而变化）
01、军工行业；02、保险业；03、银行业；
04、农村地产中介业；05、边境贸易业和物流业；
06、老年人配套服务业；07、私人医疗机构；
08、建材家装和建筑业；09、音像制品业；
10、私人学校

G 企业经营的"道、术、器"四个层面关系

商业模式就是"道"，是商道的最高境界。如果企业总是沉湎在"法、术、器"里找出路的话，就会像爬山一样，总在山脚、山腰打转转，很难直达山巅；而企业只有以商业模式 — "商道"的高度，从上往下看时，就会豁然发现，通往山巅的捷径随处可见。企业的出路在于认知的高度，高度决定思路，思路决定出路。只有"道"没有"法、术、器"终是空中楼阁，只有"法、术、器"没有"道"难成大器。

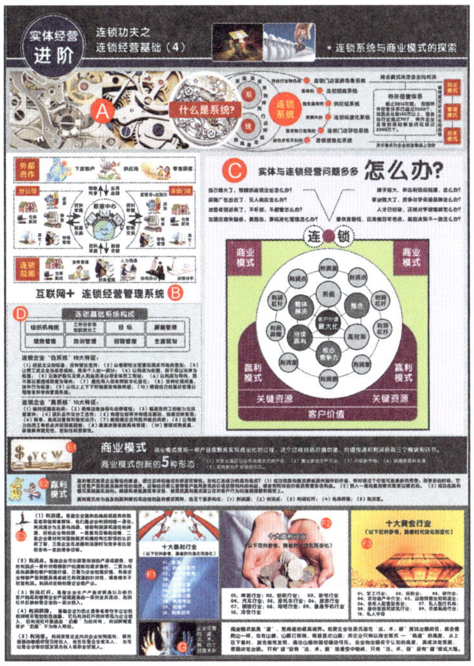

连锁功夫之
——连锁经营基础（4）——
连锁系统与
连锁商业模式的探索

翻转课堂

① 面包店
② 水果店
③ 快餐店
④ 眼镜店
⑤ 便利店
⑥ 服装店

1、为保证"实体企业连锁"学习和训练的连贯性，请尽量选择右边的六类门店。

2、"实体企业连锁"是一个团队相互协作、相互配合的过程，请尽量采用团队的方式进行训练，每个团队建议5-7人。用于个人学习和训练时，请预先植入这样的观念：一个人可能会走得更快，但一群人（团队）可能会走得更远。

3、翻转课堂时使用的必备工具为：翻转课堂情景图和与之配套的任务纸。完成任务从情景图中找线索，翻转课堂换位思考，提升发现问题和解决问题的能力。老师根据线索和翻转课堂情况探讨式推进，教学相长。

4、"连锁系统与连锁商业模式的探索"设计为4个学时（每学时45分钟），2个学时为一次。可4个学时连贯学习，也可分2次。

团队训练时如何选择门店？

方式一：使用大色子或小色子（自行手工制作或购买）

1、分好团队后，每个团队派出一名代表，掷色子决定拟开的门店。1是面包店，2是水果店，3是快餐店，4是眼镜店，5是便利店，6是服装店。不同团队所选项目可以是同一类门店。

2、同一类门店之间有竞争。在同一个商圈内，同一类门店的数量越多，竞争将会越激烈。

温馨提示：团队训练时，使用大色子来选门店，视觉效果和现场效果更好。

方式二：纸条抓阄

1、裁好6张纸条，每张纸条内对应有1-6个数字，折叠好纸条。

2、团队代表上台抽选数字决定门店类型。

3、超过6个团队，打开的纸条可再次折叠，重复使用。

个人学习时如何选择门店？

1、个人学习时，可参考团队训练时抽选门店的方法。使用大色子、小色子或是写好纸条自己抓阄均可。

2、掷到或抓到1是面包店，掷到或抓到2是水果店，掷到或抓到3是快餐店，掷到或抓到4是眼镜店，掷到或抓到5是便利店，掷到或抓到6是服装店。

3、也可以根据个人自身的实际情况，自定目标门店进行情景式模拟训练和学习。

团队训练时的激励工具：卓启币（卓心启业）

编号	姓名	课名：		课名：		课名：		课名：		课名：		小计	
		奖卓启币	扣卓启币	奖卓启币	扣卓启币	奖卓启币	扣卓启币	奖卓启币	扣卓启币	奖卓启币	扣卓启币	奖卓启币	扣卓启币

卓启币（虚拟教学币）使用说明：

1、当次课，成员全部按时到齐的团队获得卓启币奖励资格：团队派代表上台进行翻转课堂分享，翻转课堂表现优秀的上台团队代表获20个卓启币，该团队成员获10个卓启币，登记在此表格上，或另行制作EXCEL表格予以登记。每个团队在2个学时内只拥有一次上台资格。每10个卓启币可获取1分的加分，全部课程结束后进行卓启币累计和加分换算。

2、有成员迟到、早退、旷课的团队取消当次课上台分享资格，以2个学时为一次课计，当次课，该团队迟到成员扣10个卓启币；早退成员扣10个卓启币；旷课成员扣30个卓启币。每-10个卓启币减1分，全部课程结束后进行卓启币累计和扣分换算。

关于课堂任务完成情况的判断标准

1、一张翻转课堂情景图配4个学时的对应课堂任务（分为2次，每次2个学时），课堂任务不设标准答案，全部任务由学生根据预设的任务线索在翻转课堂过程和老师互动中完成，即可由团队分工合作书面完成，也可由个人书面完成。课堂任务见对应的任务纸。

2、根据任务的难度和完成的质量、数量、创新性、相关性、匹配程度等，给予具体评分：90-99、80-89、70-79、60-69、50-59、40-49、30-39、0-29。未做任务者计0分。

参考答案

情景图任务的参考答案线索和思路都隐含在情景图和任务纸中，请灵活掌握。线索和思路不是标准答案，仅起到参考和抛砖引玉的作用。

老师备课使用的《授课说明》和课件PPT等非本书必备配套，没有亦不影响使用。

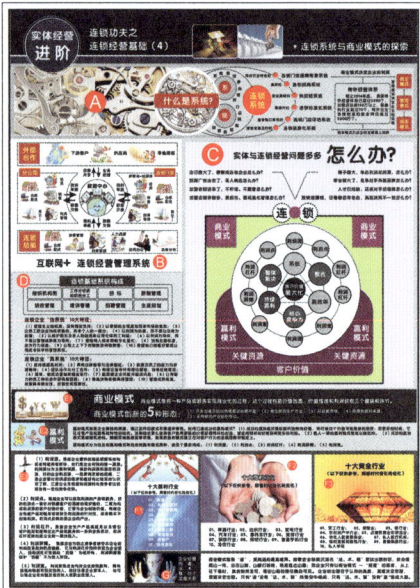

连锁功夫之 连锁经营基础（4） A
"连锁系统与商业模式的探索" 情景图任务

个人姓名：　　　团队名称：　　　任务名称：

实到团队成员：

迟到团队成员：

旷课团队成员：　　　请假团队成员：

参照"连锁系统与商业模式的探索"情景图A，回答以下问题：

1、什么是系统？

系就是（　　　　　　　　　　　），统就是（　　　　　　　　　　　）。

2、连锁系统主要由哪些构成？

（　　　　　　　　），（　　　　　　　　），（　　　　　　　　），
（　　　　　　　　），（　　　　　　　　），（　　　　　　　　）。

连锁经营的问题

参照"连锁系统与商业模式的探索"情景图C，回答以下问题：

1、连锁经营问题多多，主要有：

（　　　　　　）、（　　　　　　）、
（　　　　　　）、（　　　　　　）、
（　　　　　　）、（　　　　　　）、
（　　　　　　）、（　　　　　　）。

2、"连锁经营的种种问题都与商业模式的创建和系统建立有着密不可分的关联性。"请结合实际案例阐述你的看法。（翻转课堂）

商业模式（1）

参照"连锁系统与商业模式的探索"情景图C、E1、E2，回答以下问题：

1、什么是商业模式？

2、商业模式的基础有3个要素构成：客户价值、关键资源和赢利模式，请结合实际案例阐述这3个要素之间的关联性。

商业模式（2）

参照"连锁系统与商业模式的探索"情景图C，回答以下问题：

1、商业模式的内核是"客户价值最大化"，有（　　　　　　）、
（　　　　　　）、（　　　　　　）、（　　　　　　）、
（　　　　　　）、（　　　　　　）六个要素围绕这个内核转。

2、"连锁企业要内外资源平衡才能发展，商业模式、管理模式和资本模式是连锁企业创造和平衡资源的三大模式，其中商业模式决定连锁企业利润、管理模式决定连锁企业规模、资本模式决定连锁企业发展速度。"请结合实际案例阐述你对这句话的看法。（翻转课堂）

商业模式（3）

参照"连锁系统与商业模式的探索"情景图，结合抽选项目，将以下商业模式的一个模型填写完整：

价值主张（VP）：			
关键资源（KR）：	关键合作（KP）：	客户细分（CS）：	客户渠道（CH）：
	关键业务（KA）：		客户关系（CR）：
成本结构（C¥）：		收入来源（R¥）：	

学习心得

任务可团队分工完成，也可个人独立完成；可直接写在任务纸上，也可在自行准备的练习本上完成（注明任务名称）。

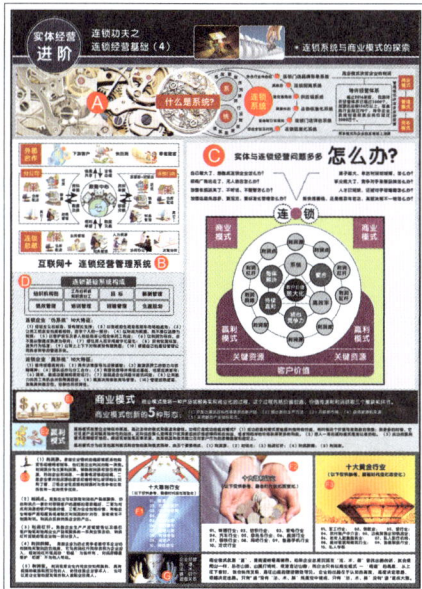

连锁功夫之 连锁经营基础（4）   B
"连锁系统与商业模式的探索" 情景图任务

个人姓名：   团队名称：   任务名称：

实到团队成员：

迟到团队成员：

旷课团队成员：   请假团队成员：

参照"连锁系统与商业模式的探索"情景图E1、E2，回答以下问题：
赢利模式是商业模式当中关键的一环，赢利模式分为自发赢利模式和自觉赢利模式，请结合实际案例阐述你的看法。（翻转课堂）

商业模式之赢利模式

参照"连锁系统与商业模式的探索"情景图E1、E2，回答以下问题：

1、赢利模式由利润源、利润点、利润杠杆、利润屏障和利润家5个要素构成。请分别对这5个要素特点进行简明的描述。

2、结合实际案例阐述以上赢利模式5个要素之间的关联性。（翻转课堂）

商业模式创新

参照"连锁系统与商业模式的探索"情景图E1、E2，回答以下问题：

商业模式创新有5种形态：（1）开发出满足目标市场需求的新产品；（2）推出新的生产方法；（3）开辟新市场；（4）获得新原料来源；（5）采用新的产业组织形态。请结合实际案例阐述这5种形态的创新与商业模式之赢利模式5个要素之间的关联性。（翻转课堂）

连锁系统运营基础与"互联网+"

参照"连锁系统与商业模式的探索"情景图B、D，回答以下问题：

1、连锁企业基础系统有哪些部分构成？并结合实际案例阐述这些部分之间的关联性。（翻转课堂）

2、结合实际案例阐述《"互联网+"连锁经营管理系统图》的运行关系。

连锁企业经营的道、法、术、器

参照"连锁系统与商业模式的探索"情景图G，回答以下问题：

1、你所理解的；连锁企业经营的"道、法、术、器"分别是什么？

道

法

术

器

2、结合实际案例阐述企业经营过程中"道、法、术、器"之间的关系。（翻转课堂）

学习心得

任务可团队分工完成，也可个人独立完成；可直接写在任务纸上，也可在自行准备的练习本上完成（注明任务名称）。

A　连锁企业持续发展具备的5大要素

（1）业务系统以及业务流程相对简单；
（2）具备别人不可复制的关键资源（杀手级关键资源）；
（3）有自己的赢利模式（通过商品赢利、通过非商品赢利）；
（4）有自由的现金流结构（重视三个"代表"中的第三个）；
（5）有清晰的价值定位。

三个"代表"
（1）资产负债表：企业负债+企业权益=企业资产；
（2）经营损益表：经营总收入−经营总支出（成本）=经营利润；
（3）现金流量表：现金流入−现金流出=现金量变化。

业绩 B 从哪里来？

业务流程（围绕客户转，速度要求快）
管理流程（围绕财务转，速度相对要慢）
两个流程不合拍效率就会降低，解决方法之一就是提前做计划

业绩 = 流程 + 表格 + 制度 + 训练
（系统=流程+表格）
（管理模式=流程+表格+制度）

系统=流程+表格
管理模式=流程+表格+制度

事怎么干？　事怎么管？　钱怎么分？　人能不能驾驭那件事？

事做好了怎么奖？　事做坏了怎么罚？

企业要有业绩，要看流程清不清晰？表格清不清楚？制度是否匹配？如果前面都符合要求，只是人还暂时不能很好地驾驭那件事，这个人就需要训练。否则单靠训练是产生不了业绩的。

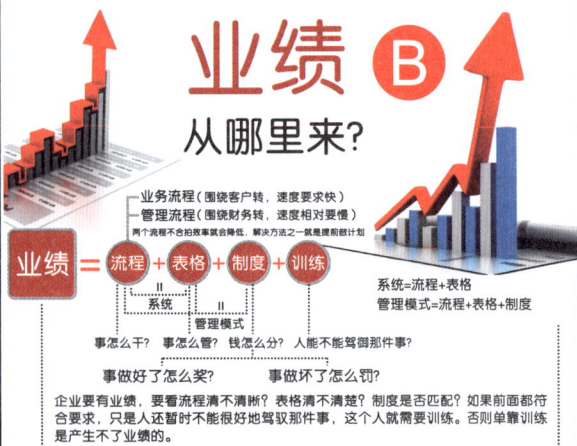

如果没有把工作分成几个环节，都是一个能人包干，一旦这个人走了，就会把要么市场、要么客户、要么技术全部带走。这种情况你是没办法玩流程的，因为这些事都是他一个人干的，你是老板的话，你还不害怕他吗？

C　以销售流程为例的狙击分解动作解析

（思考：为什么要狙击？）

我们把销售流程分解成分析、考察、瞄准、射击等需要完成的几个环节：
（1）如何找到适合的人要进行市场细分找到目标人群，所以要专门的人来负责市场客户，发现来的客户在哪里？这个工作的要求要细心。
（2）考察和占领有利地形，这个工作岗位的人要用心要认真。
（3）专门瞄准的人要耐心，看天天瞄准而不负责射击，因为瞄得好的人通常心理素质不过关，杀鸡吓不敢杀，怎么杀人呀？瞄准的难点在于天天瞄准而又不被发现。
（4）找心理素质特别过硬射击技术好的人来射击。

雄心的一半是耐心。一个人的成功背后要付出非常多的努力。瞄得准的人别人几点起床几点下班几点睡觉他都知道，而且还不被别人发现。瞄准岗位上的人经常说的一句话是：什么时候要业绩同我说一声，我已经瞄了他很长时间了。

每个流程的建立要有标准，如要什么样的客户，什么样的人才能担任瞄准岗位等等。这个流程一旦建立起来就不害怕人走了，因为谁走就只是其中一个环节而已，剩下的系统还在。这就叫营销的系统力量大于单个个体的力量，这样整个公司营销体系才能升级。

没有业务系统的公司，业务系统不强大的公司，靠单个人全包的公司叫能人经济，而不是系统经济。

D

流程是企业做大做强的基因，一个企业有优化的流程可领先竞争对手5−10年，持续优化可以持续领先。

有流程也不一定做得成功，但要先把做流程的意识顶起来。

E

当年投资当年收回成本，说明这个企业没有为未来投资，当没有为未来而投资的时候，我们看成是一种短视的行为。

F　案例分析

万豪国际集团的发展起源于1927年，由已故的威拉德·玛里奥特先生在美国华盛顿创办了公司初期的一个小规模的啤酒店，起名为"热卖店"，以后根快发展成为服务迅速、周到、价格公平、产品质量持之以恒的知名连锁餐厅。其成功经验的关键是自公司成立之日起，就以员工和顾客为企业的经营之重，并以此为中心逐渐建立了卓有成效的酒店管理流程，如今成长为全球首屈一指的酒店管理公司，业务遍及美国及其它67个国家和地区，管理超过2,800家酒店，提供约490,500间客房。该公司的总部设在美国首都华盛顿特区，共有员工128,000人。万豪曾被《财富》杂志评为酒店业最值得敬仰企业和最理想工作酒店集团之一。

中国很多企业70%靠能人30%靠制度，大部分成熟企业和跨国公司70%靠流程30%靠能人。

企业发展有四大阶段和步骤：（1）人治（靠能人和经验）；（2）法治（规范化治理阶段）；（3）第三阶段是软件管理（文化治理）；（4）第四阶段是企业发展的最高阶段叫"无为而治"，流程优化和文化升华。

F1　F2　F3　F4

东西方企业的差距在哪里？
差距在于两种模式：
（1）依赖能人和经验进行扩张（找到自己的左膀右臂），如果一个企业只有少数有悟性的人可以成功，那么我们基本可以判断，这个企业体系是建得不好的，优秀企业有个特点就是整个队伍的水平都比较高。
（2）靠流程和体系的不断复制。（一个体系可能包括多个子流程）

G　流程为王

第一阶段是人治（靠能人和经验）： 企业发展初期的时候确实要依靠能人和经验，这个时候不可能有规范，即使有规范也是纸上谈兵，是从别人那里搬来的。人治不是霸道，强势不霸道也是一种美德。企业初期阶段多几个李云龙和孔捷、丁伟这样有使命感、有激情、有能力，是你的福音。人治大约3−5年不能太长。在人治阶段企业最重要的是找到赢利点，所以赢利模式的建立和战略是最重要的，保证企业活下来。

第二阶段是法治（规范化治理）： 规范化的阶段，经验一定要转换成规范的治理，这个阶段要法治。法治的核心是流程而不是制度。流程就是做事的优先顺序，第一步、第二步、第三步，什么时间做？做到什么程度？制度就是这件事情做好了我怎么奖励你，做不好我怎么惩罚你，企业发展的时候流程的比重占到了95%，制度要锁定在5%。流程如果做不好的时候，制度你会发现越做越多，因为员工犯的错会越来越多。如果有了流程，制度就可以慢慢减肥了。

第三阶段是软件管理（文化治理）： 流程有了为什么导不进去？制度有了为什么执行不到位？这同企业文化有关系。文化跟流程是不一样的。流程就是让所有人都会做，文化是保证所有人都愿意做。什么公司能够象宗教一样把文化做到深入人心，那么这个企业肯定容易成功。世界上寿命最长的企业是日本的一家寺庙维修企业，已经有1000多年了。人有几种工作状态：（1）第一种叫卖嘴，说得多，做得少，执行不到位；（2）第二种叫卖力，执行力很强；（3）第三种叫卖命，这是企业员工的最高境界，一定要有企业文化深入人心。

第四阶段是无为而治（流程优化和文化升华）： 无为不治阶段要做的事就是变革，流程优化，制度简化，文化升华。为什么要变呢？如果你不变，你的竞争对手就会模仿你，如果你不变，客户需求在变，你不变，你怎么能满足他的需求呢？到了变革阶段就是你不变就没办法迎合社会，没办法做到与时俱进。25%的企业死在人治阶段，活不过3−5年，63%的企业死在从人治到法治过渡的时候，真正做到优秀和卓越的企业毕竟是少数。

H　流程、文化和制度三者之间的关系

流程是保证所有人都会做，文化是保证所有人都愿做，制度是约束所有人必须做，这三个在一起构成了一套体系。

做流程，做制度和文化都在解决一个问题，就是让企业活得健康。

企业为什么难以做大做强？

（1）无法快速复制人才；
（2）在战略方面不够专注；
（3）缺乏一套优质的执行工具，你是三八大盖时别人是冲锋枪，你是冲锋枪时候别人是导弹，这就是流程的品质；
（4）制度上的保障不利。

I

连锁功夫之
—— 连锁经营基础（5）——

连锁持续发展与"流程为王"

翻转课堂

1、为保证"实体企业连锁"学习和训练的连贯性，请尽量选择右边的六类门店。

2、"实体企业连锁"是一个团队相互协作、相互配合的过程，请尽量采用团队的方式进行训练，每个团队建议5–7人。用于个人学习和训练时，请预先植入这样的观念：一个人可能会走得更快，但一群人（团队）可能会走得更远。

3、翻转课堂时使用的必备工具为：翻转课堂情景图和与之配套的任务纸。完成任务从情景图中找线索，翻转课堂换位思考，提升发现问题和解决问题的能力。老师根据线索和翻转课堂情况探讨式推进，教学相长。

4、"连锁系统与连锁商业模式的探索"设计为4个学时（每学时45分钟），2个学时为一次。可4个学时连贯学习，也可分2次。

① 面包店　② 水果店
③ 快餐店　④ 眼镜店
⑤ 便利店　⑥ 服装店

团队训练时如何选择门店?

方式一：使用大色子或小色子（自行手工制作或购买）

1、分好团队后，每个团队派出一名代表，掷色子决定拟开的门店。1是面包店，2是水果店，3是快餐店，4是眼镜店，5是便利店，6是服装店。不同团队所选项目可以是同一类门店。

2、同一类门店之间有竞争。在同一个商圈内，同一类门店的数量越多，竞争将会越激烈。

温馨提示：团队训练时，使用大色子来选门店，视觉效果和现场效果更好。

方式二：纸条抓阄

1、裁好6张纸条，每张纸条内对应有1–6个数字，折叠好纸条。

2、团队代表上台抽选数字决定门店类型。

3、超过6个团队，打开的纸条可再次折叠，重复使用。

个人学习时如何选择门店?

1、个人学习时，可参考团队训练时抽选门店的方法。使用大色子、小色子或是写好纸条自己抓阄均可。

2、掷到或抓到1是面包店，掷到或抓到2是水果店，掷到或抓到3是快餐店，掷到或抓到4是眼镜店，掷到或抓到5是便利店，掷到或抓到6是服装店。

3、也可以根据个人自身的实际情况，自定目标门店进行情景式模拟训练和学习。

团队训练时的激励工具：卓启币（卓心启业）

编号	姓 名	课名:		课名:		课名:		课名:		课名:		小 计	
		奖卓启币	扣卓启币	奖卓启币	扣卓启币	奖卓启币	扣卓启币	奖卓启币	扣卓启币	奖卓启币	扣卓启币	奖卓启币	扣卓启币

卓启币（虚拟教学币）使用说明：

1、当次课，成员全部按时到齐的团队获得卓启币奖励资格：团队派代表上台进行翻转课堂分享，翻转课堂表现优秀的上台团队代表获20个卓启币，该团队成员获10个卓启币，登记在此表格上，或另行制作EXCEL表格予以登记。每个团队在2个学时内只拥有一次上台资格。每10个卓启币可获取1分的加分，全部课程结束后进行卓启币累计和加分换算。

2、有成员迟到、早退、旷课的团队取消当次课上台分享资格，以2个学时为一次课计，当次课，该团队迟到成员扣10个卓启币；早退成员扣10个卓启币；旷课成员扣30个卓启币。每–10个卓启币减1分，全部课程结束后进行卓启币累计和扣分换算。

关于课堂任务完成情况的判断标准

1、一张翻转课堂情景图配4个学时的对应课堂任务（分为2次，每次2个学时），课堂任务不设标准答案，全部任务由学生根据预设的任务线索在翻转课堂过程和老师互动中完成，即可由团队分工合作书面完成，也可由个人书面完成。课堂任务见对应的任务纸。

2、根据任务的难度和完成的质量、数量、创新性、相关性、匹配程度等，给予具体评分：90–99、80–89、70–79、60–69、50–59、40–49、30–39、0–29。未做任务者计0分。

参考答案

情景图任务的参考答案线索和思路都隐含在情景图和任务纸中，请灵活掌握。线索和思路不是标准答案，仅起到参考和抛砖引玉的作用。

老师备课使用的《授课说明》和课件PPT等非本书必备配套，没有亦不影响使用。

连锁功夫之 **连锁经营基础（5）** **A**

"连锁持续发展与'流程为王'"情景图任务

2学时

个人姓名： 团队名称： 任务名称：

实到团队成员：

迟到团队成员：

旷课团队成员： 请假团队成员：

参照"连锁持续发展与'流程为王'"情景图A，回答以下问题：

1、连锁企业持续发展需要具备哪5大要素？

（1）（ ），（2）（ ），

（3）（ ），（4）（ ），

（5）（ ）。

2、请结合实际案例阐述连锁企业持续发展需要具备5大要素之间的关联性。（翻转课堂）

"三个（代）表"与连锁企业发展的关系

参照"连锁持续发展与'流程为王'"情景图A，回答以下问题：

1、连锁企业运营状况管理当中有很重要的"三个（代）表"是什么？请列举出来，并做简明的阐述。

2、根据你认为这个"三个（代）表"的重要程度进行排序，并结合实际案例阐述你的看法。（翻转课堂）

业绩、系统与管理模式（1）

参照"连锁持续发展与'流程为王'"情景图B，回答以下问题：

1、（ ）+（ ）+

（ ）+（ ）= 业绩

2、（ ）+（ ）= 系统

3、（ ）+（ ）+

（ ）= 管理模式

4、企业的业务流程和管理流程各有什么特点？当两个流程运行速度不一致时怎么办？（翻转课堂）

业绩、系统与管理模式（2）

参照"连锁持续发展与'流程为王'"情景图B，回答以下问题：

"企业要有业绩，要看流程清不清晰、表格清不清楚、制度是否匹配，如果前面都符合要求，只是人还暂时不能很好地驾驭那件事，这个人就需要训练。否则单靠训练是产生不了业绩的。"请结合实际案例阐述你对句话有何看法？（翻转课堂）

业务系统与工作流程分解

参照"连锁持续发展与'流程为王'"情景图B，回答以下问题：

1、"没有业务系统的公司，业务系统不强大的公司，靠单个人全包的公司叫能人经济，而不是系统经济；其结果要不就是把人活活累死，要不就是这个人不干了，公司就转不动了。"请结合实际谈谈你对这个话有何看法？（翻转课堂）

2、为什么要把一个岗位工作流程分成几个环节？以业务系统中的销售流程为例进行解析。

学习心得

任务可团队分工完成，也可个人独立完成；可直接写在任务纸上，也可在自行准备的练习本上完成（注明任务名称）。

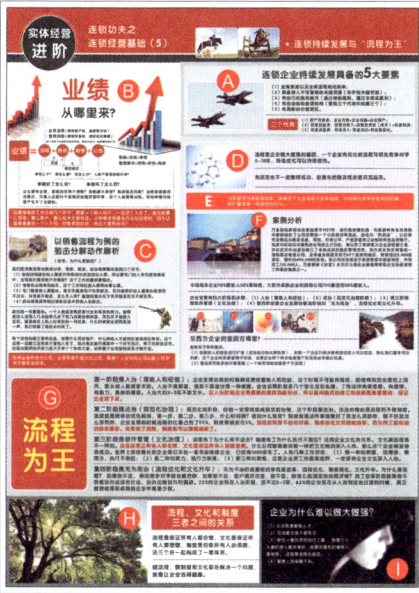

连锁功夫之 连锁经营基础（5） B
"连锁持续发展与'流程为王'" 情景图任务

时间TIME：
年 月 日

2学时

个人姓名：　　　　　团队名称：　　　　　任务名称：

实到团队成员：

迟到团队成员：

旷课团队成员：　　　　　请假团队成员：

参照"连锁持续发展与'流程为王'"情景图D，回答以下问题：

1、"流程是企业做大做强的基因，一个企业有优化的流程可领先竞争对手5-10年，持续优化可以持续领先。"结合实际案例阐述你们对这话是如何理解的？（翻转课堂）

2、"有流程也不一定做得成功，但要先把做流程的意识顶起来"，结合实际阐述你的看法。

案例与思考

参照"连锁持续发展与'流程为王'"情景图E、F，回答以下问题：

1、阅读"连锁持续发展与'流程为王'"情景图F的万豪酒店的案例，请阐述东、西方企业的主要差距在哪里？（翻转课堂）

2、中国企业也有很多做过流程的，但他们却不能成长为国际化的大企业呢？为什么？

人治与流程治理（1）

参照"连锁持续发展与'流程为王'"翻转课堂图F、F1-F4、G，回答以下问题：

1、中国很多企业70%靠（　　　），30%靠（　　　）；大部分成熟企业和跨国公司70%靠（　　　），30%靠（　　　）。

2、企业发展有哪四大阶段和步骤？
（1）（　　　　　　　）；（2）（　　　　　　　）；
（3）（　　　　　　　）；（4）（　　　　　　　）。

4、结合实际案例阐述人治（靠能人和经验）阶段的特点。（翻转课堂）

人治与流程治理（2）

参照"连锁持续发展与'流程为王'"翻转课堂图G，回答以下问题：

1、结合实际案例阐述法治（规范化治理）阶段的特点。（翻转课堂）

2、结合实际案例阐述软件管理（文化治理）阶段的特点。

3、结合实际案例阐述无为而治（流程优化和文化升华）阶段的特点。

流程、制度与文化

参照"连锁持续发展与'流程为王'"翻转课堂图H、I，回答以下问题：

1、结合实际案例阐述"流程、文化和制度"三者之间的关系如何？

2、企业为什么难以做大做强？（翻转课堂）

学习心得

任务可团队分工完成，也可个人独立完成；可直接写在任务纸上，也可在自行准备的练习本上完成（注明任务名称）。

特许经营管理体系基础模型 **B**

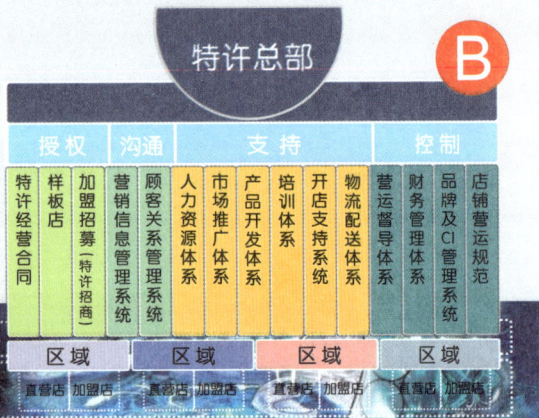

特许总部

授权	沟通	支持							控制

特许经营合同 | 样板店 | 加盟招募（特许招商） | 营销信息管理系统 | 顾客关系管理系统 | 人力资源体系 | 市场推广体系 | 产品开发体系 | 培训体系 | 开店支持系统 | 物流配送体系 | 营运督导体系 | 财务管理体系 | 品牌及CI管理系统 | 店铺营运规范

区域	区域	区域	区域

直营店 加盟店 | 直营店 加盟店 | 直营店 加盟店 | 直营店 加盟店

特许经营总部雁阵图 **A**

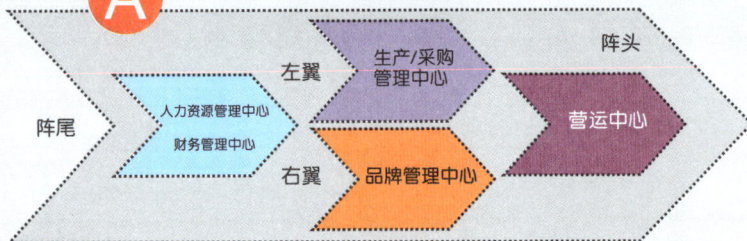

阵头

左翼：生产/采购管理中心

人力资源管理中心
财务管理中心

右翼：品牌管理中心

营运中心

阵尾

特许经营总部雁阵图是总部组织架构的演化形式，总部组织结构中的具体部门和人员编制等是一个在事业拓展过程中逐步补充和完善的过程，具体部门和人员如何配备、增添多少、如何降低运营成本等均以保证总部正常运营为前提条件。

特许经营的多方受益关系 **C**

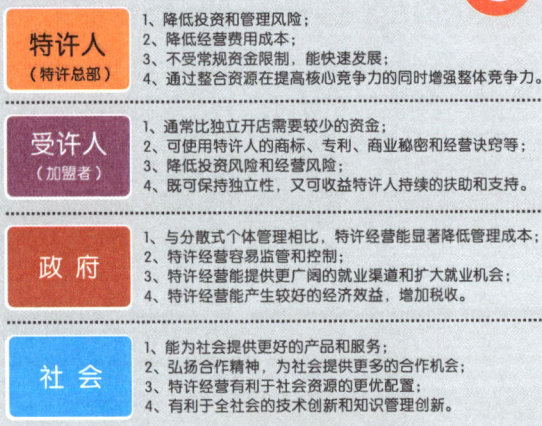

特许人（特许总部）
1、降低投资和管理风险；
2、降低经营费用成本；
3、不受常规资金限制，能快速发展；
4、通过整合资源在提高核心竞争力的同时增强整体竞争力。

受许人（加盟者）
1、通常比独立开店需要较少的资金；
2、可使用特许人的商标、专利、商业秘密和经营诀窍等；
3、降低投资风险和经营风险；
4、既可保持独立性，又可收益特许人持续的扶助和支持。

政府
1、与分散式个体管理相比，特许经营能显著降低管理成本；
2、特许经营容易监管和控制；
3、特许经营能提供更广阔的就业渠道和扩大就业机会；
4、特许经营能产生较好的经济效益，增加税收。

社会
1、能为社会提供更好的产品和服务；
2、弘扬合作精神，为社会提供更多的合作机会；
3、特许经营有利于社会资源的更优配置；
4、有利于全社会的技术创新和知识管理创新。

中国大陆特许经营发展8大瓶颈 **D**

1. 商业欺诈和杀鸡取卵的"圈钱"现象危害特许经营诚信体系
2. 高出生率和高死亡率的"两高"现象尚未得到有效控制
3. 特许经营的组织化程度和规模化经营制约中国特许经营的发展
4. 区域发展不平衡，地方保护主义制约着特许经营进一步发展。
5. 特许经营人才的严重匮乏严重阻碍中国大陆特许经营的发展
6. 特许经营知识技能体系有待规范化和专业化
7. 特许经营业内统计数据严重缺失影响了业内研究的深度和正确性
8. 建立在信息化基础上的高效物流配送体系尚未形成

从1984年皮尔卡丹进入中国作为中国大陆市场特许经营模式的开端，到21世纪的今天，特许经营在中国大陆经历了五个发展阶段：（1）1984~1993年第一阶段，外资独占，本土观望，属启蒙期；（2）1993~1995第二阶段，特许经营魅力初现，萌芽渐长；（3）1995~2002年第三阶段，特许经营"大跃进"，市场良莠不齐，属于狂热成长期；（4）2002~2010年第五阶段，大浪淘沙、优胜劣汰，属冷静发展期；（5）2010年以后，步入稳定发展期，但中国大陆特许经营发展仍然面临着8大瓶颈须突破。

老李，此事任意义看？

加盟者如何做对连锁加盟？ **E**

1、选对加盟行业。经得起市场考验的特许经营体系至少已经有5年以上。日本一项调查显示：日本零售业有80%的独立开店者第一年就关门大吉，能撑到第5年的只有8%，而加盟店第一年结束营业者只有20%，有77%的加盟店能存活到第5年。

2、加盟要求越高成功机会越大。加盟条件越严格的品牌往往有较完整的加盟制度以及较强大的财力与实力，反而较有能力保证加盟者获利。通常越有信誉的特许总部，挑选加盟者时把关就越严谨。

3、到特许总部考察和面谈。一些创业者创业心切，只看特许总部的一些宣传资料就草率签约加盟，等到有纠纷去发现连锁总部比自己的店面还小，甚至是一个空壳，根本没有解决门店问题的能力和经验。因此，亲自走一趟总部及其加盟店搜集第一手现场资料非常有必要。

4、合理的资金筹措和资金投入。连锁加盟者要对整个资金的投入确定一个合理的分配比例，做好整体规划。

5、控制经营过程中的成本。少一分开支就多出一分利润，把成本压缩在较低的范围是绝对有必要的，同时规划好进货渠道，调节好周转速度也是控制成本的有效办法。

6、学会管理员工。虽然连锁加盟后，总部会在员工管理上提供一系列的培训和相应支持，但加盟者要从源头上找问题，学会如何管理员工。

7、与特许总部协调共进。加盟者要选择一个能为加盟商提供切实支持和指导的加盟品牌，选择能较好与加盟商合作共赢的品牌。

8、积极积累行业经验。行业经验对于连锁加盟来是说多多益善。行业经验很难从一本或几本书中得来，许多东西只能亲身体验才能获得。

发展特许经营的几种渠道 **F**

1、特许总部 ➡ 区域代理 —— 直营店 / 直营店+加盟店 / 加盟店

2、特许总部 ➡ 直营店 + 加盟店

3、特许总部 ➡ 直营店 ➡ 直营店出售给加盟者（加盟店）

4、特许总部 ➡ 加盟店

特许经营从无到有的几个阶段：
（1）生得出；（2）活得了；
（3）长得大；（4）本领强；
（5）子孙满堂。

特许经营项目的主要利润来源（模块）**G**

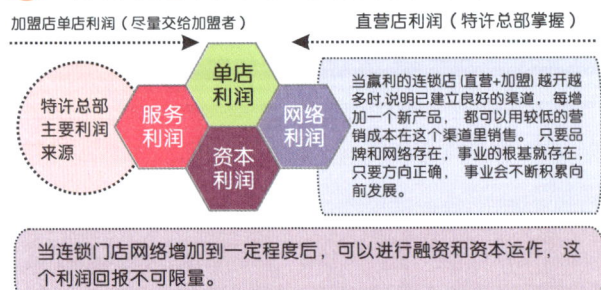

加盟店单店利润（尽量交给加盟者）

直营店利润（特许总部掌握）

特许总部主要利润来源

服务利润 / 单店利润 / 网络利润 / 资本利润

当赢利的连锁门店（直营+加盟）越开越多时，说明已建立良好的渠道，每增加一个新产品，都可以用较低的营销成本在这个渠道里销售。只要品牌和网络存在，事业的根基就存在，只要方向正确，事业会不断积累向前发展。

当连锁门店网络增加到一定程度后，可以进行融资和资本运作，这个利润回报不可限量。

连锁功夫之
连锁经营基础（6）

特许经营管理体系构建与连锁加盟

特许经营管理体系基础模型

B 特许经营总部雁阵图

A 特许经营总部雁阵图

特许经营的多方受益关系 **C**

加盟者如何做对连锁加盟？ **E**

F 发展特许经营的九经经营之道

G 特许经营项目的主要利润来源（模块）

连锁功夫之

连锁经营基础（6）

特许经营管理体系构建与连锁加盟

翻转课堂

① 面包店

② 水果店

③ 快餐店

④ 眼镜店

⑤ 便利店

⑥ 服装店

1、为保证"实体企业连锁"学习和训练的连贯性，请尽量选择右边的六类门店。

2、"实体企业连锁"是一个团队相互协作、相互配合的过程，请尽量采用团队的方式进行训练，每个团队建议5–7人。用于个人学习和训练时，请预先植入这样的观念：一个人可能会走得更快，但一群人（团队）可能会走得更远。

3、翻转课堂时使用的必备工具为：翻转课堂情景图和与之配套的任务纸。完成任务从情景图中找线索，翻转课堂换位思考，提升发现问题和解决问题的能力。老师根据线索和翻转课堂情况探讨式推进，教学相长。

4、"特许经营管理体系构建与连锁加盟"设计为4个学时（每学时45分钟），2个学时为一次。可4个学时连贯学习，也可分2次。

团队训练时如何选择门店？

方式一：使用大色子或小色子（自行手工制作或购买）

1、分好团队后，每个团队派出一名代表，掷色子决定拟开的门店。1是面包店，2是水果店，3是快餐店，4是眼镜店，5是便利店，6是服装店。不同团队所选项目可以是同一类门店。

2、同一类门店之间有竞争。在同一个商圈内，同一类门店的数量越多，竞争将会越激烈。

温馨提示：团队训练时，使用大色子来选门店，视觉效果和现场效果更好。

方式二：纸条抓阄

1、裁好6张纸条，每张纸条内对应有1–6个数字，折叠好纸条。

2、团队代表上台抽选数字决定门店类型。

3、超过6个团队，打开的纸条可再次折叠，重复使用。

个人学习时如何选择门店？

1、个人学习时，可参考团队训练时抽选门店的方法。使用大色子、小色子或是写好纸条自己抓阄均可。

2、掷到或抓到1是面包店，掷到或抓到2是水果店，掷到或抓到3是快餐店，掷到或抓到4是眼镜店，掷到或抓到5是便利店，掷到或抓到6是服装店。

3、也可以根据个人自身的实际情况，自定目标门店进行情景式模拟训练和学习。

团队训练时的激励工具：卓启币（卓心启业）

编号	姓名	课名：		课名：		课名：		课名：		课名：		小计	
		奖卓启币	扣卓启币	奖卓启币	扣卓启币	奖卓启币	扣卓启币	奖卓启币	扣卓启币	奖卓启币	扣卓启币	奖卓启币	扣卓启币

卓启币（虚拟教学币）使用说明：

1、当次课，成员全部按时到齐的团队获得卓启币奖励资格：团队派代表上台进行翻转课堂分享，翻转课堂表现优秀的上台团队代表获20个卓启币，该团队成员获10个卓启币，登记在此表格上，或另行制作EXCEL表格予以登记。每个团队在2个学时内只拥有一次上台资格。每10个卓启币可获取1分的加分，全部课程结束后进行卓启币累计和加分换算。

2、有成员迟到、早退、旷课的团队取消当次课上台分享资格，以2个学时为一次课计，当次课，该团队迟到成员扣10个卓启币；早退成员扣10个卓启币；旷课成员扣30个卓启币。每–10个卓启币减1分，全部课程结束后进行卓启币累计和扣分换算。

关于课堂任务完成情况的判断标准

1、一张翻转课堂情景图配4个学时的对应课堂任务（分为2次，每次2个学时），课堂任务不设标准答案，全部任务由学生根据预设的任务线索在翻转课堂过程和老师互动中完成，即可由团队分工合作书面完成，也可由个人书面完成。课堂任务见对应的任务纸。

2、根据任务的难度和完成的质量、数量、创新性、相关性、匹配程度等，给予具体评分：90–99、80–89、70–79、60–69、50–59、40–49、30–39、0–29。未做任务者计0分。

参考答案

情景图任务的参考答案线索和思路都隐含在情景图和任务纸中，请灵活掌握。线索和思路不是标准答案，仅起到参考和抛砖引玉的作用。

老师备课使用的《授课说明》和课件PPT等非本书必备配套，没有亦不影响使用。

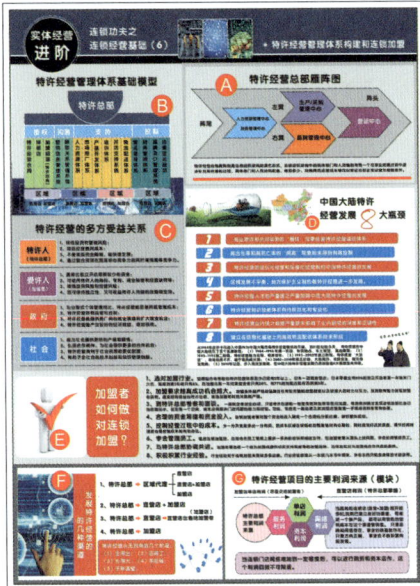

连锁功夫之 连锁经营基础（6）   A

"特许经营管理体系构建和连锁加盟" 情景图任务   2学时

时间TIME：
年 月 日

个人姓名：　　　　　团队名称：　　　　　　任务名称：

实到团队成员：

迟到团队成员：

旷课团队成员：　　　　　　请假团队成员：

参照"特许经营管理体系构建和连锁加盟"情景图A，回答以下问题：

1、特许经营总部雁阵图的阵头是（　　　　　），左翼是（　　　　　），
右翼是（　　　　　），阵尾是（　　　　　）。

2、结合实际案例描述《特许经营雁阵图》的功能。（翻转课堂）

特许经营管理体系基础模型（1）

参照"特许经营管理体系构建和连锁加盟"情景图B，回答以下问题：

1、特许经营管理体系基础模型属于授权部分的是（　　　　　）、
（　　　　　）、（　　　　　）。

2、特许经营管理体系基础模型属于沟通部分的是：
（　　　　　）、
（　　　　　）。

3、特许经营管理体系基础模型属于属于支持部分的是：
（　　　　　）、（　　　　　）、
（　　　　　）、（　　　　　）、
（　　　　　）、（　　　　　）。

4、特许经营管理体系基础模型属于控制部分的是：
（　　　　　）、（　　　　　）、
（　　　　　）、（　　　　　）、

特许经营管理体系基础模型（2）

参照"特许经营管理体系构建和连锁加盟"情景图B，回答以下问题：

1、结合实际案例阐述"特许经营总部采用招区域加盟代理商，再由区域加盟代理商去招加盟者的方式"有哪些利弊？（翻转课堂）

2、结合实际案例阐述"特许经营总部采用直接招加盟者的方式"有哪些利弊？（翻转课堂）

特许经营中的特许人与受许人

参照"特许经营管理体系构建和连锁加盟"情景图C，回答以下问题：

1、什么是特许经营的特许人？结合实际案例阐述特许经营对特许人而言有哪些受益？

2、什么是特许经营的受许人？结合实际案例阐述特许经营对受许人而言有哪些受益？

特许经营与政府、社会的关联

参照"特许经营管理体系构建和连锁加盟"情景图C，回答以下问题：

1、特许经营对政府而言，是利于政府管理还是不利于政府管理？是能够降低政府管理成本还是提升政府管理成本？为什么？

2、特许经营对社会而言，是能促进社会稳定和繁荣还是相反？为什么？

3、在特许人、受许人、政府、社会四者关系中，哪个是主导？你是如何看待的？（翻转课堂）

学习心得

任务可团队分工完成，也可个人独立完成；可直接写在任务纸上，也可在自行准备的练习本上完成（注明任务名称）。

连锁功夫之 连锁经营基础（6）　B

"特许经营管理体系构建和连锁加盟" 情景图任务

2学时

时间TIME：
　年　月　日

个人姓名：　　　　　　团队名称：　　　　　　任务名称：

实到团队成员：

迟到团队成员：

旷课团队成员：　　　　　　请假团队成员：

参照"特许经营管理体系构建和连锁加盟"情景图D，回答以下问题：

从1984年皮尔卡丹进入中国作为中国大陆市场特许经营模式的开端，到21世纪的今天，特许经营在中国大陆经历了哪五个发展阶段？

特许经营发展的瓶颈

参照"特许经营管理体系构建和连锁加盟"情景图D，回答以下问题：

1、中国大陆发展特许经营存在哪8大瓶颈？

2、在以上特许经营发展的8大瓶颈中，你们认为最迫切要突破的是哪一个瓶颈？如何突破？（翻转课堂）

创业与连锁加盟

参照"特许经营管理体系构建和连锁加盟"情景图E，回答以下问题：

1、初次创业，自己独自创业和选择一个特许总部进行连锁加盟，哪个更适合些？请结合实际案例进行阐述。（翻转课堂）

2、结合实际案例阐述：作为一名加盟者，如何做对连锁加盟？

特许经营发展途径与阶段

参照"特许经营管理体系构建和连锁加盟"情景图F，回答以下问题：

1、发展特许经营有哪几种途径？

2、哪个途径的特许经营是国家《商业特许经营管理条例》中规定的标准模式？

3、特许经营事业从无到有到发展壮大，需要经过哪5个阶段？

特许经营利润来源

参照"特许经营管理体系构建和连锁加盟"情景图G，回答以下问题：

1、请画出"特许经营项目主要利润来源（模块）图"。

2、在"特许经营项目主要利润来源（模块）图"中，哪些是基础利润来源？哪些是未来的利润来源？如果你们的项目今后从事特许经营，你们如何设计利润结构？（翻转课堂）

学习心得

任务可团队分工完成，也可个人独立完成；可直接写在任务纸上，也可在自行准备的练习本上完成（注明任务名称）。

A 特许经营总部必须跨越的三个阶段

● 启步阶段　　● 形成阶段　　● 稳步成长阶段

此阶段包括项目策划、整体规划、品牌形象塑造形象、连锁模型、单店赢利模式设计实施、成功开办2家直营店、初步构建连锁总部、标准化系统初步构建、连锁软件管理系统和加盟招商体系初步构建、人才培养和储备等。

在6~8个省份形成有一定管理控制能力、持续赢利的连锁网络（每个省至少2家左右直营店，30家左右加盟店），在这营中不断加强总部、供应链和标准化体系建设，构建物流初级网络。

有行之有效的供应链系统（含物流）、标准化管理系统（含连锁软件和网络）、招商系统（含团队和网络）、评估系统（内外自适系统），全国达到30家直营店和35家或以上加盟店，年经营95%以上单店赢利，连锁总部业绩和加盟店数量持续稳定增长。

不论是先有总部后有店的情况，或是先有店后有总部的作法，总部最主要的功能，就是做一个"让门店顺利运作的幕后支撑系统"，门店与总部两者之间，很难各自独立生存，虽然有时候会因彼此双方利益及权利义务的认知差距而导致某些冲突，但基本上双方还是一体两面的"命运共同体"，有着互助依存而生的密切的关系。

B 以保证经营战略规划实现为目的的特许经营总部职能

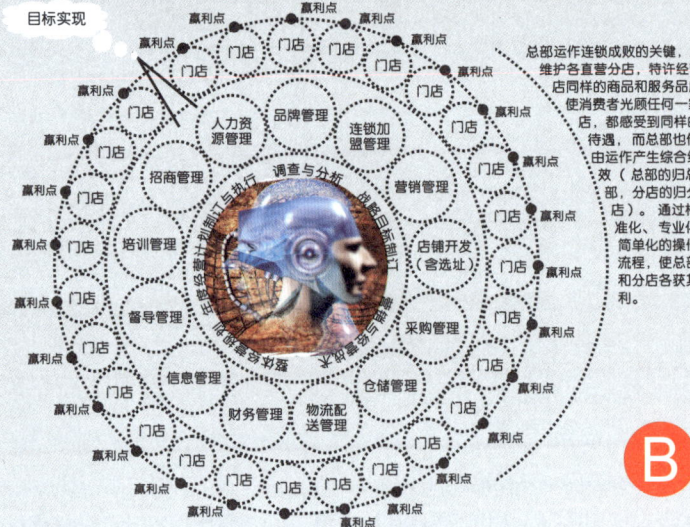

目标实现　赢利点　门店　门店　赢利点

人力资源管理　品牌管理　连锁加盟管理　调查与分析　营销管理　招商管理　店铺开发（含选址）　培训管理　采购管理　督导管理　仓储管理　信息管理　物流配送管理　财务管理

总部运作连锁成败的关键，是维护各直营分店、特许经营店同样的商品和服务品质，使消费者光顾任何一家店，都感受到同样的待遇，而总部也借由运作产生综合绩效（总部的归总部，分店的归分店）。通过标准化、专业化、简单化的操作流程，便总部和分店各获其利。

C 计划和预算管理的预见准确性
是特许经营总部规模化经营的一个必要前提条件

MANAGEMENT

凡是管理必须有计划
凡是计划必须有结果
凡是结果必须有责任
但是责任必须有检查
凡是检查必须有奖罚

很多企业和管理人员为什么不做计划？是因为脑子里有根深蒂固的一句话：计划赶不上变化。变化越快，恰恰说明计划水平越低。

目标管理的 5 大步骤 E

目标管理有两层含义：
（1）目标=时间+数字；（2）大目标是由小目标组成的，而小目标是由干事情的目的组成。

目标管理有五个步骤：
（1）目标订立；（2）目标分解；（3）目标推进；（4）目标修订；（5）目标王牌（目标护航），这五个步骤缺一不可。

目标订立有2个方法，一个是由下到上，一个是由上到下。订销售目标有一个原则比较好：就是看同期的历史数据，一个叫环比，一个叫同比。目标分解切忌平均分配。什么是目标修订？比如这个月我要完成100万，前面20天只完成了20万，这个时候不修正目标剩下的10天就没人关心了。如果10号就完成了90万，后面20天就特别放松，一放松想紧张起来就特别困难，如长假后好多员工很难进入工作状态。

目标管理的精髓：对个人而言，高目标比低目标好；对团体而言，宁愿订一个低目标实现了，也不要订一个高目标实现不了。

连锁"三化"原则与实现 D

简单化 → **转化为目标化管理**

简单化更易看见目标，便于目标的实现。目标是评价工作展现和能力的方式。有了目标会使工作绩效得以改进，设定目标并设法达成，会使组织和成员获得满足，达成目标可建立信心。

1、目标的设定：实际可行的，有时间限制的，明确而量化的，可以测量观察的。
2、目标的追踪：目标可以分为年度目标、季度目标、月度目标、每日目标等，设定目标后应该定期与其沟通目标的达成状况，并讨论解决的方式方法。
3、目标的达成：设定目标后，就要通过目标的达成状况进行惩罚与激励，要让组织的每个人感受到目标的重要性。

标准化 → **转化为规范化管理**

规范化管理是特许经营企业长久发展的后盾力量。规划化管理包括整体规划、项目策划、品牌和经营形象、连锁模型、流程与标准、单店赢利模式设计实施、成功开办2家直营店、初步构建连锁总部、标准化系统初步构建、连锁软件管理系统和加盟招商体系初步构建、人才培养和储备等。

专业化 → **转化为精细化管理**

精细化管理就是把关键环节进行细化，从而使其便于复制、迅速扩张，并长久保持统一性。精细化管理是因企业而异的，是因企业的发展阶段而异的，但其追求数字化、精致、细微、协同的最基本的理念则是一而贯之的。要推动精细化管理首先要实现数字化管理，用数字说话，将一切目标及计量用数字体现。

F 连锁"三化"在流程制订上的应用

流程PROCESS，是能够产生某种结果（产品/服务）的一系列行为程序或完成任务必不可少的过程。

解决一个问题：人人都会做，流程简化的两个要素：一个是做表格，一个是写程序。

流程简单化的三个方法：（1）消除过量的产生（占用资金、周转缓、浪费原材料）；（2）消除等待时间，如果领导人出差一定要找一个人代替他的位置；（3）消除不必要的作业，消除重复性劳动。

流程制订
简单化　流程设计　标准化　流程优化　流程贯彻　专业化

制订流程的2个办法：（1）请专业咨询机构做。（2）从同行业中寻找优秀职业经理人，黄埔一期、黄埔二期，如李云龙从俘虏中找到了常乃超。

不要用复杂的文字来描述流程，流程要讲求精确度。写流程千万不要用形容词，比如快速的服务。什么是快速的服务？一分钟内完成这个流程的服务。

写细节，细节可以让你比别人做得更好，你有的我比你更到位，你没有的我有了，而且取得了好的成效。

在企业之中，凡是重复性的劳动都值得写流程。制订流程要有一个人性化的过程：看了不会累。

G 受资本青睐的SMILE原则在特许经营总部的应用

（1）标准化原则（STANDARD）；
（2）管理能力（MANAGEMENT）；
（3）内部人员对行业的理解；
（4）第一阵容（规模和营业总量在行业内排名靠前）；
（5）电子商务。

既要低头拉车，又要抬头看路，但我们的企业里面低头拉车的人很多，抬头看路的很少。

特许经营总部的治理

一个企业治理结构就是对决策者的管理过程。一个特许经营总部成为伟大的企业是一个漫长的过程，但倒下去就是一瞬间的事情。

H

你是谁？你要去哪里？你怎样到那里？（企业治理结构+管理结构）

要有最高管理者退出机制。国外的企业高管就象跑接力一样，一个跑一段，有的擅长直道，有的擅长跑弯道。

连锁功夫之
—— 特许经营总部篇（1）——
特许经营总部管理 与"连锁三化"

翻转课堂

① 面包店

② 水果店

③ 快餐店

④ 眼镜店

⑤ 便利店

⑥ 服装店

1、为保证"实体企业连锁"学习和训练的连贯性，请尽量选择右边的六类门店。

2、"实体企业连锁"是一个团队相互协作、相互配合的过程，请尽量采用团队的方式进行训练，每个团队建议5–7人。用于个人学习和训练时，请预先植入这样的观念：一个人可能会走得更快，但一群人（团队）可能会走得更远。

3、翻转课堂时使用的必备工具为：翻转课堂情景图和与之配套的任务纸。完成任务从情景图中找线索，翻转课堂换位思考，提升发现问题和解决问题的能力。老师根据线索和翻转课堂情况探讨式推进，教学相长。

4、"特许经营管理与连锁'三化'"设计为4个学时（每学时45分钟），2个学时为一次。可4个学时连贯学习，也可分2次。

团队训练时如何选择门店？

方式一：使用大色子或小色子（自行手工制作或购买）

1、分好团队后，每个团队派出一名代表，掷色子决定拟开的门店。1是面包店，2是水果店，3是快餐店，4是眼镜店，5是便利店，6是服装店。不同团队所选项目可以是同一类门店。

2、同一类门店之间有竞争。在同一个商圈内，同一类门店的数量越多，竞争将会越激烈。

温馨提示：团队训练时，使用大色子来选门店，视觉效果和现场效果更好。

方式二：纸条抓阄

1、裁好6张纸条，每张纸条内对应有1–6个数字，折叠好纸条。

2、团队代表上台抽选数字决定门店类型。

3、超过6个团队，打开的纸条可再次折叠，重复使用。

个人学习时如何选择门店？

1、个人学习时，可参考团队训练时抽选门店的方法。使用大色子、小色子或是写好纸条自己抓阄均可。

2、掷到或抓到1是面包店，掷到或抓到2是水果店，掷到或抓到3是快餐店，掷到或抓到4是眼镜店，掷到或抓到5是便利店，掷到或抓到6是服装店。

3、也可以根据个人自身的实际情况，自定目标门店进行情景式模拟训练和学习。

团队训练时的激励工具：卓启币（卓心启业）

编号	姓名	课名：		课名：		课名：		课名：		课名：		小计	
		奖卓启币	扣卓启币	奖卓启币	扣卓启币	奖卓启币	扣卓启币	奖卓启币	扣卓启币	奖卓启币	扣卓启币	奖卓启币	扣卓启币

卓启币（虚拟教学币）使用说明：

1、当次课，成员全部按时到齐的团队获得卓启币奖励资格：团队派代表上台进行翻转课堂分享，翻转课堂表现优秀的上台团队代表获20个卓启币，该团队成员获10个卓启币，登记在此表格上，或另行制作EXCEL表格予以登记。每个团队在2个学时内只拥有一次上台资格。每10个卓启币可获取1分的加分，全部课程结束后进行卓启币累计和加分换算。

2、有成员迟到、早退、旷课的团队取消当次课上台分享资格，以2个学时为一次课计，当次课，该团队迟到成员扣10个卓启币；早退成员扣10个卓启币；旷课成员扣30个卓启币。每–10个卓启币减1分，全部课程结束后进行卓启币累计和扣分换算。

关于课堂任务完成情况的判断标准

1、一张翻转课堂情景图配4个学时的对应课堂任务（分为2次，每次2个学时），课堂任务不设标准答案，全部任务由学生根据预设的任务线索在翻转课堂过程和老师互动中完成，即可由团队分工合作书面完成，也可由个人书面完成。课堂任务见对应的任务纸。

2、根据任务的难度和完成的质量、数量、创新性、相关性、匹配程度等，给予具体评分：90–99、80–89、70–79、60–69、50–59、40–49、30–39、0–29。未做任务者计0分。

参考答案

情景图任务的参考答案线索和思路都隐含在情景图和任务纸中，请灵活掌握。线索和思路不是标准答案，仅起到参考和抛砖引玉的作用。

老师备课使用的《授课说明》和课件PPT等非本书必备配套，没有亦不影响使用。

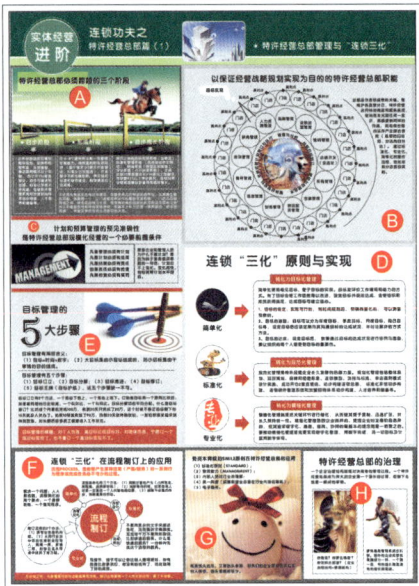

连锁功夫之 特许经营总部篇（1） A

"特许经营管理总部管理与'连锁三化'"情景图任务

时间TIME：
年 月 日

2学时

个人姓名：　　　　团队名称：　　　　任务名称：

实到团队成员：

迟到团队成员：

旷课团队成员：　　　　请假团队成员：

参照"特许经营管理总部管理与'连锁三化'"情景图A，回答以下问题：

1、特许经营总部必须跨越哪三个阶段？

2、请结合实际案例对以上每个阶段进行简要阐述。（翻转课堂）

特许经营总部构建

参照"特许经营管理总部管理与'连锁三化'"情景图A，回答以下问题：

1、特许经营是适合先建总部后做连锁加盟，还是先做连锁加盟再建总部？请结合实际案例进行阐述。

2、特许经营总部为什么要采用"直营+加盟"的方式？你们认为直营店和加盟店的比例应是多少？为什么？（翻转课堂）

特许经营总部职能与战略规划（1）

参照"特许经营管理总部管理与'连锁三化'"情景图B，回答以下问题：

1、特许经营总部职能有（　　　　），（　　　　），
（　　　　），（　　　　），（　　　　），
（　　　　），（　　　　），（　　　　），
（　　　　），（　　　　），（　　　　），
（　　　　），（　　　　）。

2、特许经营总部经营战略规划包括：

（　　　　　　　　　　　　　　），
（　　　　　　　　　　　　　　），
（　　　　　　　　　　　　　　），
（　　　　　　　　　　　　　　），
（　　　　　　　　　　　　　　）。

特许经营总部职能与战略规划（2）

参照"特许经营管理总部管理与'连锁三化'"情景图B，回答以下问题：

在分析"特许经营管理总部管理与'连锁三化'"图B的构成要点的基础上，结合实际案例阐述特许经营战略规划、特许经营总部职能与门店、赢利点之间的作用关系。（翻转课堂）

特许经营总部经营与管理

参照"特许经营管理总部管理与'连锁三化'"情景图C，回答以下问题：

1、特许经营总部规模化经营的一个必要前提条件是：
（　　　　　　　　　　　　　　　　　　）

2、特许经营总部管理的5个凡是是什么？
（　　　　　　　　　　　　　　　　　　）
（　　　　　　　　　　　　　　　　　　）
（　　　　　　　　　　　　　　　　　　）
（　　　　　　　　　　　　　　　　　　）
（　　　　　　　　　　　　　　　　　　）

3、"计划赶不上变化"到底是什么原因造成的？请结合实际案例进行阐述。（翻转课堂）

学习心得

任务可团队分工完成，也可个人独立完成；可直接写在任务纸上，也可在自行准备的练习本上完成（注明任务名称）。

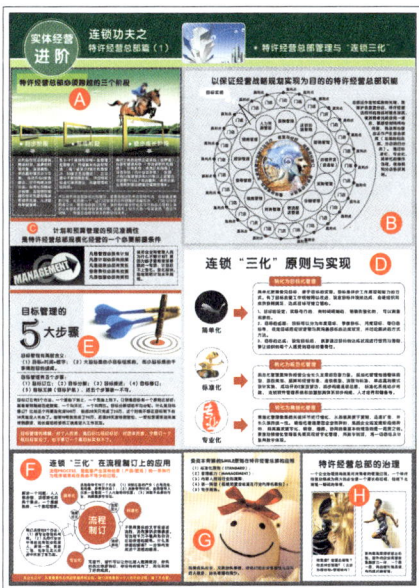

连锁功夫之 特许经营总部篇（1） B

"特许经营管理总部管理与'连锁三化'"情景图任务

2学时

个人姓名：	团队名称：	任务名称：

实到团队成员：

迟到团队成员：

旷课团队成员：　　　　　　　　请假团队成员：

参照"特许经营管理总部管理与'连锁三化'"情景图D，回答以下问题：

1、特许经营的"连锁三化"原则是：（　　　　　）、（　　　　　）、（　　　　　）。

2、特许经营的"连锁三化"原则可以分别转化为（　　　　　　　　　）、（　　　　　　）、（　　　　　　　　　）进行落地和实现。

3、结合团队所选项目阐述在"连锁三化"原则中，哪个原则最重要？如何去实现？（翻转课堂）

特许经营总部目标管理

参照"特许经营管理总部管理与'连锁三化'"翻转课堂图E，回答以下问题：

1、目标 =（　　　　　　）+（　　　　　　）。

2、大目标是由（　　　　）组成的，而（　　　　）又是由（　　　　　）组成。

3、目标管理有哪5个步骤？（　　　　　）、（　　　　　）、（　　　　　）、（　　　　　）、（　　　　　）。

4、结合实际案例阐述如何实施目标管理的5个步骤？（翻转课堂）

"连锁三化"在流程制订上的应用

参照"特许经营管理总部管理与'连锁三化'"情景图F，回答以下问题：

1、制订流程的两个方法是：（　　　　　）、（　　　　　）。

2、实现流程简单化的三个方法是：（　　　　　）、（　　　　　）、（　　　　　）。

3、流程简化的两个要点是：（　　　　　）、（　　　　　）。

4、结合实际阐述如何实现流程的标准化？（翻转课堂）

5、结合实际阐述如何进行流程设计、贯彻和优化？（翻转课堂）

SMILE 原则与特许经营总部

参照"特许经营管理总部管理与'连锁三化'"情景图G，回答以下问题：

1、受资本青睐的SMILE原则是什么？

2、在SMILE五大原则中，请结合所选项目，将你们认为最重要的前3个列一下顺序，结合实际阐述理由。（翻转课堂）

特许经营总部的治理

参照"特许经营管理总部管理与'连锁三化'"情景H，回答以下问题：

1、"一个企业治理结构就是对决策者的管理过程。"请结合实际案例阐述你对这句话的理解。

2、"对于特许经营总部的治理，要有最高管理者退出机制。国外的企业高管就象跑接力一样，一个跑一段，有的擅长跑直道，有的擅长跑弯道。"请结合实际案例阐述你对这句话的理解。（翻转课堂）

学习心得

任务可团队分工完成，也可个人独立完成；可直接写在任务纸上，也可在自行准备的练习本上完成（注明任务名称）。

A

监控和信任 哪个更重要？

信任固然好，监控更重要。
管理中可能有不信任的控制，但绝不存在没有控制的信任。

B 什么是督导？

门店运营状况 督导工作

督导就是监督和指导。专职的市场督导就是针对门店（市场终端）进行的监督和指导的行为。作为一项综合性和专业性都很强的工作，市场督导在连锁门店管理和市场营销中扮演着愈来愈重要的角色，同时对督导人员素质的要求也越来越高。

要使门店员工积极有效地工作，不断对他们进行激励和培训，同时也离不开对他们进行必要的监督与指导，这项工作主要由督导来完成。

C 督导基本组织架构

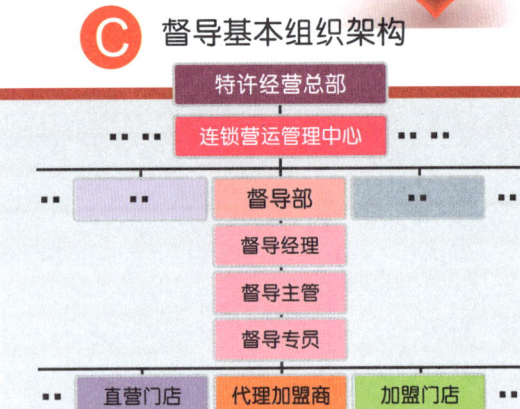

```
特许经营总部
连锁营运管理中心
督导部
督导经理
督导主管
督导专员
直营门店    代理加盟商    加盟门店
```

督导基本功

Kan 看 看，就是通过对门店现场的观察去判断工作是否到位。

听 Ting 听，就是进入门店去充分感觉员工的"四声"服务：对顾客的招呼声、报价声、唱收唱付声、道别声。

Cha 查 每个门店都有基本台账，通过对这些台账的检查可以反映出店长平时的管理水平、管理深度及管理的效果等。

问 Wen 巡店过程中要非常用心与顾客、店长及员工进行沟通。要从顾客方面去了解他们所需要的商品，了解他们所需要的服务，了解我们工作中所存在的问题。

FanKui 反馈 除了向总部相关部门反馈信息，反馈也包括对门店所存在问题的及时解决，还包括对一些涉及其他部门的问题的传达，而且要在下次巡店过程中对这些问题进行反馈。

D "督导专员"职责履行图

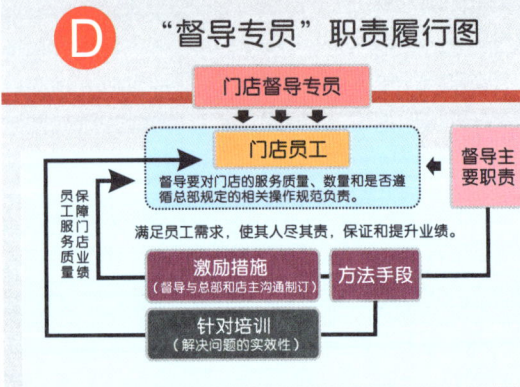

```
门店督导专员
门店员工
督导要对门店的服务质量、数量和是否遵循总部规定的相关操作规范负责。
督导主要职责
满足员工需求，使其人尽其责，保证和提升业绩。
激励措施（督导与总部和店主沟通制订）  方法手段
针对培训（解决问题的实效性）
员工保障门店服务质量业绩
```

E 督导部门沟通层级与基本权限

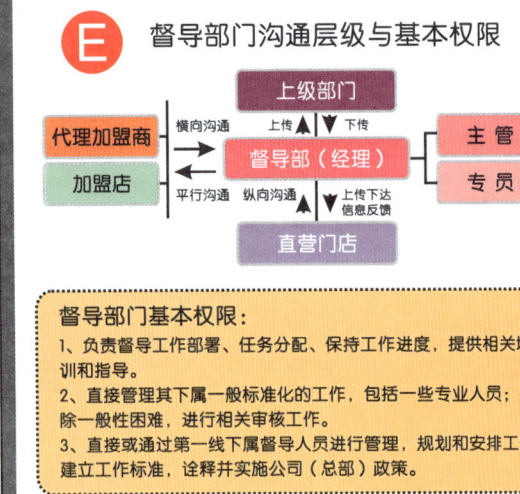

```
上级部门
代理加盟商  横向沟通  上传↑↓下传  主管
加盟店       督导部（经理）        专员
             平行沟通  纵向沟通  上传下达 信息反馈
             直营门店
```

督导部门基本权限：
1、负责督导工作部署、任务分配、保持工作进度，提供相关培训和指导。
2、直接管理其下属一般标准化的工作，包括一些专业人员；排除一般性困难，进行相关审核工作。
3、直接或通过第一线下属督导人员进行管理，规划和安排工作，建立工作标准，诠释并实施公司（总部）政策。

"督导"主要内容 G

1 督导营运标准 连锁企业是在标准化、统一化的环境中运营的。特许总部必须制订和完善《特许经营操作手册》并督导门店正确执行。

督导专员检查的重点是：
1、各门店的营运标准是否统一，各直营店、加盟店是否对统一的营运标准进行了任意地篡改。
2、员工是否清楚地理解了门店营运标准，员工的培训是否达到预期的目的。
3、现有的标准流程与商品布置情况是否存在问题，是否有改进的余地等等。

门店员工是否按照标准开展工作的直观指标
1、产品的陈列、摆设是否标准统一；
2、门店员工的仪容仪表是否符合公司的统一标准；
3、员工的心态是否积极、热情，产品知识、导购技巧是否娴熟，并有效执行；
4、上次遗留问题解决的执行情况；
5、促销活动是否按照公司规定认真执行等。

2 督导执行状态 定期督导是一项常规性工作，要对门店的服务质量控制、服务效果、员工工作技能、员工态度等做出评价。

定期督导是一种正式的检查和交流。
优点：督导部门或督导人员可以方便地对门店经营的各个方面进行检查，通过正式的渠道获得相关的数据。
缺点：当门店员工知道有督导来检查时，可能会积极表现，行为与平时不一致，或者隐藏存在的不利问题，从而使得督导结果不一定能真实地反映门店员工的工作行为和状态。

3 对门店员工进行指导、培训，使他们能够正确地开展工作。

4 对门店员工进行必要的激励和鼓励。

督导要善于发现问题，客观地描述所发现的问题，把督导结果如实反映给总部相关部门，以便及时修正和改善，并为员工培训提供参考。

"督导"主要方法 H

日常督导 日常督导就是总部督导部门或各职能部门，定期或不定期地对门店员工或者所属部门的员工的日常行为和门店的日常经营情况进行监督指导。

"日常督导"的重点是店内与顾客接触点服务（包括成交率）。

影子顾客 "影子顾客"即神秘顾客，是指企业聘请顾客以顾客的身份，以顾客的身份、立场和态度来体验卖场的服务，从中发现门店经营中存在的问题。

"影子顾客"是一种行之有效的督导方法。 由于"影子顾客"来无影、去无踪，而且没有时间规律，这就使得连锁门店店长、店员时时感受到某种压力，不敢有丝毫懈怠；从而时刻保持饱满的工作状态，这样提高了门店员工的责任心和服务质量。

"影子顾客"能看到最真实的一面。 "影子顾客"暗访这种方式之所以被企业的管理者所采用，原因就在于"影子顾客"所观察到的是服务人员下意识的表现。从心理和行为学角度，人在下意识时的表现是最真实的。

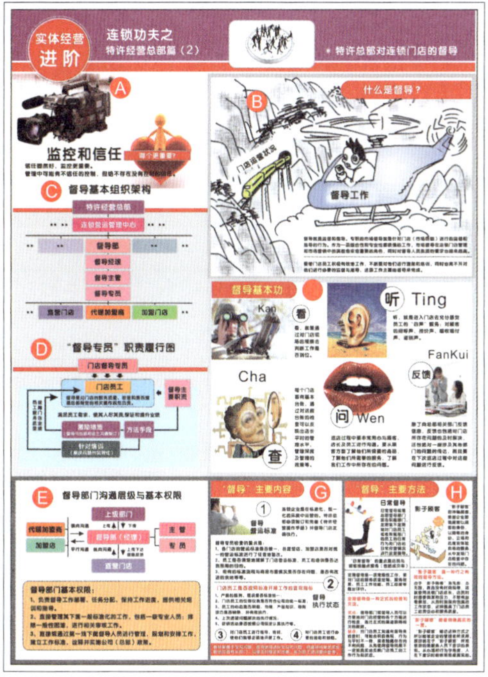

连锁功夫之
——特许经营总部篇（2）——
特许经营总部
对连锁门店的督导

翻转课堂

① 面包店
② 水果店
③ 快餐店
④ 眼镜店
⑤ 便利店
⑥ 服装店

1、为保证"实体企业连锁"学习和训练的连贯性，请尽量选择右边的六类门店。

2、"实体企业连锁"是一个团队相互协作、相互配合的过程，请尽量采用团队的方式进行训练，每个团队建议5-7人。用于个人学习和训练时，请预先植入这样的观念：一个人可能会走得更快，但一群人（团队）可能会走得更远。

3、翻转课堂时使用的必备工具为：翻转课堂情景图和与之配套的任务纸。完成任务从情景图中找线索，翻转课堂换位思考，提升发现问题和解决问题的能力。老师根据线索和翻转课堂情况探讨式推进，教学相长。

4、"特许经营总部对连锁企业的督导"设计为4个学时（每学时45分钟），2个学时为一次。可4个学时连贯学习，也可分2次。

团队训练时如何选择门店?

方式一：使用大色子或小色子（自行手工制作或购买）

1、分好团队后，每个团队派出一名代表，掷色子决定拟开的门店。1是面包店，2是水果店，3是快餐店，4是眼镜店，5是便利店，6是服装店。不同团队所选项目可以是同一类门店。

2、同一类门店之间有竞争。在同一个商圈内，同一类门店的数量越多，竞争将会越激烈。

温馨提示：团队训练时，使用大色子来选门店，视觉效果和现场效果更好。

方式二：纸条抓阄

1、裁好6张纸条，每张纸条内对应有1-6个数字，折叠好纸条。

2、团队代表上台抽选数字决定门店类型。

3、超过6个团队，打开的纸条可再次折叠，重复使用。

个人学习时如何选择门店?

1、个人学习时，可参考团队训练时抽选门店的方法。使用大色子、小色子或是写好纸条自己抓阄均可。

2、掷到或抓到1是面包店，掷到或抓到2是水果店，掷到或抓到3是快餐店，掷到或抓到4是眼镜店，掷到或抓到5是便利店，掷到或抓到6是服装店。

3、也可以根据个人自身的实际情况，自定目标门店进行情景式模拟训练和学习。

团队训练时的激励工具：卓启币（卓心启业）

编号	姓 名	课名：奖卓启币	课名：扣卓启币	课名：奖卓启币	课名：扣卓启币	课名：奖卓启币	课名：扣卓启币	课名：奖卓启币	课名：扣卓启币	课名：奖卓启币	课名：扣卓启币	小计奖卓启币	小计扣卓启币

卓启币（虚拟教学币）使用说明：

1、当次课，成员全部按时到齐的团队获得卓启币奖励资格：团队派代表上台进行翻转课堂分享，翻转课堂表现优秀的上台团队代表获20个卓启币，该团队成员获10个卓启币，登记在此表格上，或另行制作EXCEL表格予以登记。每个团队在2个学时内只拥有一次上台资格。每10个卓启币可获取1分的加分，全部课程结束后进行卓启币累计和加分换算。

2、有成员迟到、早退、旷课的团队取消当次课上台分享资格，以2个学时为一次课计，当次课，该团队迟到成员扣10个卓启币；早退成员扣10个卓启币；旷课成员扣30个卓启币。每-10个卓启币减1分，全部课程结束后进行卓启币累计和扣分换算。

关于课堂任务完成情况的判断标准

1、一张翻转课堂情景图配4个学时的对应课堂任务（分为2次，每次2个学时），课堂任务不设标准答案，全部任务由学生根据预设的任务线索在翻转课堂过程和老师互动中完成，即可由团队分工合作书面完成，也可由个人书面完成。课堂任务见对应的任务纸。

2、根据任务的难度和完成的质量、数量、创新性、相关性、匹配程度等，给予具体评分：90-99、80-89、70-79、60-69、50-59、40-49、30-39、0-29。未做任务者计0分。

参考答案

情景图任务的参考答案线索和思路都隐含在情景图和任务纸中，请灵活掌握。线索和思路不是标准答案，仅起到参考和抛砖引玉的作用。

老师备课使用的《授课说明》和课件PPT等非本书必备配套，没有亦不影响使用。

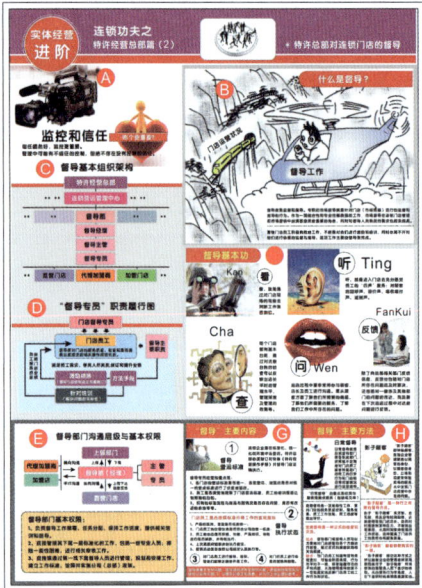

"特许经营总部对连锁企业的督导"情景图任务

时间TIME：
年　月　日

2学时

个人姓名：　　　　　　团队名称：　　　　　　任务名称：

实到团队成员：

迟到团队成员：

旷课团队成员：　　　　　　请假团队成员：

参照"特许经营总部对连锁企业的督导"情景图A，回答以下问题：

"监控与信任哪个更重要？"结合实际进行阐述。（翻转课堂）

特许经营总部对门店的督导（1）

参照"特许经营总部对连锁企业的督导"情景图A，回答以下问题：

你们团队的项目假设已有多家直营店和加盟店，请结合相关案例，从督导的角度阐述一下你们打算如何管理下面的门店？（翻转课堂）

特许经营总部对门店的督导（2）

参照"特许经营总部对连锁企业的督导"情景图B，回答以下问题：

1、督导就是（　　　　　）和（　　　　　），专职的市场督导是专门针对（　　　　　）的。

2、结合实际案例阐述"连锁总部、督导、连锁门店管理这三者之间的关系。"（翻转课堂）

特许经营总部对门店的督导（3）

参照"特许经营总部对连锁企业的督导"情景图C，回答以下问题：

1、画出督导的基本组织架构。

2、根据所画的"督导的基本组织架构"，结合实际案例阐述利弊。

特许经营总部对门店的督导（4）

参照"特许经营总部对连锁企业的督导"情景图D，回答以下问题：

1、画出《督导专员责任履行图》。

2、根据所画的《督导专员责任履行图》，结合实际案例阐述如何落实督导职责？（翻转课堂图）

学习心得

任务可团队分工完成，也可个人独立完成；可直接写在任务纸上，也可在自行准备的练习本上完成（注明任务名称）。

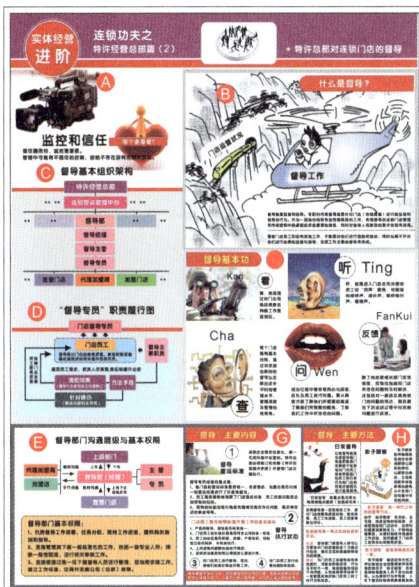

连锁功夫之 特许经营总部篇（2） B

"特许经营总部对连锁企业的督导"情景图任务

时间TIME：
年 月 日

2学时

个人姓名：	团队名称：	任务名称：

实到团队成员：

迟到团队成员：

旷课团队成员： 请假团队成员：

参照"特许经营总部对连锁企业的督导"情景图E，回答以下问题：

画出督导部门沟通层级关系，并阐述督导基本权限有哪些？

督导基本功（1）

参照"特许经营总部对连锁企业的督导"情景图F，回答以下问题：

1、结合实际案例，阐述你们对督导基本功之一"看"的理解。

2、结合实际案例，阐述你们对督导基本功之一"听"的理解。（翻转课堂）

督导基本功（2）

参照"特许经营总部对连锁企业的督导"情景图F，回答以下问题：

1、结合实际案例，阐述你们对督导基本功之一"问"的理解。（翻转课堂）

2、结合实际案例，阐述你们对督导基本功之一"反馈"的理解。

督导标准

参照"特许经营总部对连锁企业的督导"情景图G，回答以下问题：

1、督导要善于（　　　），公正、客观地描述所发现的（　　　），把（　　　）如实反映给总部有关部门，以便总部做出及时修正和改善，并为员工培训提供参考。

2、对于督导营运标准，督导专员检查的重点有哪些？（翻转课堂）

3、对于督导执行状态，"门店员工是否按照标准开展工作的直观指标"有哪些？

督导方法

参照"特许经营总部对连锁企业的督导"情景图H，回答以下问题：

1、"督导"的主要方法有（　　　）和（　　　）两种。

2、"日常督导"重点是店员与顾客接触点服务，结合实际案例阐述你们对这句话是如何理解的？

3、（　　　　　）是一种正式的检查和交流。

4、结合实际案例阐述你们对"影子顾客"的理解。（翻转课堂）

学习心得

任务可团队分工完成，也可个人独立完成；可直接写在任务纸上，也可在自行准备的练习本上完成（注明任务名称）。

连锁功夫之
特许经营总部篇（3）

● 打造特许经营总部执行力

执行力就是把有执行力的人放到执行的位置上去，上司坚定不移地支持他。

A1 A2 A3 A4

把有执行力的大放到执行的位置上去

执行力 背后是什么？

B
1、分工合理 2、责任清晰
3、目标明确 4、方法正确
5、跟踪指导 6、奖罚分明
7、制度为王

个人执行力的12个考察指标

01、自制力
02、工作能力
03、情绪控制能力
04、专注力
05、行动力
06、计划能力
07、组织能力
08、时间管理能力
09、实现目标的能力
10、灵活性
11、观察力
12、抗压力

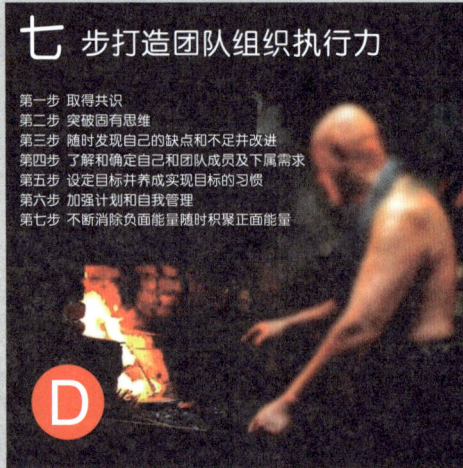

C

七 步打造团队组织执行力

第一步 取得共识
第二步 突破固有思维
第三步 随时发现自己的缺点和不足并改进
第四步 了解和确定自己和团队成员及下属需求
第五步 设定目标并养成实现目标的习惯
第六步 加强计划和自我管理
第七步 不断消除负面能量随时积聚正面能量

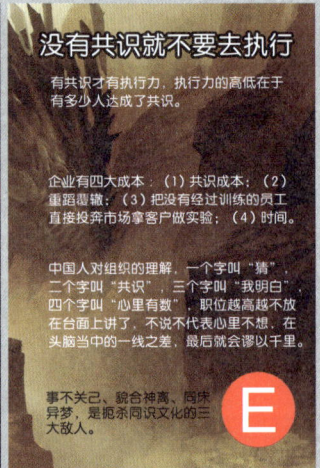

D

没有共识就不要去执行

有共识才有执行力，执行力的高低在于有多少人达成了共识。

企业有四大成本：（1）共识成本；（2）重蹈覆辙；（3）把没有经过训练的员工直接投奔市场拿客户做实验；（4）时间。

中国人对组织的理解，一个字叫"猜"，二个字叫"共识"，三个字叫"我明白"，四个字叫"心里有数"，职位越高越不放在台面上讲了，不说不代表心里不想，在头脑当中的一线之差，最后就会谬以千里。

事不关己、貌合神离、同床异梦，是扼杀同识文化的三大敌人。

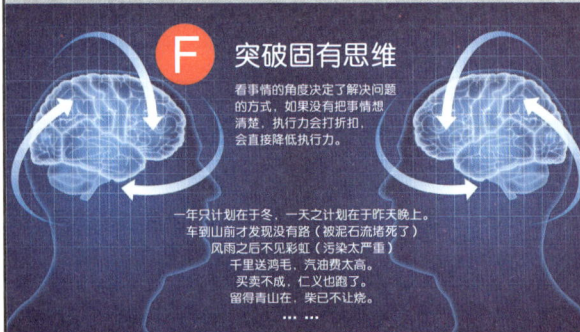

E

F 突破固有思维

看事情的角度决定了解决问题的方式，如果没有把事情想清楚，执行力会打折扣，会直接降低执行力。

一年只计划在于冬，一天之计划在于昨天晚上。
车到山前才发现没有路（被泥石流堵死了）
风雨之后不见彩虹（污染太严重）
千里送鸿毛，汽油费太高。
买卖不成，仁义也跑了。
留得青山在，柴不让烧。
…

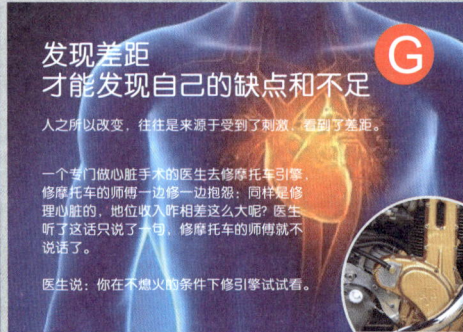

G 发现差距 才能发现自己的缺点和不足

人之所以改变，往往是来源于受到了刺激，看到了差距。

一个专门做心脏手术的医生去修摩托车引擎，修摩托车的师傅一边修一边抱怨；同样是修理心脏的，地位收入咋相差这么大呢？医生听了这话只说了一句，修摩托车的师傅就不说话了。

医生说：你在不熄火的条件下修引擎试试看。

H 如何了解需求？

给予与需求要匹配。针对需求的激励才是有效的和投入产出比最高的。

如何让能人变得可靠、懒人变得勤快、庸人变得可用？

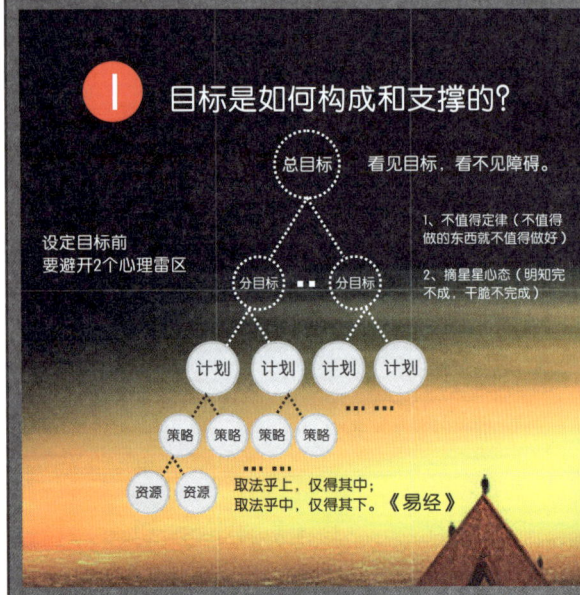

I 目标是如何构成和支撑的？

看见目标，看不见障碍。

设定目标前要避开2个心理雷区

总目标

分目标 分目标

计划 计划 计划 计划

策略 策略 策略 策略

资源 资源

1、不值得定律（不值得做的东西就不值得做好）

2、摘星星心态（明知完不成，干脆不完成）

取法乎上，仅得其中；
取法乎中，仅得其下。《易经》

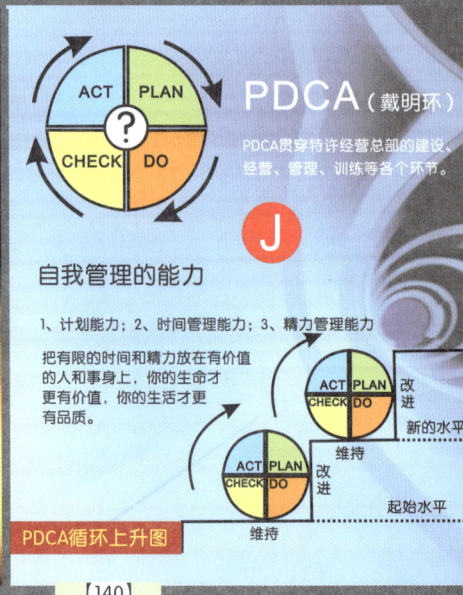

J PDCA（戴明环）

ACT PLAN
？
CHECK DO

PDCA贯穿特许经营总部的建设、经营、管理、训练等各个环节。

自我管理的能力

1、计划能力；2、时间管理能力；3、精力管理能力

把有限的时间和精力放在有价值的人和事身上，你的生命才更有价值，你的生活才更有品质。

ACT PLAN
CHECK DO
改进
维持
新的水平

ACT PLAN
CHECK DO
改进
维持
起始水平

PDCA循环上升图

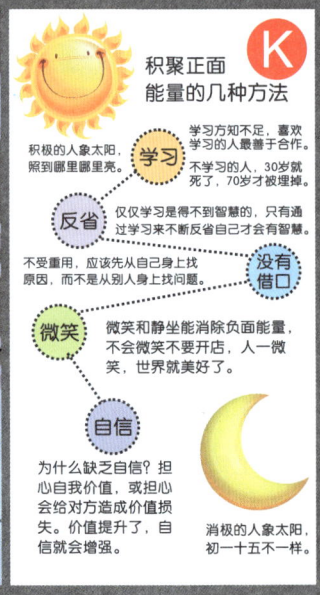

K 积聚正面能量的几种方法

积极的人象太阳，照到哪里哪里亮。

学习 学习方知不足，喜欢学习的人最善于合作。不学习的人，30岁就死了，70岁才被埋掉。

反省 仅仅学习是得不到智慧的，只有通过学习来不断反省自己才会有智慧。

没有借口 不受重用，应该先从自己身上找原因，而不是从别人身上找问题。

微笑 微笑和静坐能消除负面能量，不会微笑不要开店，人一微笑，世界就美好了。

自信 为什么缺乏自信？担心自我价值，或担心会给对方造成价值损失。价值提升了，自信就会增强。

消极的人象太阳，初一十五不一样。

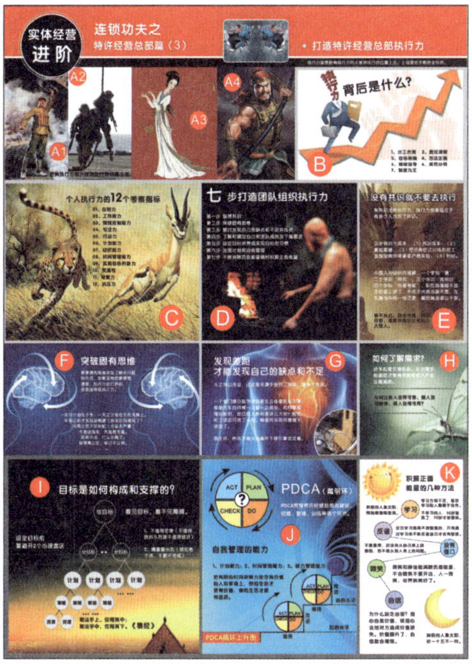

连锁功夫之
—— 特许经营总部篇（2）——
打 造
特许经营总部执行力

翻转课堂

1 面包店
2 水果店
3 快餐店
4 眼镜店
5 便利店
6 服装店

1、为保证"实体企业连锁"学习和训练的连贯性，请尽量选择右边的六类门店。

2、"实体企业连锁"是一个团队相互协作、相互配合的过程，请尽量采用团队的方式进行训练，每个团队建议5~7人。用于个人学习和训练时，请预先植入这样的观念：一个人可能会走得更快，但一群人（团队）可能会走得更远。

3、翻转课堂时使用的必备工具为：翻转课堂情景图和与之配套的任务纸。完成任务从情景图中找线索，翻转课堂换位思考，提升发现问题和解决问题的能力。老师根据线索和翻转课堂情况探讨式推进，教学相长。

4、"打造特许经营总部执行力"设计为4个学时（每学时45分钟），2个学时为一次。可4个学时连贯学习，也可分2次。

团队训练时如何选择门店?

方式一：使用大色子或小色子（自行手工制作或购买）

1、分好团队后，每个团队派出一名代表，掷色子决定拟开的门店。1是面包店，2是水果店，3是快餐店，4是眼镜店，5是便利店，6是服装店。不同团队所选项目可以是同一类门店。

2、同一类门店之间有竞争。在同一个商圈内，同一类门店的数量越多，竞争将会越激烈。

温馨提示：团队训练时，使用大色子来选门店，视觉效果和现场效果更好。

方式二：纸条抓阄

1、裁好6张纸条，每张纸条内对应有1~6个数字，折叠好纸条。

2、团队代表上台抽选数字决定门店类型。

3、超过6个团队，打开的纸条可再次折叠，重复使用。

个人学习时如何选择门店?

1、个人学习时，可参考团队训练时抽选门店的方法。使用大色子、小色子或是写好纸条自己抓阄均可。

2、掷到或抓到1是面包店，掷到或抓到2是水果店，掷到或抓到3是快餐店，掷到或抓到4是眼镜店，掷到或抓到5是便利店，掷到或抓到6是服装店。

3、也可以根据个人自身的实际情况，自定目标门店进行情景式模拟训练和学习。

团队训练时的激励工具：卓启币（卓心启业）

编号	姓 名	课名:		课名:		课名:		课名:		课名:		小 计	
		奖卓启币	扣卓启币	奖卓启币	扣卓启币	奖卓启币	扣卓启币	奖卓启币	扣卓启币	奖卓启币	扣卓启币	奖卓启币	扣卓启币

卓启币（虚拟教学币）使用说明：

1、当次课，成员全部按时到齐的团队获得卓启币奖励资格：团队派代表上台进行翻转课堂分享，翻转课堂表现优秀的上台团队代表获20个卓启币，该团队成员获10个卓启币，登记在此表格上，或另行制作EXCEL表格予以登记。每个团队在2个学时内只拥有一次上台资格。每10个卓启币可获取1分的加分，全部课程结束后进行卓启币累计和加分换算。

2、有成员迟到、早退、旷课的团队取消当次课上台分享资格，以2个学时为一次课计，当次课，该团队迟到成员扣10个卓启币；早退成员扣10个卓启币；旷课成员扣30个卓启币。每-10个卓启币减1分，全部课程结束后进行卓启币累计和扣分换算。

关于课堂任务完成情况的判断标准

1、一张翻转课堂情景图配4个学时的对应课堂任务（分为2次，每次2个学时），课堂任务不设标准答案，全部任务由学生根据预设的任务线索在翻转课堂过程和老师互动中完成，即可由团队分工合作书面完成，也可由个人书面完成。课堂任务见对应的任务纸。

2、根据任务的难度和完成的质量、数量、创新性、相关性、匹配程度等，给予具体评分：90~99、80~89、70~79、60~69、50~59、40~49、30~39、0~29。未做任务者计0分。

参考答案

情景图任务的参考答案线索和思路都隐含在情景图和任务纸中，请灵活掌握。线索和思路不是标准答案，仅起到参考和抛砖引玉的作用。

老师备课使用的《授课说明》和课件PPT等非本书必备配套，没有亦不影响使用。

连锁功夫之 特许经营总部篇（3）

A

"打造特许经营总部执行力" 情景图任务

时间TIME：
年 月 日

2学时

个人姓名：　　　　　团队名称：　　　　　任务名称：

实到团队成员：

迟到团队成员：

旷课团队成员：　　　　　　　请假团队成员：

参照"打造特许经营总部执行力"情景图A，回答以下问题：

1、A1是董存瑞，A2是海军陆战队，是A1的执行力强还是A2的执行力强？为什么？（翻转课堂）

2、A3是林黛玉，A4是张飞，是A3的执行力强还是A4的执行力强？为什么？（翻转课堂）

执行力（1）

参照"打造特许经营总部执行力"情景图A，回答以下问题：

1、结合实际案例，阐述什么是执行力？

2、"优秀的团队有这样一个强势思维：让老板操心是我们无能呀！"请结合执行力谈谈你对这句话有何看法？（翻转课堂）

执行力（2）

参照"打造特许经营总部执行力"情景图B，回答以下问题：

1、执行力的背后有七个要素，分别是（　　　　　）、
（　　　　　）、（　　　　　）、
（　　　　　）、（　　　　　）、
（　　　　　）和（　　　　　）。

2、根据团队选择的项目，结合实际案例阐述：在执行力背后七个要素中，你们认为最重要的三个要素是什么？为什么？（翻转课堂）

执行力（3）

参照"打造特许经营总部执行力"情景图C，回答以下问题：

1、个人执行力的12个考察指标是什么？

2、在个人执行力的12个考察指标中，结合实际案例阐述：你认为个人执行力最重要的3个指标是什么？为什么？（翻转课堂）

执行力（4）

参照"打造特许经营总部执行力"情景图D，回答以下问题：

1、打造团队执行力的七个步骤是什么？

2、在打造团队执行力的七个步骤中，结合实际案例阐述：你们认为最重要的3个步骤是什么？为什么？（翻转课堂）

学习心得

任务可团队分工完成，也可个人独立完成；可直接写在任务纸上，也可在自行准备的练习本上完成（注明任务名称）。

"打造特许经营总部执行力"情景图任务

时间TIME：
年 月 日
2学时

个人姓名：　　　　　团队名称：　　　　　任务名称：

实到团队成员：

迟到团队成员：

旷课团队成员：　　　　　请假团队成员：

取得共识 参照"打造特许经营总部执行力"情景图E，回答以下问题：

1、"执行力的高低在于有多少人达成了共识。"结合实际案例阐述你们对这句话有何看法？

2、企业有哪四大成本？（　　　　　　）；（　　　　　　）；
（　　　　　　）；（　　　　　　）。

3、（　　　　）、（　　　　）、（　　　　），是扼杀同识文化的三大敌人。

突破固有思维

参照"打造特许经营总部执行力"情景图F，回答以下问题：

1、看事情的（　　　　　）决定了解决问题的方式，如果没有把事情想清楚，执行力会打折扣，会直接降低执行力。

2、突破固有思维看看这些：一年之计在于（　　　），一天之计在于（　　　）。车到山前（　　　　　）；风雨之后（　　　　　）；千里送鸿毛，（　　　　　）；买卖不成，（　　　　　）；留得青山在，（　　　）。

3、你们认为是"水火相容"还是"水火不相容"？请结合实际案例阐述你们有何看法？（翻转课堂）

转变思维

参照"打造特许经营总部执行力"情景图G，回答以下问题：

1、人之所以改变，往往是来源于受到了（　　　　　），看到了（　　　　　）。

2、一个专门做心脏手术的医生去修摩托车引擎，修摩托车的师傅一边修一边抱怨：同样是修理心脏的，地位收入咋相差这么大呢？医生听了这话只说了一句，修摩托车的师傅就不说话了。医生说了什么话？阐述一下你是如何理解的？（翻转课堂）

3、结合实际阐述：如何让"能人变得可靠、懒人变得勤快、庸人变得可用？"

目标构成与支撑

参照"打造特许经营总部执行力"情景图I，回答以下问题：

1、看见目标，看不见（　　　　　）。

2、画出"目标支撑和构成图"。

3、结合实际案例阐述：设定目标前要避开哪2个心理雷区？为什么？（翻转课堂）

PDCA（戴明环）

参照"打造特许经营总部执行力"情景图J、K，回答以下问题：

1、戴明环P的中文含义是（　　　），D的中文含义是（　　　），C的中文含义是（　　　），A的中文含义是（　　　）。

2、PDCA贯穿特许经营总部的（　　　　）、（　　　　）、（　　　　）、（　　　　）等各个环节。

3、画出PDCA循环上升图。

4、自我管理能力包括哪3个方面的能力？
（　　　）、（　　　　）、（　　　）。

5、积聚正面能量的几种方法有（　　　）、（　　　）、（　　　）、（　　　）、（　　　）。

学习心得

时记

《实体经营》实践成果及应用

陈宏老师编著的《实体经营》受益于岭南创业管理学院张锦喜院长提出的"递进式、情景式；实训化、项目化"的创业教学指导思想。 从2013年9月开始， 陈宏老师以滚动式课程研发与对应阶段教学实践结合的方式， 在岭南创业管理学院2012级、2013级、2014级、2015级共1000名学生实体经营课堂教学中得到生动应用，其主要落地成果是"140个课时的递进式课程和情景式课程结合的教学系统"、 "与门店实训、创业项目孵化相互衔接的情景式课堂工具包"， 在结集出版时有内容增加和删减。

《实体经营》实践成果的主要创新点有：

1、在 "《实体经营》递进式课程和情景式课堂工具包"教学实践系统研发和应用过程中创建了 "下沉式倾斜教学法"，将讲授、阅读（翻转课堂情景图）、试听（PPT、案例）、示范（互动）、小组讨论（团队）、教授他人（翻转课堂）、行动实践（门店实训、创业项目孵化问题反馈）在课堂上全部打通，小组讨论、翻转课堂、行动实践问题现场解决占了70%以上。

2、真正做到了课堂情景式教学的多层次、多角度、可视觉化呈现。翻转课堂情景图与课堂任务纸结合，能产生沙盘模拟演练的效果甚至更好，但比沙盘操作简单，非机械式，学生容易理解和操作，而且翻转课堂图的制作成本比沙盘要低很多很多。

3、从连锁标准化的角度打造 "《实体经营》递进式课程和情景式课堂工具包"教学实践系统，既能提升教学技能又便于复制推广。

4、打造 "《实体经营》递进式课程和情景式课堂工具包" 教学实践系统有理论体系支持，陈宏老师将自己2005年开连锁咨询公司时创建的连锁核动能理论应用到实体经营各大模块，提升了实体经营系统水平层次。

5、由岭南创业管理学院张锦喜院长率先提出，并由双主体办学的合作企业 "广东卓启投资有限公司"自主开发了用于课堂教学和创业项目激励使用的卓启币（虚拟币用于教学，实体币用于创业项目落地），从3年多的应用实践来看，较好地调动了学生的参与积极性，有利于发挥学生的主观能动性，促进了学生从 "要我做"到 "我要做"的转换过程。

作者致谢

在《实体经营》3年多教学实践过程中得到岭南创业管理学院张锦喜院长、古永平副院长、王有红专业主任的指导，以及王蕾、谭露平、刘隽、陈智明、叶亚芳、马利平、蓝杏、蓝燕、盘沐泉、王莉茹、谢婷、袁紫玲、黄立君、夏海兰、唐磊、杨丽、黄婷婷、陈晓业、谭紫娟、林思斯、梁芬芬、黄楚婉、危泽玲、洪俊德、苏密、周文豪、林青、廖伟、刘旭等老师给予的帮助，在此向他们表示衷心感谢！ 在《实体经营》出版前撰写和内容设计过程中得到肖自美教授、陈志娟教授、梁铭津女士的关心和支持，在此表示深深的感谢！与此同时，对南京大学出版社的编辑老师在此书出版过程中的辛勤付出表示真心的感谢！